中国社会科学院老年学者文库

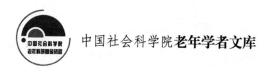

中国社会科学院**老年学者文库**

涩泽荣一与近代中国

周 见 /著

社会科学文献出版社
SOCIAL SCIENCES ACADEMIC PRESS (CHINA)

目　录

第一章　日本近代资本主义之父——涩泽荣一

涩泽荣一（1840～1931）是日本近代史上最著名的实业家，在明治维新后日本经济迅速崛起的过程中发挥了极为重要的作用。他致力于引进和普及西方的股份公司企业制度，一生亲自组织和参与创办的近代企业多达500余家，这些企业遍布几乎所有的近代产业部门，为近代日本工业化的成功奠定了基础，故被后人称为"日本近代资本主义之父"。不仅如此，涩泽荣一在实业思想上也卓有建树，他提出的"经济道德合一说"影响广泛，颇受人们的青睐和赞赏，因此他也被视为近代日本工商界的精神领袖。

然而同日本近代历史上的其他重要人物一样，涩泽荣一也是一位颇具两面性的人物。他作为近代日本财界的缔造者和代表性人物，在近代日本对外经济侵略和扩张中表现得极为活跃，始终扮演着策划者和组织者的角色。他最先涉足对华贷款事宜和对华贸易，提议并亲自组织创立了近代第一个中日合办企业；他曾会见过几乎所有访问过日本的中国政要和各界有影响的人物；他与孙中山有过多次交往，曾先后三次到访中国；他与日本政府关系紧密，而在与政府密切配合的同时，又有自己的对华政策主张；等等。这些都说明，在近代中日经济关系史上，涩泽荣一是一位非常值得关注和研究的重要人物。

长期以来，日本学界一直没有停止过对涩泽荣一的研究，有关涩泽荣一的传记性著作至今已经出版了诸种版本。近些年来，涩泽荣一研究也开始引起中国学界的关注，涩泽荣一的名字随之在有关日本近代史、经济史方面的书籍和论文中出现。但是由于种种原因，与日本近代史上的某些重要政治人物相比，中国对涩泽荣一这一人物的了解还相当有限。因此，在进入"涩泽荣一与近代中国"这个中心议题之前，有必要对他的人生主要经历做一个较为详细的介绍。

一 从立志"倒幕攘夷"向"以夷为师"的转变

（一）勤读汉书与随父从商

涩泽荣一于 1840 年（天保 11 年）2 月 13 日出生于武藏国榛泽郡血洗岛（日本琦玉县大里郡丰里村）的一个农民家庭，父亲叫涩泽市郎右卫门，母亲叫荣。涩泽荣一家有三个男孩，他排行老三，幼名叫市三郎，但由于两个哥哥都不幸早夭，这样从不大记事时起，他便成了家中唯一的男孩。涩泽荣一的父亲虽然以务农为主，但却善于家计和经营，除种植稻米之外，还兼做杂货生意和蓝叶的买卖，因此在村里成了屈指可数的富户。但涩泽荣一的父亲并不是个除了赚钱其他都毫不在乎的人，他能熟读四书五经，因此对涩泽荣一的教育格外关心。在涩泽荣一五六岁时便开始教他书写汉字，诵读汉书，后不久又为涩泽荣一拜一个名叫尾高新五郎的亲戚为师，使其接受正式教育。尾高新五郎是个颇具志士风格的人物，在他的教育下，涩泽荣 10 岁之前不仅读完了四书、五经、《左传》十八史，还读了有关日本历史方面的书籍。除学习之外，涩泽荣一对剑道也很感兴趣，他特意拜他的叔伯兄弟、剑道无念流的高手涩泽新三郎为师，热心习武，在同龄人中成了文武双全、出类拔萃的人物。

涩泽荣一的刻苦好学自然让父母高兴，但父亲并没有因此而希望他成为一个儒者。在涩泽荣一 14 岁那年，父亲开始让他帮助自己操持家务，时常带他一起出去收购蓝叶。耳濡目染加之悉心钻研，涩泽荣一很快就掌握了鉴定蓝叶的本领，没过多久便可一人出外独当一面做生意了。由于涩泽荣一脑筋灵活、颇具商才，所以自他干上买卖之后，家里的生意一下子红火了许多，而他本人也因为常常外出，有了更多接触社会现实的机会，开阔了眼界、磨炼了意志。

然而，对于像涩泽荣一这样一位对未来充满希望的农家子弟来说，当时社会给他们的却往往是一些难以忍受的不平等。在涩泽荣一17岁那年，他曾经遇上了一件让其倍感气愤和羞辱的事情。有一次，涩泽荣一代父出席领主征收公款会议时，竟因为是农家子弟而遭到官吏的蔑视和嘲笑。这件事对涩泽荣一的刺激极大，使他对当时的社会产生了强烈的不满，他深深感到，在根深蒂固的人身等级制度下，做一个恪守本业的农民将永远无法改变倍受歧视的地位，需要认真思考怎样才能改变自身的处境和命运。

（二）从倒幕攘夷的志士变成为幕府家臣

涩泽荣一由少年成长为青年的时期，也正是日本因西方列强侵入导致各种社会矛盾非常尖锐的时期，当时社会状况混乱不堪，有识之士的忧患意识空前强烈。涩泽荣一的老师尾高新五郎就是一位视屈从开放国门的幕府为国贼的水户派人物，他那种强烈的民族意识对涩泽荣一的影响非常大。出于对外来侵略者和幕府的痛恨，涩泽荣一在他22岁那年，毅然放弃了家业，到江户（现在的东京）会师结友，成了倒幕攘夷运动中的一员干将。

1863年是涩泽荣一人生道路发生重要转折的一年。在这一年，涩泽荣一与其他几位志士制订了一个极为大胆的"攘夷暴力行动计划"，并购买了武器，准备以武力先占领高崎城，然后再一鼓作气杀进横滨，将那里的外国人全部杀光，以振攘夷之士气。但是在实行计划之前，由于内部发生了意见分歧而不得不暂且作罢，恰好这时又有知情者被捕，故此涩泽荣一等人担心因计划走漏风声而带来杀身之祸，不得不逃到外地。然而，也许就连涩泽荣一本人也没想到这一意外的挫折竟使他从此走上了一条与初衷截然相反的路。为了求生，涩泽荣一在熟人的介绍下走进了一桥庆喜的家门，成了封建幕府要员的家臣，从此在倒幕攘夷的浪潮中失去了踪影。

1865 年，一桥庆喜被任命为德川幕府的第十五代将军，即德川庆喜。作为封建幕府的最后一位执政者，德川庆喜倒不是一个冥顽不化的守旧分子，他坚信日本开放国门乃是大势所趋，主张效仿欧美进行必要的社会改革，期待日本日后也能够变成强大和富有之国。因此他执政不久，就决定派其弟弟昭武作为幕府的代表出席在法国巴黎举行的万国博览会，然后再对欧洲进行一番详细的考察，以求学到更多的治国经验。而此时的涩泽荣一经过两年多的努力已经深受德川家的信任，他不仅谨守为臣之道，办事得力，而且善于理财，故此被选为昭武的随员到欧洲去访问。显然，这对于涩泽荣一来说无疑是其人生道路上的一次重要事件，正是因为有了这次历访西方各主要国家的机会，涩泽荣一才对西方近代文明有了全面的了解和全新的认识，思想受到了一次前所未有的洗礼和教育，并由此为自己树立了新的人生奋斗目标。正是出于这样的原因，涩泽荣一对于德川庆喜始终是崇拜至极和感恩不尽，就是在德川幕府倒台之后，只要提到德川庆喜，涩泽荣一总是称赞不已，认为他是一位开明无比的伟大人物。

（三）历游欧洲"以夷为师"

可以说，19 世纪 60 年代正是资本主义工业化高歌猛进的时代，法国的万国博览会自然成了展示西方经济繁荣的大橱窗。在这里陈列的都是当时世界上最先进的工业产品，从蒸汽机车、工业用车床、纺织机到医疗设备，无一不让涩泽荣一感到万分的新奇，使他眼界大开，惊叹不已，一种对西方工业文明的强烈求知欲望油然而生。

为了更多地了解西方世界勃兴的奥秘，涩泽荣一抓紧一切时间学习法语，并和其他几个人一起请了法语老师。功夫不负有心人，没过多长时间，他居然可以用法语进行日常对话和交流了。语言障碍的排除为涩泽荣一考察和学习提供了极大的方便，使他有了更多接触社会各界的机会，而社会交流的扩大又使涩泽荣一越发深刻地看到了日本社会的落后。

例如，他在与法国政府官员及商人的交往中十分强烈地感觉到，官员和商人之间毫无高低之分，两者的关系完全是平等的；而在当时的日本，幕府官僚、武士和商人的之间社会地位可谓天壤之别，毫无平等二字可言，商人见到幕府官僚、武士无不点头哈腰，卑躬屈膝。面对如此强烈的反差，涩泽荣一痛切地认识到，要在日本打破官贵民贱的旧习，就必须消除重农轻商的思想，向西方学习，把工商看成是强国的大业。不仅如此，为了探索西方工业高度发达的秘密，涩泽荣一还特意拜访了银行家弗罗里赫·拉尔特等人，向他们请教了许多有关经济方面的知识，认真听他们讲解有关银行、铁路、股份公司企业及公债等知识，参观了有价证券交易所，从而对股份公司制度在近代经济生活和工业化过程中发挥的巨大作用有了较为深刻的理解，为后来从事工商企业活动和推广普及股份公司企业制度打下了基础。

在法国学习和考察一段时间之后，涩泽荣一又随昭武到欧洲其他国家进行了考察，先后去了瑞士、荷兰、比利时、意大利、英国。在这些国家，涩泽荣一同样参观了大量的工厂（其中主要有针织厂、钟表厂、各类军工兵器厂、钢铁厂、机车制造厂、玻璃厂、造币厂）和社会设施（军队驻地、报社、博物馆、银行）等。所到之处，同样使他大开眼界，深受工业文明力量的震撼。他还参观了当时正在开凿施工中的苏伊士运河，其气势之宏伟使他从中看到了一种强大的精神力量，而拜见比利时国王二世时的情形也给他留下了终生难忘的印象。国王二世说："今后的世界是钢铁之世界，日本将来可能成为广泛使用钢铁之国，而我国的钢铁生产发达，钢材质量良好，到那时请你们使用我国的钢材。"[①] 涩泽荣一由此再次受到思想上的启迪，他强烈地感到，就连一国的君主都直言不讳地谈及贸易买卖之事，可见工商对一个国家是多么重要，国民岂有轻视工商之理。

通过对西方各国的这次访问考察，涩泽荣一看到了一个与日本完全不同的新世界，他的思想因此受到了一次前所未有的洗礼和冲击，懂得

---

① 『青渊回顾录』上册、青渊回顾录刊行会、昭和二年、第183页。

了西方为何强大和日本为何贫穷落后的道理，深刻地认识到日本别无选择，只能效仿西方走工商立国之路，从而彻底抛弃了以前盘踞在头脑中的攘夷排外思想。涩泽荣一在思想上的这一根本转变使他结束了多年来的苦恼和徘徊，终于找到了在事业上可以为之奋斗终生的新目标，以此为转折点翻开了其人生新的一页。

二　弃官从商创办日本第一家近代银行

（一）出任维新政府大藏省的高官

1868 年 11 月，涩泽荣一结束了对欧洲各国近两年的访问和考察回到了日本，这时的日本由于明治维新的成功已经进入了一个新的时代。新政府确立了文明开化、国富兵强、殖产兴业三大治国方针，由此拉开了资本主义的制度性变革和工业化的序幕。这一历史性的巨变非常令人鼓舞，也使涩泽荣一感到实现从事工商这一人生新目标的时刻已经来到，于是他效仿西方的股份制创办了一家从事农业肥料和大米买卖的企业。然而，涩泽荣一没有想到，正在他满怀信心准备大干一场的时候，却接到了新政府大藏卿大隈重信的邀请，请他出任大藏省的官僚，担任租税正一职。对此，涩泽荣一开始很是犹豫，他有些舍不得刚刚开始的事业。但新政府赏识他在陪同昭武访欧期间表现出的理财能力和才干，没有因为他是幕府家臣而将其拒之门外的态度又确实让他感动。这样，经不住大隈重信的反复劝导和催促，涩泽荣一决定走马上任以报答新政府的信任。

明治维新之后的日本百业待兴，新政府面临的任务十分繁重而又艰巨。涩泽荣一不负众望，工作得十分出色。他直接参与了几乎所有重大政策（货币制度改革、废藩置县、设立国立银行、发行公债、地租改革等）的酝酿和制定，政绩相当突出。因此，涩泽荣一颇受嘉奖，官职得到不断晋升，到了 1871 年时已升至大藏大丞，后又兼任造币头和大藏少辅（相当于现在的次官）等职。但此后没过多久，围绕财政支出方针问题，新政府内出现了严重分歧和对立，涩泽荣一和井上馨主张健全财政量入为出，适当削减各政府部门的支出，并联名提交了意见书，但他们的意见并未被采纳。为此，涩泽荣一感到无法理解，他不愿违心从事，决定辞官为民，从事他内心一直向往的工商事业。他对那些对他弃官从商深感惋惜的人不无自豪地说：我的信念不可改变，我要走自己的路。如果说有为之人都愿当官，而平庸之辈才甘于从事工商的话，那么国家的进步与发展是不会有希望的。在我看来，平庸之辈可为官，而非杰出之才则不能从事工商……①

（二）弃官从商创办日本第一家近代银行

涩泽荣一弃官从商之后在事业上迈出的第一步是从创办日本第一家近代金融机构——第一国立银行开始的。第一国立银行与后来成立的许多家国立银行一样，虽然都冠以国立之名，但实际上并非国有，政府没有投资，资本全部来自民间，按照股份制企业的原则来运作，在性质上属于拥有货币发行权的私立银行。涩泽荣一出资 4 万日元，按出资数量排列，他在 71 名原始股东中位居第 12 位，并出任总监一职。总监虽然不是第一国立银行的法人，但按照涩泽荣一和第一国立银行签订的契约书，总监为董事会的议长，对董事会讨论的问题拥有最终决定权，并对董事长及董事拥有告诫和教育的权力，而被告诫者必须服从，不得抗拒。可见这份契约书实际上等于把第一国立银行的管理权和决策权全都交给了涩泽荣一。不言而喻，这对涩泽荣一来说既是个极大的信任，也是一个非常严峻的考验。因为从明治初期的情况来看，尽管资产阶级的新政权已经比较稳定，但社会和经济仍然处于剧烈的动荡和变迁之中，殖产兴业这一强国之策赋予近代银行的使命相当沉重，而面临的困难又多不胜举。在这样的背景下，涩泽荣一要率领第一国立银行顺利启航绝非一件容易的事情，他只能知难而进，依靠自己的意志、力量和智慧去迎接一个又一个充满未知和风险的挑战。

---

① 涩泽秀雄『明治を耕す話』、青蛙书屋、昭和五十五年、第 119~120 页。

　　第一国立银行于 1873 年 7 月 20 日起开始正式营业。当时银行业务的
主要内容包括特殊业务和普通业务两个方面，所谓特殊业务指的是发行
银行纸币（在日本银行成立之后被限期取消停止），负责政府资金的出纳
和按照政府的指示收买公债证书和兑换业务；普通业务指的是金银货币
的买卖和民间储蓄贷款及有价证券的汇兑。由于明治初期民间资金匮乏，
企业活动尚且不够活跃，加之对于银行这一新生事物还不甚了解，所以
来自民间的普通业务比较有限，特殊业务所占比重较大，在储蓄总额中
政府的储蓄占了一半。为了真正发挥银行在工商业中的作用，摆脱依赖
政府业务的局面，涩泽荣一对第一国立银行进行了多方面的调整和改革，
从而克服了创办初期所遭遇的种种困难和危机。他认为，作为近代银行，
金融业主要面对的不应该是政府而应该是民间，特别是工商企业。正是
出于这样的认识，涩泽荣一积极参与了王子造纸会社、东京铁道会社、
东京瓦斯局等企业的创办，为开展产业金融业务培养对象和积累经验。
因此，在大藏省收回公款业务之后，涩泽荣一对开展产业金融信贷活动
并不感到生疏。他善于观察和把握市场状况和资金需求动向，并把扶持
那些对国计民生具有重要影响的产业当作贷款业务的重点。例如，生丝
一直是日本最为重要的传统产业和出口产业，直到 19 世纪 80 年代时为
止，在日本出口中的比重仍高达 30% 左右，因此，保证生丝生产和流通
的顺利进行，对于日本获得外汇，引进工业化所需要的技术和设备来说
无疑是一个非常重要的环节。但从当时的情况来看，生丝生产企业的资
金力量薄弱，常常需要生丝批发推销商为其垫付流动资本。而生丝批发
推销商本身的资金毕竟有限，在资金周转出现困难时，往往需要寻求外
国银行的融资，从而使他们在与外国商馆的交易中经常处在一种不利的
地位。根据这种情况，涩泽荣一决定把生丝批发商作为一个主要的融资
对象而进行扶持，尽一切可能满足他们在资金方面的要求，这样不但可
以使他们从外国银行的控制下摆脱出来，同时也增加了第一国立银行的
贷款业务。1881 年，横滨的生丝批发推销商决定联合起来，成立了生丝
联合储存事务所，但因资金缺口太大而难于付诸实施。涩泽荣一得知此
事之后亲自出面与各方进行商议，共筹集资金 500 万日元，为生丝联合储

存事务所的成立提供了保证。①

　　大体经过了近十年的不断摸索和拼搏，进入 19 世纪 80 年代后涩泽荣一确立的产业金融方针收到了日趋显著的效果，第一国立银行的经营出现了一派繁荣的景象，业务规模迅速扩大，与成立初期相比，资金数量、来源构成、资金运用状况都发生了明显的变化。1877~1889 年这 12 年间，资金总的数量增加了 55%；在储蓄金中，政府公款储蓄的比重大幅下降，而民间储蓄的比重大幅提高，在数量上已相当于公款储蓄的 10 倍；② 而在民间储蓄中，公司账户储蓄的比重由 28.2% 提高到 45%。③ 而从资金运用情况的变化来看，借贷总量增加了 1.7 倍，票据贴现大量增加，所占比重由 4.3%（1877 年）上升到 9.6%（1887 年），押汇票据的比重由 1.9%（1881 年）上升到 20.2%（1886 年）。④ 与此同时，资金的运用效益也提高得很快，盈利状况十分看好。显然，从这些变化中可以看出，第一国立银行已完成了向近代商业银行的转变。因此，与其他国立银行相比，第一国立银行的业绩是最为突出的，体制也是最健全的，一直被认为是国立银行中的龙头老大。然而，涩泽荣一并没有满足于此，在他看来，第一国立银行一家的成功还远远不够，而整个银行业的健康发展对于国家来说才是至关重要的。因此，他一直十分关心其他银行的发展，主动向它们传授专业知识和自己的经验，帮助它们培养人才，与它们建立良好的业务合作关系，从而使第一国立银行成为银行业中的排头兵和样板，对日本近代金融体制的形成和发展起到了十分重要的推动作用。

三　大办新型企业引领工业化的新潮流

　　明治维新后，日本大体用了十余年的时间基本完成了资本主义的体

---

① 中川敬一郎『日本の工業化過程のおける組織化された企業者活動』、『経営史学』第 2 巻、1967、第 16 頁。
② 加藤俊彦、大内力『国立銀行の研究』、劲草書屋、1963、第 59~61 頁。
③ 山口和雄『日本産業金融史研究』、東京大学出版会、1970、第 59 頁。
④ 加藤俊彦、大内力『国立銀行の研究』、劲草書屋、1963、第 71 頁。

制性变革。这样到了 19 世纪 80 年代初，社会经济环境开始稳定下来，工业化全面展开的客观条件已近成熟。在这样的背景下，涩泽荣一的实业活动也进入了一个新的阶段。第一国立银行的迅速发展虽然使他感到欣喜，但这时的他已经不满足于一行一业的成功，开始把触角伸向诸多领域和行业，开展了丰富多彩的企业创办活动。其中，日本第一家近代化纺织企业——大阪纺织厂的创立尤为值得一提，可以说是一个很好的事例。

在近代日本纺织业迅速崛起的过程中，大阪纺织厂的建成起了重要的带头作用。而涩泽荣一之所以要创立这家近代日本最先进的纺织企业，最初是因为他当时对日本的外贸赤字问题一直感到十分忧虑，而且他从第一国立银行进口棉纺织品相关押汇票据业务数额的大量增加中发现，棉纺织品的大量入超是导致外贸易赤字的主要原因之一。他认为，外国的棉纺织品之所以能够大量涌入日本市场，其根源在于日本自己生产的棉纱在价格上无法与其竞争，而日本要扭转这种十分被动的局面，只能改变传统的棉纱生产方式，尽快着手创办技术先进、规模宏大的新型纺织企业。可是从当时的实际情况来看，要建立一个能够与西方国家竞争的近代纺织企业谈何容易。首先，必须在规模上达到西方国家的现有水平。显然要实现这一目标，首先需要解决的就是资金问题。而在已有的纺织企业经营均不景气的情况下，要通过民间筹集资金的方式来完成这一充满风险的事业，困难之大可想而知。其次，是技术人才问题。从以往的情况来看，旧纺织企业普遍雇用了英国的技师，但事实上并不是一切技术问题都可以通过他们得到圆满的解决。而在日本的技术人员中，当时还找不到能够承担起全面负责处理技术问题的人才。

面对这些困难，涩泽荣一并没有退却，并很快找到了解决和克服这些困难的方法。涩泽荣一首先把筹资的对象放在资金力量较为雄厚的华族公卿和大阪商人身上，对他们反复进行耐心的劝说工作，说明创办大阪纺织厂的必要性和意义所在，以解除他们思想上存在的各种顾虑。这样，在涩泽荣一的努力之下，这些人态度终于发生了变化，表示愿意拿出数量可观的资金入股，从而使筹资活动走出了困境。资金问题得到解决之后，接下来就是物色技术人才的问题。涩泽荣一认为雇用外国技术人员虽然对当时的日本来说必不可少，但完全依靠外国技术人员并不是长久之计，因此他一开始便下决心选择和培养一名日本人作为大阪纺织厂的技术负责人。经人介绍，涩泽荣一物色到了一位名叫山边丈夫的年轻人。山边丈夫当时正在英国伦敦学习和研究经济学，涩泽荣一委托在伦敦的熟人代表自己去说服山边丈夫改学机械工业学，学成之后到大阪纺织厂担任技术负责人，并给山边丈夫寄去了重金——1500日元作为学习和生活费用，以示期望和鼓励。就这样，在涩泽荣一的热情感召之下，山边丈夫放弃了原来的学习计划，离开伦敦到当时英国纺织工业最为发达的城市曼彻斯特学习纺织工业学。为了回到日本后能够独当一面，山边丈夫极为勤奋好学，经过近两年的刻苦钻研，掌握了大量的知识和技术。学成归国之后，他立刻接受了涩泽荣一的委托，就厂址和工厂所需动力问题进行具体考察，最终大胆地选择了火力发电，并提议将厂址选在交通条件方便且市场发达的大阪地区。涩泽荣一对山边丈夫的工作极为信任，完全接受了他的意见，最终圆满地解决了选择厂址这一关键性的问题，为该企业的顺利发展奠定了基础。

经过了四年的时间，1883年，大阪纺织厂终于建成并投产，而且取得了非常好的经济效益。由于规模庞大，引进了国外最为先进的技术设备，加之劳动力价格低廉，所以不仅棉纱质量不次于欧美企业，而且价格便宜，因此在国内外市场的竞争中很快占据了有利地位，对扭转日本贸易逆差状态起到了极为重要的作用。可以说，大阪纺织厂创立为日本纺织业的发展开辟了一条走向成功的途径，也给实业家和投资者带来了极大的鼓舞，使他们对创办和投资新型纺织企业充满了热情和信心。因此，当日本为纺织业后来突飞猛进而感到欢欣鼓舞之时，人们总是忘不了赞颂涩泽荣一在这其中的贡献。

大阪纺织厂的创立只是涩泽荣一企业创办活动中的一个事例，而按照《涩泽荣一事业年谱》的记载，1880～1893年，涩泽荣一先后参与创立的企业达20余家，其中以发起人、董事、创立委员等身份参与创立的公司多达13家。这些企业涉及的产业部门相当广泛，包括银行业、纺织业、海洋运输业、矿山、化学工业等等。尽管涩泽荣一参与创办这些企业的具体缘由和经过各有不同，但这些企业大多都是所属产业部门中最为知名的企业，占有举足轻重的地位，故而引起了广泛的社会关注。

四 致力于股份公司企业制度的引进和普及

（一）撰写普及读物《立会略则》

以创办第一国立银行为开端，由涩泽荣一筹划、创办的企业层出不穷，数量甚为可观。这些企业遍布各行各业，不仅规模堪称一流，而且还有一个明显的特点，那就是其绝大多数都采取了股份公司制。涩泽荣一对实行股份制如此情有独钟，缘于他在考察西方国家时的所见所闻。正是从那时起，他对股份公司企业制度在工业化发展中表现出的巨大作用有了了解和认识，立志把引进和普及股份公司企业制度当作自己人生历程中所要完成的一件大事。

其实，在涩泽荣一考察西方国家之前，就已经有一些政府官员和上层人士相继到西方国家做过访问和考察。他们当中一些人在感叹西方工业高度发达的同时，也注意到了股份公司企业制度在其中所发挥的作用，并在回国之后通过撰写文章和翻译西方有关书籍，对股份公司企业制度做过一定程度的介绍。此外，明治新政府成立之后，也意识到了引进西方股份公司企业制度的必要性，并参照股份制的形式组织各地富豪成立了半官半商性质的通商会社和汇兑会社。然而新政府所做出的这一尝试，没过多久就归于失败，由于经营不善，这两个会社先后陷入倒闭破产。这种情况引起了涩泽荣一的关注和思考。当时他已经成为大藏省官僚，这一身份上的变化使他必须站在一个新的高度来重新认识引进和普及股份公司企业制度的意义和其中存在的问题。他认真地总结了教训，认为通商会社和汇兑会社的失败，虽然是官商作风横行于企业、经营者不思进取的必然结果，但其根源则在于政府本身缺乏工商民营的思想，同时民间工商业者对股份公司企业制度也缺乏必要的认识和理解，而这两个原因的存在，导致股份公司企业制度在日本变了味。于是，涩泽荣一决定从普及股份公司企业制度的启蒙工作做起，以保证股份公司企业的创办不再走弯路。

1871年，涩泽荣一和他的部下福地源一郎撰写了《立会略则》。该书内容丰富易懂，首先明确了设立股份公司企业所应遵循的宗旨和原则，确立了设立股份制企业的具体办法。该书规定，股份公司制企业为众人所共同创办，故集资结社应以国家公益为重，但公司企业和政府两者应各务其事，界限分明，在一般情况下，政府不应干涉公司企业的经营。从而明确了股份制企业的民营性质和自主权，尤其强调"财产私有权归个人所有，乃是天下通行的公理，他人不得侵犯""国家之富强，在于工商业的发展"等信条。将设立股份制企业的办法规定为：（1）不论是哪种形式的公司企业，都应首先确定资本金的数额，然后确定股份的金额和数量，按股出资；（2）公司代表人以及其他管理者应由出资者选举产生，出资者按出资数量拥有相应的选举权；（3）公司的代表人拥有处理会社日常事务的权力，重要大事的处理需要召开公司大会决定；（4）公司代表人或者经管者如有损害公司或违反法律行为，应交付赔偿金或接受相应的惩罚；（5）公司经营所得利润，应按出资额多少进行分配，由于自然灾害等非常事情而发生损失也应按出资额多少承担；（6）利润的分配应按当初的约定留有部分为公司的储备，多少由各公司自定。

从《立会略则》的上述内容中可以看出，涩泽荣一对股份公司企业的说明已经比较具体。特别是涩泽荣一强调的创办股份企业必须贯彻民营自主和政府应尊重私权的原则，具有很强的针对性，直指当时日本企业存在的主要弊端，是当时社会最为关注和需要得到明确回答的问题。因此《立会略则》一问世，就引起了新政府的高度重视，决定以大藏省的名义印制发行该书，同时还向全国各府县进行推荐，使该书具有了准官方文件的性质。大阪府在1872年4月25日发布的公告中曾明文指出：缔结会社、商社之大意，应熟读《立会略则》。由此可见，尽管《立会略则》也存在着明显的缺欠，例如它没有涉及有限责任制问题，但在当时却是同类书籍中最具权威性的一本，得到了各方面的肯定，故此成为指导创办股份公司企业的行动指南。

（二）创办首家股份公司企业的实践

涩泽荣一弃官从商后迈出的第一步就是创办了第一国立银行。其实，第一国立银行的创立具有双重意义，它不仅是日本首家近代金融机构，同时也是首家股份公司制企业。它的创立标志着涩泽荣一引进和普及股份公司企业制度活动进入了实践阶段。

第一国立银行是按照 1872 年制定的《国立银行条例》来设计创办的。这个条例的起草人正是当时担任大藏少辅兼造币头的涩泽荣一。为了使《国立银行条例》尽快出台，涩泽荣一日夜兼程地工作，达到了废寝忘食的程度，这样使《国立银行条例》从起草到定稿仅仅花了不到几个月的时间。在这期间，涩泽荣一细致地研究了美国的货币条例以及伊藤博文从美国带回的其他资料，并与欧洲各国的货币法规做了比较，反复思考如何使之适合于日本的实际情况，多次征求了各个方面的意见，以保证《国立银行条例》不因模仿美国的银行制度而失去实用价值。

该条例对国立银行的组织方式做了明确的规定，即国立银行必须以集资入股的方式组建；董事由股东选举产生，董事长由董事会选举产生；国立银行须经 2/3 以上股东同意，方可解散和关闭；股东持有的股份，经董事会承认可以转让他人；国立银行出现亏损时，股东只按照所持股份金额承担损失。从《国立银行条例》的这些规定中可以看出，股东自愿集资入股，股份可以转让和买卖，股东具有议决权，股东仅承担与其出资额相应的有限责任，这些西方股份公司企业的基本原则都已经得到承认和体现。因此在日本，有关股份企业形成历史的研究大多认为，第一国立银行是近代日本最初建立的股份公司制企业，而其中的"国立"二字并无实际意义。

为了创建这一股份制银行，涩泽荣一和他的上司井上馨在筹集民间资金的问题上花费了很大的精力。日本当时民间资本主要集中在少数江户时代形成的旧富商家手中，没有他们的支持，国立银行的创办显然无从谈起。因此，涩泽荣一和井上馨曾多次主动与三井、小野等旧富商进行接触，劝说他们能够携起手来加入创办国立银行的行列。然而，劝说工作遇到了很大的阻力。由于这些旧富商之间一直互有成见，所以希望的是自立门户设立自家独立经营的银行，故此对井上馨和涩泽荣一提出的共创银行一事一直顾虑重重，迟迟不见行动。而井上馨和涩泽荣一则认为此事关系到银行体制这一根本问题，故此丝毫不肯让步，这样在个别工作均不见效的情况下，井上馨和涩泽荣一对他们进行了严厉的批评和警告。结果在井上馨和涩泽荣一两人的巨大压力之下，三井组和小野组最终不得不放弃了自立银行的打算，决定共同发起创办银行，从而为第一国立银行伴随《国立银行条例》的颁布而立刻宣布成立准备好了条件。

（三）倡导创办股票交易市场

第一国立银行成立之后，效仿其组织形式创办的股份制企业开始大量增加，建立股票交易市场的必要性日显突出。但当时人们对于股票上市交易的意义却不甚理解，甚至连大藏省的官员在这个问题上也存在分歧。有人认为股票上市交易与大米期货交易近似，都具有赌博性质，对国家没有益处，因此不主张开设股票交易市场。而涩泽荣一则认为，西方国家的经验已经说明，股票以及期货交易对经济繁荣和扩大资金市场都大有好处，不能因噎废食，坚决主张尽快开设股票交易市场。虽然此后涩泽荣一因弃官从商而没有直接参与《股票交易条例》的制定工作，但他的主张对统一大藏省官员的认识起到了很大促进作用。以此为背景，明治政府于1874年10月正式制定颁布了《股票交易条例》，开始着手培育资本市场。接着，1878年又公布了新的《股票交易条例》，同年5月，东京股票交易所正式开始营业，6月，大阪股票交易所挂牌。尽管起初在这两个股票交易所上市进行交易和买卖的主要是公债而不是国立银行和股份公司发行的股票，但对后来股份公司企业的普及起到了重要作用。

股份公司企业制度对于日本来说是"舶来品"，但它在近代日本的普及过程却比西方国家快得多。据有关资料的记载，到1896年为止，日本各类公司企业的总数为 4596 家，其中合名公司为 345 家，占 7.5%，合资公司为 1668 家，占 36.3%，股份公司为 2583 家，占 56.2%。可见，股份公司从无到有，再到大量普及，仅用了不到 30 年的时间。[1] 显然，这无疑是个奇迹，没有这一奇迹出现，近代日本经济的迅速崛起将是难以想象的。在创造这一经济发展奇迹的过程中，涩泽荣一所立下的汗马功劳是他人无法相比的。而从涩泽荣一所做出的诸多贡献中不难看出，他不仅仅是个企业家，他所扮演的角色是多方面的，他是先驱者、是启蒙家，又是工业化中的民间组织发动者。

五　发起和组织近代经济团体

（一）创立银行业第一个近代经济团体——择善会

在明治维新前，日本存在着为数众多的行业团体。明治维新之后，随着资本主义生产方式的确立，这些充满封建行会特征的商人团体已经失去了存在的意义和作用。新兴产业部门和企业的不断出现，使得如何处理行业和企业之间的关系，如何对待和维护自身的利益成了一个必须面临和考虑的社会问题。由此，涩泽荣一敏锐地意识到了组织创立新型经济团体的迫切性，于是在他的头脑中又多了一个新的事业目标，开始为新型经济团体在日本的产生奔走呼号。

1877 年成立的择善会是日本出现的第一个近代经济行业团体，也是涩泽荣一涉足近代经济团体组织活动的开山之作。涩泽荣一组织成立择善会的主要目的是为了加强和促进银行之间的联系和交流，因为继第一国立银行成立以后没过多久，日本出现了创办近代银行的热潮。但是，当时大多数的银行经营者对于近代银行业务还比较生疏，同时在业务上也面临着许多同样的问题。涩泽荣一感到这种情况对整个银行业的发展

---

① 周见：《近代中日两国企业家比较研究》，中国社会科学出版社，2004，第 286 页。

很不利，只能通过加强相互间的联系和取长补短来解决，由此产生了发起和建立银行业团体组织的设想，并发出了倡议。他的倡议在银行业引起了很大的反响，并得到了第二、第三等许多国立银行和三井银行的热烈响应和支持，这样近代日本银行业第一个行业组织便诞生了。当时该会的首批正式会员共有 16 人，分别来自 11 家银行。根据涩泽荣一的意见，该组织起名为择善会，用《论语》中孔子的"择其善者而从之"一语的"择"和"善"两字，来表达"同业者共同的行动理念"。在成立大会上，会员们通过了由涩泽荣一拟定的择善会章程。该章程明确规定，择善会的宗旨在于促进银行业界相互间的友好团结，以兴旺业务；凡愿意加入本会的银行业者，不论是否为国立银行，只要经本会同意，均有资格成为本会会员；等等。从这些规定中可以清楚地看出，择善会在性质上已不同于传统的行会组织，它的基本出发点不是排斥异己防止竞争，而是通过相互之间的交流，促进银行这一由西方移植而来的新兴产业在日本的普及和发展，它面向所有的银行业者，在组织原则上是互助互利和开放平等的。

在涩泽荣一的主持之下，择善会从成立的那一天起便在推动殖产兴业和银行业的发展中发挥了重要作用。首先，择善会创办了日本民间首份以国内外经济问题为主要内容的杂志——《银行集会理财新报》。该杂志除了刊登择善会议事录之外，还刊登许多介绍有关银行业务知识方面的文章和西方经济学家的译著。由于它内容丰富多彩、视野开阔，注重满足读者的需要和回答银行业亟待研究解决的实际问题，所以很受读者欢迎，在社会上产生了广泛的影响，对促进银行业的健康发展起了很大促进作用。其次，择善会在完善银行业务制度上做出多方面的努力，向政府提出了许多有利于完善银行业务制度的具体建议和报告，如《银行破损纸币的兑换方法》《关于活期银行支票背签格式的报告》《关于国立银行纸币交换方法的建议》《拒付支票的处理方法》，等等。与此同时，择善会还在促进银行票据这一新的流通工具的使用上发挥了重要作用。如人所知，银行票据作为货币持有的一种凭据，它的使用不仅大大方便了银行的用户，同时也促进了银行间的业务往来和工作效率的提高。但当时人们对银行票据的了解十分有限，故此愿意使用银行票据的人很少。鉴于这种情况，择善会就如何推广使用银行票据的问题进行了反复讨论，并就票据的格式、鉴别依据以及支付保证等具体事宜达成了共同协议，该协议上报后不久即得到了大藏省正式同意，对后来银行票据的普及使用和票据制度的形成都起到了重要的促进作用。

择善会从成立到解散共经历了3年的时间。在这3年里，在涩泽荣一领导下，该会不仅为日本银行业的健康发展做出了许多贡献，也为财界活动的展开积累了许多有益的经验。然而，涩泽荣一并没有满足于这些成绩，他始终坚持"择其善者而从之"的办会宗旨，因此当有会员提出与东京另外一个银行业商会组织"恳亲会"合为一体的建议时，他在听取多数会员的意见之后，决定接受这个建议，解散择善会，创立东京银行集会所。经过不到一个月时间的准备，东京银行集会所于同年9月1日正式宣布成立，会员银行为39家，涩泽荣一被选为集会所委员长，由此翻开了日本银行业界活动的新的一页。

（二）创立跨行业经济团体组织——东京商法会议所

涩泽荣一在创立择善会的第二年，他与益田孝、福地源一郎等人又创立了另一个财界团体——东京商法会议所。与行业性的经济团体组织择善会有所不同，东京商法会议所是一个跨行业的综合性经济团体组织。它的会员主要来自工商业各部门的大企业，具有广泛的社会代表性，而且完全是按照西方国家近代社会经济团体的组织原则和方式来运作的，会长和副会长等均由会员选举产生，活动经费主要来自会员上交的会费。东京商法会议所为自己确定的主要任务是，调查工商业发展中存在的问题，为政府提供咨询意见，向政府反映工商业者的希望和要求，调解工商业者之间的纠纷等。因此，用涩泽荣一的话来说，东京商法会议所是"名副其实的近代社会经济团体组织"，它的创立是日本工商业界活动史上的一件大事。

东京商法会议所的创立引起了社会各界的广泛关注。但在明治初期，近代经济团体组织的出现毕竟是个新生事物，国民对于它的认识和了解还相当有限，因此东京商法会议所究竟能否得到社会的普遍认可还是个未知数。显然在这种情况下，如何树立自己的形象和确立自己的社会地位，成了东京商法会议所面临的一个重要任务。涩泽荣一为此大动脑筋，并巧妙地抓住了格兰特将军到访日本这个宝贵的机会做了不少文章。

格兰特将军是美国南北战争中著名的功臣，战争结束后，曾连任两届美国总统，他的来访对于当时的日本来说是一件举国关注的大事，因此政府计划举行各种形式的欢迎活动。涩泽荣一立刻意识到，这对刚刚起步的东京商法会议所来说，显然是个展示自己、树立自身社会形象的极好时机，为此他做了精心的安排。他经过与政府之间的沟通，使东京商法会议所得到了主持民间欢迎活动的资格，并由他本人担任了最高负责人。为了充分表现对格兰特将军的尊敬和欢迎，他组织安排了一系列的仪式和节目，如按照西方国家欢迎外国贵宾的礼节鸣放礼炮，群众夹道欢迎，举行市民欢迎大会和社会上层人士出席的欢迎晚会，并安排东京都知事、社会各界知名人士及他本人作为日本工商业代表在会上发表致辞和演讲，而后他又请格兰特将军到自己家中做客，等等。这样，在涩泽荣一的精心安排和组织之下，欢迎格兰特将军来访的活动获得了极大成功。

从表面上看，欢迎格兰特将军来访只是一项带有政治礼节性的活动，然而它的成功却涩泽荣一和东京商法会议所如愿以偿得到了巨大的收获。涩泽荣一本人的社会知名度和地位因此而大为提高，一跃成为日本社会各界公认的著名人物，同样东京商法会议所也展示出了自己作为近代经济团体的新面貌，使整个社会对它有了具体的认识和了解。由涩泽荣一和东京商法会议所来主持市民大会，意味着政府对工商业者的高度重视和信任，这对于工商界社会地位的提高、改变官尊商卑的社会风气起到了巨大的推动作用。此外，这次重大社会活动的成功举行，不仅给格兰特将军本人留下了深刻的印象，也使西方国家看到了日本企业家阶层的迅速成长和明治维新后发生的社会变化，对于改变日本原来的形象产生了很大的作用。而另一方面，涩泽荣一通过组织这次活动也得到了重要的启发，体会到了经济团体积极参与各类社会活动的重要性，对促使他此后开展丰富多彩的财界活动产生了重要的影响。

六　热衷发展教育和慈善事业

伴随着各种企业创办活动的广泛展开，涩泽荣一成了日本工商业界最有成绩的企业家，但他并没有因此而感到满足。他认为明治维新后的日本百废待兴，各行各业都应该得到全面的发展，需要自己为之贡献力量的事业还很多，决不可忘记企业家所应担负的社会责任。因此，涩泽荣一非常关注社会公益问题的处理和解决，对发展教育和慈善事业表现出了极大的热情。

涩泽荣一从开始投身实业时起就意识到了实业教育的重要性。在他看来，日本工业化的实现与实业教育的发展息息相关，没有实业教育，就培养不出能够适应时代发展的企业经营者。正是出于这种认识，涩泽荣一从创办第一国立银行时就开始大力提倡开展实业教育，并身体力行在东京带头开办了第一家带有实业教育性质的专门机构，即东京商法讲习所。1884 年，为了适应工商业迅速发展的形势需要，为企业培养和输送人才，涩泽荣一把该商法讲习所改建成了国立东京商业学校（一桥大学前身），并亲自担任该校的商议委员。此后，他又为大仓高等商业学校、高千穗商业学校、东京高等蚕丝学校、岩仓铁道学校等工商业教育专门学校的开办捐赠了资金。不仅如此，涩泽荣一对青年学生的成长也非常关心，他经常应邀到这些学校去讲演。在讲演中，他常常热情地鼓励青年学生投身实业活动，痛批社会上还在流行的轻商意识，提倡道德和经济的统一，并注意结合自身的经历和体会，所以使人感到内容充实，既生动又非常容易接受，故此很受欢迎。

在致力于实业教育发展的同时，涩泽荣一对于女性教育表现出了极大的关心。受儒家教育的影响，他虽然在思想上一直把"贞操""顺从""忍耐"看成是女子应该保持的美德，但同时他也提出了明确的主张。他认为，女子文化教育的普及和水平的提高标志着一个国家文明开化程度，要抛弃男尊女卑的封建意识，提高和改变女性的社会地位，就必须重视提高女性自身的文化教育。在涩泽荣一看来，虽然明治新政府很早就注意到了这一点，但在财政方面的支持还相当有限。因此，涩泽荣一觉得有必要为此进行一些投入。1885 年，他为明治女子学校提供了资金赞助；1886 年，受伊藤博文的委托，他参与了创立女子教育奖励会和东京女学馆的工作，还为共立女子职业学校提供了资金赞助。1897 年，他担任了日本女子大学的创立发起人、创立委员、评议员等职务，后又出任了该校的第三任校长。此外，涩泽荣一提供过捐款的学校还有津田女子应学塾、日本女子高等商业学校、第一女子商学院等等。除了捐款，涩泽荣一还在多所女子学校担任过不同的职务。总之，涩泽荣一为发展日本女子教育事业做了很多有益的实事。

如同关注教育事业的发展一样，涩泽荣一对发展慈善事业也表现出极大的热情。涩泽荣一认为，在资本主义经济体制下，社会繁荣了，财富在增长，但同时"落伍者"也在增加，这是必然会发生的现象。所以，必须采取相对应的社会政策，以消除弊端，使社会保持繁荣稳定，而在这其中兴办养育院等慈善事业也能起到很大的作用。1872 年，东京府创办了养育院，涩泽荣一出任了该院的事务长，后来又被任命为该院的院长。养育院运营费用主要来自财政拨款，但财政拨款数量有限，养育院的经营面临很大困难。当时有人认为，养育院这样的救贫机构耗费过于庞大，且可能滋生贫民的社会惰性，并提出了废除养育院的主张。而涩泽荣一则反对这一主张，他坚信，养育院等慈善事业的发展有利于社会的稳定和文明程度的提高。为了帮助政府解决养育院资金不足的问题，涩泽荣一吸取了法国慈善事业在资金运作方面的成功经验，利用第一国立银行的资金购买国债和公司债券，将所得利息用于填补养育院的事业支出，从而使养育院的经营状况大有好转。

涩泽荣一热衷于慈善事业，而这种强烈的社会责任意识随着年龄的增加显得越发突出。进入 20 世纪后，已过花甲之年的涩泽荣一开始陆续辞去他所担任的各种职务，直至 1916 年，他已经辞掉了在实业界的所有实际职务，由此向实业家的生涯做了最后的告别。然而，即便如此，他仍执着地致力于慈善事业，直到 1931 年去世时为止，他还担任东京养育院院长的职务。可见他对慈善事业所怀有的热情确实达到了死而后已的程度。

七　极力宣扬儒家资本主义新思想

涩泽荣一的确称得上是一位名副其实的实干家，而与此同时，涩泽荣一也称得上是位实业思想创新的大师。与那些主张全盘接受西方近代经济思想和道德伦理观念的思想家有着明显的不同，他赞赏西方的资本主义经济制度，但同时尊崇东方的传统文化，主张把儒家伦理贯穿于资本主义的企业经营之中，提出了"经济道德合一"的新思想和新理念，并以此为武器，为在日本实业界中树立起新的精神和风尚而不停地奔走呼号。

明治维新后，日本掀起了殖产兴业的浪潮，但贱商意识依旧横行于世，这种与时代潮流背道而驰的社会风气使得工商业者的企业活动遇到了巨大的阻碍。为此，涩泽荣一感到极为不安，意识到排除陈腐的贱商意识、提高实业家社会地位已经成了刻不容缓的大事。他清楚地知道，陈腐的贱商观念的产生是与对工商业的歧视和官贵民卑封建等级思想意识联系在一起的，因此要提高工商业者的社会地位，首先必须大力宣传发展工商业的重要意义，批判官贵民卑封建等级思想。为此，涩泽荣一面向社会大声疾呼："国家之基础在于工商业。政府之官吏凡庸无妨，商人必为贤才。商人贤，则可保国家之繁荣。古来日本人尊武士，认为做政府官吏为无上光荣，做商人为耻辱，此乃本末倒置。"[1] 在猛烈地抨击轻视工商思想的同时，涩泽荣一还有独特的创见，他极力主张实现道德与经济的统一，并提出了一套带有浓厚儒家文化色彩的资本主义企业经营思想。

首先，涩泽荣一认为，要振兴工商发展经济，就必须搞清道德与经

---

① 土屋乔雄『续日本经营理念史』、日本经济新闻社、1967、第 59 ~ 60 页。

济的关系。道德与经济不是相互对立和互不相容的，而是互为条件不可
分离的，不存在脱离经济的道德，也不可设想背离道德的经济会给社会
带来好处。他认为，中国的原始儒家是"以格物致知为明德的根源的。
而古之格物致知即今日之物质性学问。……以此例可推知，生产殖利本
可含蓄于道德之中"。① 据此他认为，自古以来，道德与经济两者缺一不
可，道德是经济生活的产物，脱离经济活动来讲道德是空洞的，没有意
义的。而相反，只讲经济，而不讲道德，那么社会和经济的发展将不会
有好的结果。因此，必须提倡经济道德合一。

其次，涩泽荣一认为工商活动不仅是人们生存的需要，同时也是一
种谋利行为。但对于利是应当有所区分的，即分为公益和私利两种内涵
不同的利。所谓的公益就是"超越私利私欲观念，出于为国家社会尽力
之诚意而得之利"，所谓的私利就是一己之利。而公益和私利两者并不是
无法统一的，因为"谋求社会利益，使国家富强，终究会给个人带来利
益"。也就是说，国家社会利益是个人利益能否得到保证的前提，个人利
益孕育在国家社会利益之中，因此，首先考虑国家利益在结果上有利于
个人利益的获得。涩泽荣一还认为，国家是由国民百姓构成的，国家能
否富强取决于国民百姓，而国民百姓的谋利活动是否符合国家利益，关
键在于谋利活动是否选择正当的手段。因此，只要选择正当的手段从事
经济活动，那么通过各自经营而获得的私利与公益没有什么不同，公益
与私利便可以实现统一。②

再次，涩泽荣一认为，从商之要在于如何处理义和利的关系。在他
看来，儒家伦理道德观念从来没有否认人的求利欲望，所谓义利之说的
基本点在于反对见利而忘义的行为。因此，涩泽荣一极力主张义利合一，
切不可把两者对立起来。他说，所谓"仁则不富、富则不仁"的观点是
后人对儒家伦理道德观念的误解和歪曲，是非常错误的，应该加以批判。
并认为，儒家伦理中所讲的义，不仅表现为忠君爱国，还应该表现在博

① 山本勇夫编『渋沢栄一全集』第一卷、平凡社、1930、第 507 ~ 508 页。
② 渋沢青淵記念財団竜門社編纂『渋沢栄一伝記資料』、渋沢栄一伝記資料刊行会、別卷
五、第 26 ~ 27 页。

爱、诚实、信义、节俭、勤劳等各个方面。他说，要使工商企业得到发展必须提倡信义，"信用重于资本""勤俭乃创业之良途，守成之基础，常守之，不可骄怠"。① 总之，在涩泽荣一看来，诚实、信用、勤劳、节约等等，所有这些都应该被当作是以义取利的必要表现。

从涩泽荣一主张的道德经济合一、公益私利合一、义利合一中可以看出，其实业思想的核心在于为资本主义的经济行为确立一个道德上的准则。而按照他的主张，这一道德上的准则与西方主张的功利主义不同，只能从儒家文化的经典著作《论语》中去寻找和感悟。在他的眼里，《论语》最大的特点就在于它揭示了许多为人处世的根本道理。这些道理具有超越时代的可实践性，既可以作为人生的信条，也可以当作工商业者从事企业活动的规矩准绳。正是由于这样的原因，涩泽荣一把自己的实业思想称之为"论语与算盘"说，不仅努力以身作则付诸实践，同时也不断地向工商业者发出呼唤，号召他们时刻不要忘记企业家的社会责任，都来做一手拿《论语》一手拿算盘的新型企业家，为树立实业界的新风尚而奋斗。

其实从内容上看，涩泽荣一的实业思想并没有什么特别深奥的地方，它只是对传统道德伦理在价值取向上做了改造，使其找到了与西方近代功利主义价值观念的结合点。但如果同那些主张日本应该全面引进西方价值观念的思想相比较，这一实业思想则显得别具魅力。因为，明治维新之后，尽管资本主义生产方式在日本已经得以确立，但对于那些迫切希望日本能够尽快从西方列强控制下摆脱出来的企业家来说，作为舶来品的西方功利主义思想是无法满足他们在精神上的需要的，因而也就不足以使他们战胜自我。而涩泽荣一的"论语与算盘"说则不然，它所要宣扬的是一种心系国家安危的责任意识和理念，无疑更容易使工商业者对自己从事的事业产生一种"神圣"感和超越力量。因此，涩泽荣一的"论语与算盘"说在日本受到了广泛的青睐和欢迎。人们普遍认为，它为工商业者们带来了巨大的思想启发和鼓舞，促进了企业家社会责任意识的提高，对推动日本式企业经营方式的形成起了十分重要的作用。

---

① 山本勇夫编『渋沢栄一全集』第一卷、平凡社、1930、第 467 页。

第二章　涩泽荣一对华经济扩张活动

明治维新之后，资本主义生产方式的确立不仅为日本经济的迅速崛起奠定了基础，也使日本迫不及待地加入了西方列强瓜分中国的行列。在这样的时代背景下，对中国的经济扩张和掠夺便成了涩泽荣一经济活动的重要组成部分。作为日本财界的核心人物，他与日本政府紧密配合，积极谋划和影响对华经济扩张政策的制定，并直接或间接地参与对华经济扩张活动。应该说，在近代日本对华实行经济扩张和掠夺过程中，他扮演了多重角色，其活动范围之广、地位之重要，是其他任何人都难以相比的。

一　政策上的参与和主张

对于后起的资本主义国家日本而言，企业的对外扩张活动更为迫切地需要政府在政策上的支持和保护，否则在与西方列强的争夺中，仅凭自身的力量是很难达到占领海外市场的目的的。对此，涩泽荣一非常清楚。因此，他在这方面的参与活动十分积极，经常代表企业界向政府献计献策，提出相关主张和建议。与此同时，他对中国政府的政策动向也极为关注，甚至为了解决对华经济扩张活动遇到的一些问题，还直接向中国政府提出希望和建议。故此，他在对内、对外方面都有许多干预和影响政策制定的事例。

（一）对免除棉花进口税和纺织品出口税的建议

明治维新之后，日本相继出现了一批近代产业部门，其中纺织业的发展尤为迅速。西方先进技术和设备的引进以及大型纺织企业的建立使纺织业的生产能力急剧扩大，生产和国内需求之间的矛盾随之尖锐地表现出来，迫切需要迅速地扩大海外出口市场。然而，与欧美相比较而言，日本纺织业的国际竞争能力在当时还有较大的差距，因此迫切希望日本政府在政策上给予扶持。以此为背景，由纺织业企业组成的大日本纺织联合会于 1888 年向日本政府提交了请愿书，要求对棉花进口实行免税措施，1890 年在再次向日本政府提出免除棉花进口税请求的同时，又提出了免除棉纱出口税的请求。这两份请愿书所表达的基本主张是，日本纺织业所需原料棉花大多需要进口，进口税的支付必然导致纺织品原料成本的增加；而纺织品出口税的支付必然影响在海外市场的销售价格，这些都是造成出口纺织品缺乏竞争能力的因素，也直接影响了日本纺织业的发展和纺织品海外市场的扩大，因此应该从速废除以上两税。

涩泽荣一在 1883 年创立了日本第一个近代大型纺织企业——大阪纺织厂，后又担任了纺织企业联合组织——大日本纺织联合会的顾问，故对纺织业的情况和海外市场的需求十分熟悉和了解，因此他极为支持该会提出的免税要求和请愿活动。可是日本政府出于多方面的考虑，并没有立刻接受大日本纺织联合会的免税要求。为了尽快促成此事，涩泽荣一做了大量的斡旋和说服工作。他一方面多次拜访大藏大臣、农商务大臣等政府要员以及众、贵两院议长，当面陈述理由和主张；另一方面敦促大日本纺织联合会继续派人进行海外市场调查，以充实要求免税的理由和说服力。然而，政府方面依旧顾虑重重而迟迟不能做出决定。面对这种情况，涩泽荣一自然不甘就此罢休，他以东京商业会议所会长的名义向大藏大臣、农商务大臣十分郑重地提出了建议，同时还向众、贵两院议长提交了请愿书，敦促政府众、贵两院倾听业界的要求，尽快通过免税议案。他在建议和请愿书中写道："本邦对输出的棉纱和输入的棉花实行课税，就国家经济而言实非上策，免除此项制度，乃是今日当务之急和舆论所望之事。"① 为了得到政府和众、贵两院的理解和支持，涩泽荣一还分别附带提交了一份详细说明请求免税的理由报告书。在这份报告书中，涩泽荣一从日本纺织业的状况、国内外关税情况、本国棉纱与印度棉纱在生产销售上的比较、本国棉纱输出应有的渠道、废除关税和国内棉花种植的关系、废除关税和国库收入的关系这六个方面，通过具体数字和相关统计，十分详细地说明了免除两税的理由和根据。涩泽荣一认为，通过免税提高面纺织品的竞争能力，日本将从中得到巨大的利益。他指出，"要为日本棉纱谋求销路，向支那出口是最适合的，仅从明治 25 年的情况可以看到，支那上海从外国进口棉纱的数量达到 231578 担，再加上牛庄、宁波等其他港口的进口以及支那内地手纺棉纱，其数量更是不知要翻几倍。假如今后日本有相当于上海进口额 3 倍的 70 万担棉纱在支那被消费，支那将无可置疑地成为日本棉纱出口好主顾。当这一切能够得到实现之时，日本劳动者将会得到 700 万日元的收入，再加上原来的收入，一共会有 1110 多万日元的巨额收入，因此可为数十万劳动者提供生路，足以增进国富"。② 他还指出："有人甚为忧虑，废除棉花进口税和棉纱出口税会使国库收入大为减少，必然给国家所需国家各种财政费用的支出带来困难。而实际上，日本棉纱作为样品只有少量出口，而非大量出口，故废除棉纱出口税，并不会影响国库收入。而废除棉花进口税，一年会减少 30 余万日元的税收，似乎看上去使国家利益受到损失，但实际上正如说过的那样，另一方面众多的劳动者从中得到了工资收入，增进了国富，因此就国家而论，废除此税，对于增进国富是件有利无损之事，绝对不该犹豫不定。"③

在纺织业的强烈要求和涩泽荣一的不懈努力之下，日本众、贵两院

---

① 渋沢青淵記念財団竜門社編纂『渋沢栄一伝記資料』、渋沢栄一伝記資料刊行会、第二十卷、第 391 页。

② 渋沢青淵記念財団竜門社編纂『渋沢栄一伝記資料』、渋沢栄一伝記資料刊行会、第二十卷、第 393 页。

③ 渋沢青淵記念財団竜門社編纂『渋沢栄一伝記資料』、渋沢栄一伝記資料刊行会、第二十卷、第 394 页。

在 1894 年首先通过了废除棉纱出口税的法案，1896 年又通过了废除棉花进口税法案。应该说，这两个废税法案的通过，使正处于崛起阶段的日本纺织业如虎添翼，受益巨大。一方面使棉纺织品的原料成本明显降低，另一方面使棉纺织品的出口变得更为有利可图，并大大地提高了其在中国市场上的价格竞争能力，从而有力地促进了纺织品对华出口的迅速增加，在推动对华经济扩张活动中发挥了重要的作用。

（二）致信李鸿章建言币制改革

1889 年初，涩泽荣一了解到清政府根据驻德、意公使许景澄的建议拟对货币制度进行改革，认为此事与日本关系巨大，特意就此在东京经济学协会组织召开了专题研讨会，并亲笔致信李鸿章对中国货币改革问题提出了建议。① 信是这样写的：

李中堂大人：

　　大人閣下窃聞、乘時成烈則志專於濟物、沛德施澤則氣壹於利民、故讚鴻業、育万類者、殫慮幾務、審籌始終、諏咨周詢、必期精當而後行得宜中、擧無遺策、邦家生靈、胥賴其慶、亦宜矣、伏惟閣下邦之碩輔、時之楨幹、秉公宜獻、推誠寒諤、英略顯譽、被於無疆、固非庶品所度量、常情所鑽仰也、而敝會欲陳議左右、蓋山林不讓椒桂以成其崇、渤澥不拒污流以爲其深、語曰、寸有所長、尺有所短、敢效一得以補涓埃、請容其說焉、敝會專講經濟理財公會也、係敝邦碩學雋士、時度超邁者、及嘉彦名紳、閱歷練達者、釀資共立、博考旁搜、援據利害、闡發幽微、兼究体用、故敝會論議、毫無依阿、無偏無黨、不敢視一邦利害、牽妨萬國公利也、頃聞貴國政府、將定貨幣條例、窃謂是亞洲大局利權所關、盛衰消長所寄、不可不審圖熟計、敬效敝會意見、以備詢考焉、夫鑄造貨幣、流行封域、係其国權、非敢容啄、唯各國貨幣基礎、重量不均、彼

---

① 渋沢青淵記念財団竜門社編纂『渋沢栄一伝記資料』、渋沢栄一伝記資料刊行会、第二十七卷、第 295～296 页。

此貿易、不便計較、間生差違、積微成巨、聚秒為大得喪由之、豈
為小故、故歐米各國經濟博雅之士、久執均壹各國貨幣基礎、同其
重量、以利流通、唯各國旧慣既深、改鑄貨幣、靡費難咨、故觀望
躊躇、不能斷行、然各國體認其益、力贊其義、觀時乘機、商同貨
幣、是閣下所深知而洞悉也、今貴國欲鑄幣、宜遠籌將來大計、以
普通亞洲各國者、為鑄幣基礎、重量配搭、蓋歸均壹、則非獨貴國
億兆、蒙懋遷之益、而寰海列邦、航梯貿易者、亦藉霑其便矣、查
墨銀每一元重量四百十六克烈因、配合搭成、純銀千分九百、此銀
也、亞洲各港通商流用已久，故墨銀為亞洲普通貨幣、所謂庶幾万
邦公同貨幣也、敝国政府有見於此、明治四年、制訂貨幣條例、每
元銀貨、重量配搭、皆同墨銀、以便流通、故敝會深冀貴國新鑄銀
幣、一遵墨銀、重量配搭、均齊於此、比較計算、皆臻簡捷、貿易
得便、富源更殖、而貴國聲譽所播、徧於遠邇矣、所謂彼此俱利者
也、若貴國不肯願鑄同墨銀、或二倍墨銀重量搭配、或二途其數、
則比較計算、帰於划一、亦為至便、至於金貨非亞洲各港所多需、
稍補銀貨闕乏耳、若貴國定鑄每金量二十五克烈因五分四、配搭純
金千分九百、則同於美邦所鑄、比之敝国所鑄金幣、不過每金貨、
僅差百分克烈因八、所差極微、究同均壹、若貴國不便之、或二倍
其數、或二除之、計較划一、均為妥便、要之、貴國疆域廣邈、民
衆物博、主盟亞洲、雄拠中土、鑄幣以利懋遷、殖貨以拓富源、洵
千歲遭遇、不世嘉會也、況閣下蘊開物成務之才、建能文能大之業、
主衡中樞、攬絜宏綱、幸垂聽聽、留思芻言、達之廷議、見諸施行、
敝會不勝踊躍翹望之至

明治二十二年二月
東京經濟學協會委員長　涩泽荣一

涩泽荣一是以东京经济学协会委员长的名义给李鸿章写的这封信，
是通过与李鸿章比较熟悉的日本政界要人伊藤博文转交给李鸿章的。他
在信中首先强调自己只是民间人士，所谈之事与政府及党派活动完全无

关，以示不谋只图一邦利益之意。但从信的内容看，却正是当时日本政府希望而又不便通过外交渠道向清政府表达的。他在信中陈述了由于各国币制和币值的差异给世界贸易带来了种种不便和不利影响，建议清政府顺应墨银已经成为亚洲普通货币这一实际状况，以墨币为标准，改革币制，统一币值，以便于比较计算，达到"彼此俱利""贸易得便""富源更殖"的效果。应该说，涩泽荣一的这一建议确有符合世界贸易原理之处，对清政府改革币制有参考价值。因为，当时清政府实行的货币制度是一种不完全的银、铜平行本位制，即纹银和铜钱之间无主辅币之分。政府对铜钱的铸造虽略有一定法定标准约束，但对纹银铸造未加干涉，故纹银的重量、成色随时随地有所不同，与铜钱的比价极不稳定，这样便为外币的大量流入和使用提供了条件，致使货币流通极端混乱。其次，墨西哥鹰洋（货币名称）当时在中国已有大量流通，由于它比纹银便于使用和计算，以至能够通行南北，故此民间要求改良币制、自铸鹰洋的呼声日趋强烈。所以按涩泽荣一的建言进行币制改革，以墨西哥鹰洋为标准，统一币值并非没有基础，对改变货币流通混乱状态会起到一定作用。然而，就当时中日两国经济情况和发展水平来看，如按涩泽荣一的建言进行币制改革，日本将毫无疑问从中获得巨大的经济利益。因为到 19 世纪 80 年代，日本棉纺等近代工业产品的生产和竞争能力已大有提高，对华贸易的主动和优势地位已经形成，这样如果能按其所望排除两国货币使用和兑换方面的不便，那么对华贸易条件将大有改善，显然这对于降低出口成本、增加企业出口、进一步扩大在华销售市场和原料来源都十分有利。此外，中国所需白银因长期不能自足而需进口加以弥补，外国货币之所以源源不断流入中国也与此有很大关系。而进口白银的主要来源是日本，因而实行银本位制与墨西哥鹰洋统一币值，也就是同日本银币统一币值，将有利于增大日本控制和操纵中国货币市场的可能性，这对日本对华经济扩张活动来说有着重要的作用和意义。由此看来，涩泽荣一给李鸿章的这封信，目的并非单纯是为了解决"彼此贸易、不便计较、间生差违、积微成巨"的问题，所希望的也并不一定是"贵国声誉所播、遍于远迩"，更为主要的是出于对华经济扩张活动的自身需要。

李鸿章收到涩泽荣一的建言信之后，并没有直接给他回信。1889 年 3 月，李鸿章给伊藤博文写了一封回信。[①] 信中提到：

> ……承示涩泽君函，前已由莜斋公使邮寄来津。展读数过，于五洲大势於五洲，九府利权，会计既精，衡量尤密。泉货之义原主流通，造币之书定名平准，古今故无异情。惟目下筹议未定，中朝开办尚缓，涩泽君所议自应留俟将来，尚希代致契佩之忱，兼谢忠告之益。

从这封回信可以看出，对涩泽荣一的建言，李鸿章表示非常重视，也认为币制改革问题非常重要，但由于眼下还在筹议之中，尚不能确定，所以表示愿意把涩泽荣一的建言留待以后再做参考。然而，从后来有关币制改革之事的结果来看，实际上是有头无尾，被无限期地拖了下去，这不能不使涩泽荣一感到颇为失望。因此直到 20 年后，涩泽荣一在谈中国经济问题时，仍然认为需从币制改革做起。

（三）对发展海运业的政策建议及主张

无论从地理位置和条件上看，还是从对外经济扩张的需要来看，对于岛国日本来说，发展海洋运输的重要性是不言而喻的。在明治维新之前，日本的海外运输完全被西方国家所把持，日本饱尝受制于人之苦，因此明治维新之后，首先提出的口号之一就是夺回海洋运输上的商权，并把扶植海洋运输业的发展列为殖产兴业的一个重要内容，从而使海运企业在短时间内得到了迅速的壮大。然而，随着经济的迅速崛起和对外经济扩张欲望的不断膨胀，海运业尚不足以适应形势发展需要的状况也随之变得日趋明显。因此，进入 19 世纪 90 年代之后，如何实现海运业更加迅速的发展成了日本政界和产业界面临的当务之急。

涩泽荣一在大藏省任职期间就非常关注海运业的发展，弃官从商之

---

① 国家清史编纂委员会：《李鸿章全集》信函六，安徽教育出版社，2008，第 514 页。

后，他在担任第一国立银行总监的同时，还亲自发起创立了海运企业东京风帆船会社和共同运输会社，后来在日本政府的干预下，共同运输会社和三菱海运部合并为日本邮船，他又担任日本邮船的董事。但涩泽荣一在海运业方面的活动并非仅限于此，应该说他作为工商界的领头人，想得更多的还是如何实现日本海运业在总体上发展和壮大的问题，所以一旦遇到带有全局性的问题，他就会向日本政府提出政策上的建议和设想。1892 年，他向日本大藏大臣和农商务大臣提出建议，建议扩充出口使用的港口，以适应扩大出口贸易的需要；1894 年他又建议日本政府免除本国外航线路船只进出港口的手续费。尤为值得一提的是，在中日甲午战争爆发之后，涩泽荣一立刻意识到海运业能否完成它所承担的重任将成为决定战争胜负的一个关键环节，因此他组织人员对海运业进行了全面细致的调查，以摸清存在的主要问题，研究解决问题的办法。在此基础上，1895 年 8 月，涩泽荣一以东京商业会议所会长的名义，正式向日本政府大藏、农商务和递信三位大臣提交了"扩张海运的意见书"，①并同时将这份意见书的全文抄件送至全国各地的商业会议所和众、贵两院所有议员手中，从而引起了各方面的广泛关注。

这份意见书首先提出日本海运业必须坚持全面发展方针，强调指出："海运事业应包括三个要素，即海员、造船业、海运业。如果要对海运事业进行保护和奖励，就必须同时对这三个方面进行补助和诱导，使其能够得以齐头并进，绝不可偏于一方……否则结果只能是消耗巨额的国费换来一时的虚假繁荣，反而导致外国人从中独得其利。比如，假设现在把大量的保护费仅用于奖励造船业，虽然使其可以得到一时的发展，造出许多新的船只，但如果不能与其相适应，优秀的海员在数量上没有增加，或者海运营业的规模没有得到扩大，那么新造的船舶只能有利于外国的海运业，对本国的海运业不会产生效果；或者仅对海运营业者实行保护，尽管可以使其一时腾飞于世界，但海员大部分是外国人，船只也都是外国所造，那么本国的海运事业也只能有其名而无其实。这样如若

---

① 渋沢青淵記念財団竜門社編纂『渋沢栄一伝記資料』、渋沢栄一伝記資料刊行会、第二十卷、第 590～599 页。

国家一朝在外有事，这些船舶就不能为我所用。国家之所以要保护海运事业，目的并不仅仅在于促进商业的发达，也在于遇国家有事之时必为所用。故此，国家保护和奖励海运事业，就必须期待上述三个要素的同时发展，以此才能确立本国海运事业得以独立发达的基础。"① 从这一主张出发，意见书从海员的培养、造船业的奖励、海运营业的奖励与保护、费用预算这四个方面提出了具体的建议。

其一，关于海员的培养，意见书认为首先应该积极扩大商船学校规模和学生数量，以成倍地增加培养船长、驾驶员和乘务人员，改变供不应求和外国雇员居多的局面。增加商船学校训练所用船只，并注重海员技术和胆量毅力方面的训练。特别是，政府应该提倡海事思想，增强从事航海事业的荣誉感，鼓励有影响的人士赞助海事教育。此外，国家应为日本海员援济会提供辅助金，扶持其事业上的发展，以使其能够担负起培养和训练一般水手和司炉的任务。

其二，关于造船业的奖励，意见书提出了 7 条具体意见。(1) 国家为了保护造船业，使其得以发达，应授予造船奖励金；(2) 成为授予奖励金对象的船只，应为总吨数 1000 吨以上的铁制或钢制汽船；(3) 奖励金额的支付可为总吨数每吨 20 日元，每一实马力可为 6 日元；(4) 奖励金的授予应以 10 年为期限，满期后应该变更数额；(5) 在造船材料进口税份额增加时，奖励金的份额也应随之增加；(6) 军舰的建造不应仅限于官设造船厂，也可鼓励建造民间造船厂，并对一般造船者进行技术培训；(7) 确定造船规则，与此规则不符的船舶不应支付奖励金，不允许其作为日本船只登记。

其三，关于海运营业的奖励与保护，意见书提出可以分为两种。一种为一般性的奖励保护，另一种为航线扩张保护。关于一般性的奖励保护，意见书提出对在国外从事航海的船舶应按船舶的种类和航海里程授予奖励金。(1) 船籍为日本船籍的汽船，行驶在日本和外国之间航海及在东经100度～150度，或者行驶在赤道以北的河海中或外国之间，都应授予奖励金。(2) 授予奖励金的船舶应为总吨数在 1 千吨以上的汽船，不满 1 千吨的船

① 　涩沢青渊記念財団竜門社編纂『涩沢栄一伝記資料』、涩沢栄一伝記資料刊行会、第二十卷、第 590～591 页。

舶或是渔船、游览船不应授予奖励金。（3）奖励金可按船舶大小、速力、航行距离授予。对总吨数为 3500 吨以上、速力 15 海里以上的船只，可按每船吨 1000 海里 65 钱日元的标准授予；对总吨数为 2000 吨以上、速力 12 海里以上的船只，可按每船吨 1000 海里 35 钱日元的标准授予；对总吨数为 1000 吨以上、速力 10 海里以上的船只，可按每船吨 1000 海里 25 钱日元的标准授予。（4）奖励金授予的比例应该是，从建造初年到 5 年之内的船舶为全额，而后每过一年相应减少 5%，建造期超过 20 年之后不再授予。（5）外国造汽船登记为日本船籍后未过三年者，不能授予奖励金。（6）在享受补助金线路上航行的船只不再授予奖励金。（7）接受奖励金的船舶有义务在国家有事之时，须制定服从政府需要的规定，并事先明确借出费用。（8）除以上义务之外，接受奖励金的船舶不应附带任何其他义务。（9）奖励金授予期限为 10 年，满期之后，可变更其比例。①

其四，关于航线的扩张保护，意见书明确提出：要扩张日本的贸易，增进国力，首先必须扩张海外航线，使其最终为日本所占有。但考虑此事需要国家支出巨额费用，根据目前现状可认为有以下七条航线的开设最为重要。天津航线：从日本经朝鲜及北支那各港，到达天津或牛庄；上海航线：从日本至上海；海参崴航线：从日本经朝鲜各港至海参崴；支那海航线：从日本经支那南部各港至东京、西贡或泰国；欧洲航线：从日本经沿途各港，至伦敦或利物浦；美国航线：从日本达到美国西海岸；澳洲航线：从日本经沿途各港，至澳洲的墨尔本或阿德莱德。

从以上几个方面的具体意见不难看出，"扩张海运的意见书"主张对造船业和海运营业实行奖励与保护制度的出发点非常明确，就是为了鼓励本国船舶的制造和使用，提高船舶质量、航行速度、远航能力，扩大航海区域和线路，以全面提高日本海运业的竞争力，适应对外扩张的需要。因此可以说，意见书提出的都是一些具有战略性意义的措施，对日本政府制定相关政策无疑大有帮助。就在涩泽荣一提出"扩张海运的意见书"半年之后的 1896 年 3 月，在日本各界的不断呼吁之下，日本政府

---

① 渋沢青淵記念財団竜門社編纂『渋沢栄一伝記資料』、渋沢栄一伝記資料刊行会、第二十卷、第 590～599 页。

通过和正式公布了《航海奖励法》《造船奖励法》。从这两个法案的内容来看，对涩泽荣一在"扩张海运的意见书"中提出的原则和几个具体方面（海员培养和使用、造船业的奖励、海运营业的奖励与保护）均有不同程度的涉及，甚至有些条文与"扩张海运的意见书"中提出的意见只是略有文字上的不同而已。如《航海奖励法》第二条规定：可享受奖励金的船舶，总吨数须在1000吨以上，最大速力须达一小时10海里以上，应是按递信大臣规定的标准制造的铁制和钢制汽船。第五条规定：对总吨数为1000吨、最大速力为一小时10海里的船舶，支付的奖励金额为每船吨1000海里为25钱日元，此后每增加500吨奖励金额递增10%，船速每小时增加1海里，奖励金额递增20%。……使用5年以上的船舶，船龄每增加一年，奖励金递减5%。再如《造船奖励法》第二条规定：有资格享受奖励金的船舶，须是按递信大臣制定的造船规则和指导建造的铁制或钢制船舶，总吨位须在700吨以上。第三条规定：对总吨数在700吨以上而未满1000吨的船舶，每船吨支付奖励金12钱日元，1000吨以上的船舶，每船吨支付奖励金20钱日元……①由此可见，"扩张海运的意见书"中提出的一些意见为这两个法规的制定提供了重要的参考依据。而有关"扩张海运的意见书"中提出的航线扩张保护问题，这两个法案虽然没有涉及，但在1899年帝国议会通过的《特定航路助成金法案》中却得到了充分的体现。可见，"扩张海运的意见书"对相关法案的制定及日本海运业发展所产生的影响是十分明显的。

《航海奖励法》《造船奖励法》的公布实施可以说是日本海运史上的大事件，日本海运业和对外经济扩张以此为转折点，进入了一个新的发展时期。据统计：1893年时日本共有汽船680艘，总吨数为177000吨；而到了1897年汽船数量猛增为1312艘，总吨数增为444000吨。1896年10月1日，即在《航海奖励法》开始生效时点上，有资格享受航海奖励金的船舶仅为1艘日本邮船，而到了1897年，一下增至15艘，总吨数为68675吨（其中日本邮船10艘、大阪商船1艘、三井物产4艘），而到了

---

① 渋沢青淵記念財団竜門社編纂『渋沢栄一伝記資料』、渋沢栄一伝記資料刊行会、第二十卷、第602～604页。

1898 年，又增到了 27 艘，总吨数达 126112 吨。① 由此可见，《航海奖励法》《造船奖励法》效果之显著是不容置疑的。

（四）对清政府拟采取 "加税裁厘" 财政措施的对策建议

涩泽荣一在主张尽一切可能为增加日本对华出口、扩大国外市场提供政策保障的同时，也非常重视分析和研究中国经济政策变化和调整对日本经济扩张可能产生的影响，以帮助日本政府寻找和选择相应的对策。

甲午战争后，《马关条约》的签订使日本从中获得了极大的政治和经济利益。然而，对于中国来说，巨额战争赔款的支付以及海关税收、内地税收等自主权力的进一步丧失，则必然导致经济状况的不断恶化，也使本来就已经入不敷出的国家财政危机愈发严重。在这样的背景下，清政府别无他途，只能与列强协商，通过对税制的调整来增加财政收入，以使财政状况有所好转。为此，总理衙门向清帝上奏了 "酌定机器制造货物税饷以重国课而保利权" 的奏折。该奏折提出了以废除厘金为条件换取外国同意增加关税的设想，即主张通过加税裁厘的办法来达到增加国家财政税收的目的。显然，对于已经获得诸多既得特权的列强来说，任何有碍于其利益得到最大限度满足的调整都是他们所不愿接受的。因此，该奏折在上海登报之后，立刻引起日本等国和外商的强烈不满和反对，日本驻华公使小林立即向总理衙门发出照会，要求确认真假。涩泽荣一对此事极为关注，经与三井物产社长益田孝等相关人士商讨，以东京商业会议所会长的名义致函外务大臣大隈重信，向他说明了情况，并提出了应对此事的建议，其全文如下。②

《关于清国制造业课税问题的建议》

外务大臣大隈重信阁下：

据悉，清国总理衙门近有奏稿奏与该国皇帝。该奏稿提出，为

---

① 渋沢青淵記念財団竜門社編纂『渋沢栄一伝記資料』、渋沢栄一伝記資料刊行会、第二十卷、第 606 ~ 607 頁。

② 渋沢青淵記念財団竜門社編纂『渋沢栄一伝記資料』、渋沢栄一伝記資料刊行会、第二十一卷、第 185 ~ 186 頁。

增加税额收入，须提高关税及通行税，并将以往仅限外国人使用的子口税三联单制度扩至本国人，以获取商业上的有利之处，对在清国境内开设工厂制造产品的商户，不论外商还是华商，在产品销售之前需课以10%的出产税。对从产地购入原料运至工厂进行加工制造的厂商，则按子口税三联单方式，课以相当以往三倍的通行税，以期摆脱本国的财政困境。如按此课税方法，清国境内的外商和华商所设工厂实际上将担负25%的重税。此事见诸报刊之后，上海商业会议所对该课税方法甚为不满，向驻北京的各国公使申明了反对意见。当时，李鸿章恰在欧洲访问行至英国，与英国首相索尔茨伯里侯爵会面时陈述了清国财政上的困境，并说增加关税的目的是为了筹措国家债务所需费用，实为迫不得已之事，恳请得到谅解。对李鸿章提出的具体税率尚无确切报道，传说将由原来的5%提高到10%。英首相索尔茨伯里侯爵表示在向上海商业会议所咨询后再做答复，并将这一旨意告知上海商业会议所，故上海商业会议所召开委员会就此事做了充分的讨论，并将意见向英首相做了呈报，同时向英国驻北京首席公使克罗内尔·登比做了禀报。其要旨如下：如完全废除以往清国人进口外国商品或出口清国商品所负担的厘金税，那么取而代之，可同意以相当于关税半额的通行税（对外国人采取同样的方法）来增加关税。虽然按《马关条约》所规定，在清国境内从事加工制造应免负一切税金义务，但如果对用国外进口原料加工生产且又出口国外的产品不课进出口关税；对原料取自境内并在境内销售的产品全部免课厘金税，可同意课以10%的产出税和相当其半额的通过税。

以上为近来清国内热议的课税问题的情况，此事与日本制造业的兴衰关系巨大，决不可掉以轻心。按本会议所之见，如若采纳总理衙门之奏请，在清国的制造业将被课以重税，结果必然恰得其反，其产品将无法同从日本等国进口的产品相抗衡，清国正处在兴隆时期的生丝制造业和正在迅速发展的纺织业将受到极大阻碍，其他各种产业的勃兴也不可能实现。然对日本而言，清国可谓一苇可行之地，毗邻一个极为广大的市场，而日本的纺织业发展迅猛，已达百万锤之巨，纺织会社所产棉纱以及其他制品将会大举流入这一巨大市场。此外，实属一流的日本产生丝没有来自大清帝国的竞争威胁，其在美国等国家的价格将大有提高。反之，如若按上海商业会议所的意见，产品应负税额减少，而清国国内的制造业将会勃然而起，迅猛发展，其结果，日本将失去在东洋的一大市场，甚至会制造出一个巨大的竞争对手。如果这样，日本制造业的前景将令人深感忧虑。显然如从日本国家利益着想，遏制清国制造业的进步，乘其受阻之机全力发展日本的制造业不失为一大良策。概而言之，关于清国课税之事，是采纳总理衙门的奏稿，还是采纳上海商业会议所的意见，对日本制造工业的影响可谓天渊之别。应知道，按前者实行，对日本经济实为有利。日本确有业者打算在清国设立工厂，但数量有限，而少数人的利益为国家的公益做出牺牲实为迫不得已之事，不应持有异议。切望阁下对此深察利弊所在，以求促进日本制造业的发展，故本会提出上述建议。

明治 29 年 10 月 8 日

东京商业会议所会长涩泽荣一

　　从涩泽荣一提出的这份意见书的内容来看，至少有两点是值得注意的。其一，涩泽荣一对清政府拟加税裁厘一事本身是否违反《马关条约》的问题没提及。这看来似乎与日本外交当局所持的强硬态度有些不同，但从当时的情况来看也可以得到解释。因为在西方列强强加给清政府头上的所谓"协议关税"制度下，清政府虽然不能自主决定关税，但并没有因此而完全失去提出关税问题交涉的权利。而且，此事所涉及的是所有列强国家，并非完全取决于日本。而从英国这个主要当事国的态度来看，虽然提出种种条件加以刁难，但并没有拒绝交涉，还设计了方案。这样，或许在涩泽荣一看来，日本有必要考虑和准备在进行此事交涉时，日本提出什么样的方案对己有利。其二，针对总理衙门的方案，英国提出的方案则主张免去那些原料来自国外、产品出口国外的在华外商企业的出口税，而对那些原料取自国内、产品在国内销售的企业，不论是华商还是外商，只能征收 10% 的出产税和相当其半额的通过税。涩泽荣一认为如果从这两种方案中选择其一的话，那么清朝总理衙门的方案对日本相对有利。这似乎让人感到有些意外。然而，涩泽荣一对这其中利弊得失的权衡则是出于一种独到的深谋远虑。也就是说，在他看来，总理衙门的方案不仅使外商需交纳进出口关税会有所提高，同时由于出产税的征收，中国国内制造业的税务负担将变得极为沉重，中国制造业会将因不堪重负而难有作为，其的产品也将因此而丧失在国内外市场上的竞争能力，而这恰恰为日本扩大出口提供了有利条件。首先，生丝同为中日两国的最主要出口产品，以往在国际市场上相互竞争激烈，而因出产税的征收和出口税的增加，中国生丝将在数量和成本上都会变得难以同日本继续对抗，日本生丝的声誉将大有提高，原来的市场必然会被日本取而代之。其次，在甲午战争前后，中国棉纺织业展现出较为迅速的发展势头，已使日本感到一定的威胁，而出口税的提高和出产税的征收将会妨碍了中国纺织业产品进入国际市场，这样的结果无疑是日本求之不得的。而另一方面，进口税的提高虽然使日本对中国出口棉纱等产品的利润会受到一定影响，但对于同其他列强争夺中国的市场来说并不是一件无利可得的事情，因为日本产品无论是成本还是价格方面的承受能力比英美要强。再次，如按总理衙门的方案实行加税裁厘，在华外商企业以往享受的特权将受到一定限制，纳税负担将明显增加，日本在华企业自然也不例外。但从在华外商企业的情况来看，日资企业还远不及英国，在数量上相当有限。因此，涩泽荣一认为，从日本整个国家的角度来看，这些在华企业的利益得失与日本国内为数众多的出口企业相比还显得微不足道，即使让他们为之付出一定的牺牲也符合日本的国益。由此可见，涩泽荣一为国谋划可谓用尽心机，他并不关心中国的财政状况能否因此而得以好转，更不愿意看到中国因近代工业的形成而成为日本未来的竞争对手，这其中所表现出来的以邻为壑意识和欲取姑予策略虽然与其在给李鸿章信中所做的表白完全相反，但作为对日本政府的提议却是不需加以隐讳的。

清政府提出的裁厘加税之事先后持续了较长一段时间，并因 1900 年

义和团运动的发生而一度被搁置一旁。而后的 1901 年，清政府被迫签订
《辛丑和约》，接着又和英国订立了《通商行船条约》（即《马凯条约》）。
在《马凯条约》的交涉中，清政府重提裁厘加税之事，英国虽然同意中
国将关税加到 12.5%，并另对不出口的土货征收一道销场税，但同时附
有一个条件，即凡享受最惠国待遇的国家一致承诺时始得实行此条款。
而事实上享受最惠国待遇的国家多达 19 个，态度无法得到统一。而在这
一过程中，与日本的交涉进行得更为艰难。日本先是指责中国违反《马
关条约》，后又采取"相让而别求抵换利益"的策略，并以拒绝批准《通
商行船条约》相威胁，迫使中国必须答应日本提出的在新开口岸以及上
海、天津、厦门、汉口开辟日本租界等条件。[1] 由此可见，凡享受最惠国
待遇的各国一致承诺时始得实行的条款使《马凯条约》必然成为一纸空
文，因为对于腐败无能的清政府来说，获得任何不带条件的承诺都是不
可能的。也正是因为如此，加税裁厘一直拖到清朝覆灭也没能实现。这
一结果无疑是列强各国早就预料到的，也是日本所能够接受的。而对于
涩泽荣一来说，尽管这一结局使他无从验证他提出的主张是否"中的"，
但只要日本的对华经济扩张能够畅行无阻，不论为之倾注多少心血都是
值得的。

二 发起创立对华投资专门机构

资本输出是日本对华实行经济扩张并达到控制中国经济命脉这一根
本目的的重要手段。尽管与欧美列强相比，日本政府和企业在资金实力
方面还有较大差距，但早在明治维新后不久就已经意识到了进行资本输
出的必要性，并开始具体考虑对中国如何进行资本输出的问题。甲午战
争之后，伴随诸多特权的获得，日本对中国开展资本输出的热情进一步
高涨起来。而在这一过程中，涩泽荣一所起到的作用显得尤为突出。

---

[1] 信夫清三郎编《日本外交史》（上册），天津社会科学院日本研究所译，商务印书馆，1980，第 292 页。

1877 年涩泽荣一接受政府的委托，曾与三井物产益田孝一起赴上海，他作为日本第一国立银行的董事长与清政府签订了提供贷款合同，从而成为日本对华进行资本输出活动的先行者。到了 19 世纪末 20 世纪初，清政府引进外资态度进一步趋向积极，欧美列强抢占中国资本市场的竞争和角逐也随之变得更加剧烈。日本自然不甘袖手旁观，为了打入其中，政府和企业都在焦急地寻求对策。而此时的涩泽荣一倍感责任重大，认为这正是他发挥财界领军人物组织作用的大好时机。在他看来，要与欧美强大的资本力量一争高低，尽快扭转单个企业力量不足的被动局面，首先必须从事的一件大事就是合财界之力做好企业组织上的准备。出于这种认识，涩泽荣一先后亲自策划和组织成立了两个专门从事对华进行资本输出的机构，即东亚兴业株式会社和中日实业株式会社。这两个公司具有多种职能，不仅为日本企业的对华投资提供各种服务，同时本身又是对华进行资本输出的组织者和承担者，在日本对华资本输出中占有十分重要的地位。

（一）组织日清起业调查会与创立东亚兴业株式会社

日俄战争之后，作为取得胜利一方的日本在列强中的地位得到了进一步的提高。它对朝鲜的统治得到了各国的承认，而且取代沙俄，得到了在中国东北地区的诸多权益。但是，日本并没有因此而感到满足，而是得寸进尺，把争夺权益和经济扩张的视野扩展到整个中国。而从中国的情况来看，义和团运动平息后，清政府的经济政策也出现了一些新的变化，开始重新考虑举借外债修筑铁路的计划，一些地方官员的态度也比较积极。1906 年，湖广总督张之洞和四川总督锡良重提修建川汉铁路之事，并开始筹划引进外资相关事宜，从而使西方列强争夺铁路权益的活动重新活跃起来，同时也引起了日本政府和财界的高度关注。

在对中国开展经济扩张活动时，日本历来重视实地调查以及各方面情报的收集和分析。早在 1898 年，为了配合日本政府争夺在福建省内的铁路修筑权，三井物产就曾派人到福建等地进行过实地调查。因此，面对中国各方面出现的变化，三井、大仓等企业都在加紧调查和收集情报工作，同时也感到有必要建立一个从事对华进行各种调查和斡旋活动的机构，以适应扩张活动的需要。作为财界首脑，涩泽荣一对日本企业在中国的活动状况非常了解，因此他十分赞同和支持这一想法。在他看来，日本尚没有一个为企业对华投资提供服务的专门窗口组织，这使扩张活动不能不受到很大影响。于是，他亲自出面，连同三井物产的益田孝、大仓组的大仓喜八郎、日本邮船的近藤廉平、日清汽船的白岩龙平一起，于1907年4月共同发起成立了日清起业调查会。

日清起业调查会为自己规定的主要任务是，对中国经济情况进行全面的调查，并承担与中国方面交涉有关铁路贷款、工程承包以及材料供应等工作。对于日清起业调查会的成立，日本政府相当重视，不仅从资金方面给予很大的支持，而且还经常派政府官员赴该会出席会议。涩泽荣一曾多次主持召开会议，交流情报，并就中国的铁路修筑等热点问题进行讨论。为了开展对华投资活动，该会在组织上做了具体部署，指定三井物产天津分公司经理安川雄之助为代表统一负责与中国方面交涉有关铁路贷款、工程承包以及材料供应等事宜。

1908年8月，在日本政府的支持下，由涩泽荣一挂帅，以日清起业调查会为基础成立了日本第一个对华投资机关——东亚兴业株式会社。之所以做出这样的决定，其直接目的是为了适应与欧美企业争夺川汉铁路贷款权的需要。三井、大仓等企业及日清起业调查会在争夺川汉铁路的权益中都曾表现得相当活跃，但结果并没有如愿以偿。这其中虽然掺杂了种种政治和外交方面的因素，但一个重要的原因在于，欧美企业与各国的银行团联密切配合，资金力量雄厚，而日本的企业在此方面显得比较薄弱，故此在竞争中无法占据上风。对此，身处这一竞争第一线的三井物产上海支店长山本条太郎就曾深有感触。他说：长江流域实为竞争残酷之地，对于日本商人来说，令人感到遗憾的事情每天都在发生，究其原因就在于列国与投资银行合成为一体，提供贷款和器材销售同时进行。而日本除贸易以外，金融机关没有充分发挥作用。因而，即便铁路枕木的推销还可以，但在与提供贷款推销器材相互结合进行的欧美企业面前，日本在推销机车、货车、铁轨等器材方面却几乎找不到机会。① 由此不难看出，为了扭转日本在这种竞争中的不利局面，日本迫切需要有一个具有辛迪加性质的企业联合投资机构，而东亚兴业株式会社的创立恰恰为的就是适应这种需要。

东亚兴业株式会社的创立发起人共有八人，除曾担任日清起业调查会创立发起人的涩泽荣一、益田孝、大仓喜八郎、近藤廉平、白岩龙平这五位之外，其余还增加了山本条太郎、大桥新太郎、古市公威三人。在组织形态上采取了股份制，创立资本为100万日元，头号股东是三井家族，持有1000股，岩崎小弥太、大仓喜八郎各持500股，古河虎之助持400股，涩泽荣一、高桥是清、安田善之助、铃木马左各持300股。可见，东亚兴业株式会社的主要出资者，几乎包括了当时日本工商界的所有头面人物，说明它的创立是日本企业界的一件大事，得到了这些重要人物的一致认可和大力支持。

1909年8月18日，东亚兴业株式会社举行了创立大会，涩泽荣一作为议长主持大会议程，选出古市公威、小田切万寿之助、山本条太郎、门野重九郎、岩下清周、白岩龙平为董事，古市公威为社长，并一致通过了会社章程。该会社章程的第一条规定：本企业的名称为东亚兴业株式会，在清国的名称为日清兴业公司。接下来的第二条规定："本会社以经营以下业务为目的：即在清国从事铁路、土木、矿山、造船、电气等相关事业的调查设计，并接受与此有关的委托；直接或间接对这些事业进行投资，或为其提供资本。"这就是说，东亚兴业株式会社的宗旨是专门从事对中国开展经济扩张活动，任务是面向所有的重要产业部门和领域，从事实地调查和规划设计，直接或间接对这些事业进行投资，或为其提供贷款。从东亚兴业株式会社的这一宗旨和任务中可以看出，它的创立意味着日本对华进行资本输出在组织体系上向前迈进了一步，对经济扩张活动的全面展开具有重要的战略意义。

---

① 国家资本输出研究会编『日本の資本輸出——对中借款研究』、多賀出版、1986、第179页。

（二）东亚兴业株式会社在日本对华经济扩张中的地位和作用

东亚兴业株式会社作为日本政府和财界相互结合的产物，其根本任务就是通过资本输出，实现对中国经济的全面渗透和控制。因此，创立伊始，便以一种新的姿态出现在对华经济扩张的舞台上，它把触角伸至中国各地，与中国各界广泛接触，利用各种渠道，大量收集情报，并迅速做出反应，因而很快就发展成为日本对中国进行资本输出的主力军，其所获业绩（见表 2 - 1）也相当可观。

表 2 - 1　东亚兴业株式会社对华贷一览

贷款对象	签约时间	起债额（日元）	用途	原资提供者（日元）
江西南浔铁道公司	1912 - 07 - 08	5000000	铁路建设	储金部（经兴业银行提供 300 万）、兴业银行（100 万）、台湾银行（50 万）、大仓组（50 万）
安正铁道公司	1913 - 05 - 28	200000	铁路建设	三井物产（20 万）
江西南浔铁道公司	1914 - 05 - 15	500000（续贷1）	铁路建设	储金部（经兴业银行提供 50 万）
江西南浔铁道公司（续贷2）	1914 - 05 - 15	2000000（续贷2）	铁路建设	储金部（经兴业银行提供 150 万）
汉口水电公司	1916 - 04 - 24	1500000	事业扩展	台湾银行、三井银行、三菱银行、第一银行、第十五银行（各为 24 万）
汉口水电公司	1917 - 01 - 15	1000000	事业扩展	台湾银行、三井银行、三菱银行、第一银行、第十五银行（各为 20 万）
开封电灯公司	1918 - 03 - 20 ~ 1921 - 10 - 01	175831	事业费用、还息资金	
开封电灯公司	1918 - 03 - 20 ~ 1923 - 04 - 10	1625000	事业费用	
宜昌电灯公司	1918 - 06 - 06 ~ 1921 - 06 - 13	126695	事业费用	
南昌电灯公司	1918 - 06 - 28 ~ 1921 - 02 - 12	414697	事业费用、还息资金	
铜元局	1920 - 12 - 01	3000000	继承陕西省政府所签契约用款	储金部（经兴业银行提供 300 万）
江西南浔铁道公司	1918 - 07 - 01	679650		
苏州电灯公司（股东）	1918 - 10 - 15	325581	事业扩展	

续表

贷款对象	签约时间	起债额(日元)	用途	原资提供者(日元)
京绥铁道公司	1918 – 12 – 07	3000000	铁道建设与改良	兴业银行以外16行(270万)
苏州电灯公司	1919 – 01 – 01	500000		
江西吉安电灯公司	1919 – 03 – 21	109220	公司创建资金	
北京新华银行	1919 – 04 – 17	3000000	事业扩张	
湖南洪江电灯公司	1919 – 10 – 16	150000	事业费用	
湖北武昌电灯公司	1917 – 06 – 25 ~ 1919 – 11 – 26	530682	事业费用	正金银行(53万)
四川井富铁道公司	1919 – 12 – 26	182957	公司创立准备资金	
有线电信	1920 – 02 – 10	15000000	事业扩张、技术改良	储金部(250万)、住友银行、古河银行(各100万)、兴业银行、台湾银行、朝鲜银行(各25万)、东亚本企业债券(300万)
河南郑州电灯公司	1920 – 04 – 15	200000		
北京溥益实业公司	1920 – 05 – 14 ~ 1927 – 12 – 16	3168022	制糖工厂建设费	储金部(经兴业银行提供100万)
汉口宋炜臣(汉口水电)	1920 – 06 – 05	200000	汉口水电借款清理资金	
江西南浔铁道公司	1921 – 02 – 05	400000		台湾银行(40万)
京绥铁道	1921 – 04 – 18	3000000		兴业银行以外16家银行(280.5万)
四川井富铁道公司	1921 – 04 – 30	311198		
上海宝成纺织公司	1921 – 12 – 30	5000000		兴业银行以外16家银行(500万)
上海申新纺织公司	1922 – 02 – 18	3500000		日本棉花株式会社(50万)、辛迪加银行(50万)
江西南浔铁道公司	1922 – 05 – 16	2500000		储金部(250万)
江西南昌电灯公司	1922 – 05 – 18	310080	事业资金	
吴淞华丰纺织公司	1922 – 07 – 20	1000000		正金银行(50万)、兴业银行(50万)

资料来源：国家资本输出研究会编『日本の资本输出——对中借款研究』、多贺出版、1986、第181~182页。

表 2 - 1 反映了在 1912 ~ 1922 年这十年间，东亚兴业株式会社对华资本输出的具体对象、数量、用途以及来源这几方面的基本情况。从这几方面的基本情况中来看，至少有以下几点值得注意。

（1）从贷款数量来看，在 1912 ~ 1922 年这十年期间，东亚兴业株式会社与中国签订贷款协议共 32 项，贷款总额达 5860.96 万日元。应该说，贷款在数量规模上是相当可观的。1923 年东亚兴业株式会社对华贷款余额为 4577.73 万日元，在数量上超过这一规模的，只有日本政府和由兴业银行、台湾银行、朝鲜银行组成的银行团这两家，[①] 而满铁株式会社和军火贸易商泰平组这些所谓的国策企业均有所不及。这无疑说明，东亚兴业株式会社在对华资本输出方面具有举足轻重的地位。

（2）从贷款对象来看，对南浔铁道和京绥铁道贷款权的获得特别值得注意。如上所述，日本对中国的铁路权益觊觎已久，并在《马关条约》后无所顾忌地加入了西方列强争夺中国铁路权益的行列。但从结果来看，除满铁株式会社在中国东北地区如愿以偿获得了多条的铁道修筑权之外，在关内地区日本企业所获贷款权的项目有限，且规模较小，贷款额大多在几万到几十万日元之间。因此可以说，这两条铁道贷款权的获得非常重要，对日本在中国内陆地区的经济扩张具有很大战略意义。

（3）从贷款对象企业的分布地区来看，从南到北、从沿海到内地，涵盖区域广泛，包括江苏、江西、四川、湖北、河南、河北以及上海、北京、武汉等中国最主要的大城市；从贷款涉及的行业来看，除铁道之外，主要是电信行业和纺织行业。而这两个行业都是属于外国资本看好的行业，相互竞争非常激烈。电信行业在中国的出现时间不长，发展空间巨大，打入该行业无疑会带来很大的政治利益和经济利益。而纺织行业则是当时中国最为主要的近代产业，也是中日两国企业竞争最为激烈的行业，对中国纺织企业进行贷款，显然可以进一步增强日本资本在这一行业中的势力，对实现对这一产业的完全控制非常有利。

（4）从贷款的资金来源上看，东亚兴业株式会社自身提供的资金数

---

① 国家资本输出研究会编『日本の資本輸出——対中借款研究』、多賀出版、1986、第 175 ~ 176 页。

量相对有限，大部分的资金是由政府储金部、三井旗下企业、兴业银行、台湾银行、正金银行等提供的。这种情况足以说明，东亚兴业株式会社在日本的对华资本输出中主要扮演的是组织者的角色，它一方面为日本政府的资本输出政策和实现战略意图服务，另一方面把企业的剩余资本汇集在一起，为其在中国寻找合适的投资对象，这诸多方面的职能显然是一般企业所难以具备的。

东亚兴业株式会社的资本输出活动完全适应了日本对华经济扩张战略的需要，而它之所以能够担负起这样的使命，应该说与日本政府给予的大力扶持和财界及涩泽荣一本人给予的指导和热心帮助有着密切的关系。实际上，涩则荣一在东亚兴业株式会社成立之后并没有出任任何具体职务，但他始终与东亚兴业株式会社保持着相当频繁的联系。东亚兴业株式会社的经营管理者们也一直把涩泽荣一当作在财界的最大靠山，经常向他通报工作情况和有关中国方面的情报，请他给予指点和关照。因此在涩泽荣一的日记中有关东亚兴业株式会社主要人物白岩龙平、小田切万寿之助、山本条太郎等人来访的记录几乎每月都有，最多时甚至一个星期之内多达数次。尽管涩泽荣一在日记中很少涉及与这些人之间谈话的具体内容，但至少可以说明东亚兴业株式会社在中国的经济扩张活动都在他的掌控之中。

（三）中国兴业公司的创立及改组为中日实业公司的过程

中国兴业公司和后来由它改组而成的中日实业公司是涩则荣一直接参与创立的对华投资专门机构。但与东亚兴业株式会社有所不同，这两个公司都是与中国的合资企业，其发起和创立隐含着新的图谋。

按照《森恪》一书的记载，中国兴业公司的发起和创立过程是这样的。三井财阀为了进一步推动对华经济扩张，于1911年初指派三井银行的尾崎敬业赴中国进行实地考察，经过近一年时间的考察，尾崎敬业提出一份题为《对华投资论》的调查报告。该报告认为，中国虽然正处于前所未有的政治动荡之中，但不管国体如何变化，只能依靠借款来进行开发的状态不会改变，因此当务之急在于创立两国合办的投资机构。这份报告得到了三井物产上海支店的山本条太郎、高木陆郎、藤濑政次郎、森恪等人的认同和推崇，他们对中国的情况十分熟悉，深知如以合办公司的名义进行活动，可以避开作为外国法人受到的种种限制，更有利于经济扩张的进一步展开。于是，他们马上开始了创立合资企业的斡旋活动，正式拟定了一份建议书并附上尾崎敬业的在华调查报告书《对华投资论》，分别呈送给内阁总理大臣桂太郎、大藏大臣若规礼次郎、军务局长田中义一、政界元老井上馨及财界要人涩泽荣一、大仓喜八郎、益田孝等人。这份建议书很快得到了上述各方面的肯定和支持，并决定由涩泽荣一亲自出马全面负责这一工作。这样，在涩泽荣一的主持之下，很快拟定出了创立中日合办公司的草案，并围绕挑选中国方面合作伙伴事宜进行了反复商议，最后决定把目标放在此时已经辞去了临时大总统的孙中山身上。在他们看来，孙中山虽然辞去临时大总统，处境变得有些微妙，但他在中国仍有巨大的影响和号召力，且在思想上也比较重视对日本的关系，是两国合办企业比较理想的人选。这样，如何将孙中山拉入他们设计的局内便成了解决问题的关键，所幸最终还是找到了机会。孙中山辞去临时大总统后，曾通过日本驻华领事表达过希望访问日本的愿望，以求吸取日本的经验、获得日本在资金方面的支持。但日本外务当局不愿因此而影响与袁世凯方面的关系，对此迟迟不做答复，孙中山为此感到有些困惑和失望，决定赴美国进行访问。高木陆郎、森恪等人立刻觉察这其中有机可乘，认为如果借此机会以合办企业为由邀请孙中山来日访问，不仅在外交上便于政府做出解释，而且更重要的是有利于做孙中山的说服工作，促使他下决心同意与日本就此进行合作。这一想法得到了涩泽荣一和财界的大力支持，决定邀请孙中山对日本进行访问，以完成创立合办公司这件准备已久的大事。于是，森恪在1913年初与孙中山就访日及共同创立中日合办企业之事进行了会谈，孙中山虽然感到有些勉强，但渴望得到日本的支持以解实业救国之急需的想法最终还是促使他答应了赴日进行访问，并商谈创立合办企业之事。

1913年2月14日，孙中山开始了对日本进行为期40天的访问，他的到访受到日本朝野上下非常隆重的欢迎，也得到了涩泽荣一极为热情的接待。然而，日本政府最为关心的乃是成立合办企业之事。为了确保此事的成功，负责该事务的大藏次官胜田在 2 月 18 日特意致函涩泽荣一，就成立合办企业之事再次表明态度，其要点是：表面上政府与该公司无关，但实际上政府将予以充分支持；合办公司应效仿东亚兴业株式会社，以开拓经营为主；公司一切事务由涩泽荣一一人主持，并会同适当范围的银行家、实业家共同筹划；东亚兴业公司对江西铁道的借款有获取中国权益之嫌，此次与中方会谈应回避与其之间的关系。日本政府的全面支持使涩泽荣一倍感肩负的使命重大，他在出席各种礼仪性活动的同时，与孙中山就如何开展中日经济合作问题交换了意见，主持完成了日中合办会社计划书草案的拟定，并得到了日本大藏次官胜田的认可。该计划书草案的内容是这样的：

1. 创立的宗旨

为进一步巩固东亚同种同文两国国民之团结，加深辅车唇齿之情意，两国有力之实业家结为一体，各示诚意，以强化其经济关系，振兴东亚，此为创设本公司目的之所在。今当中华民国草创之日，充实国力，刻不容缓。中国兴业公司同仁当尽两国实业人之任务，探求中国之富源，调查中国之有利事业，以期达到实际之解决。其创立之宗旨及其必要性，见下列本公司计划书中之各条款，当可知之。

2. 中国兴业公司计划书概要

（1）名称

本公司定名为中国兴业公司，英文名为 "The China Exploitation Co. Ltd"。

（2）组织

本公司为中日合办之股份公司，根据中华民国之法律规定组成。

（3）营业

各种企业之调查、设计、仲介及承办业务。

向各种企业直接或间接进行资金之提供及融通。

其他一般金融及信托业务。

（4）资金及股份

本公司以 500 万日元为资本，由中日两国实业家各承其半。但第一次缴纳其 1/4。

资本经股东大会之决议后始可增加。

股票以记名方式，非经董事会之同意，不能转让。

（5）营业所

总公司设于上海，分公司设于东京。

（6）干事

设董事十名，监察四名，由中日两国股东中，各按半数在股东大会上选出（董事由持百以上股份者中选出，监事由持五十以上股份者中选出）。

由董事互选总裁一名、副总裁一名及常务董事二名。

（7）股东大会

定期股东大会每年在上海召开一次，如有必要临时股东大会可在上海或东京召开。

（8）债券

本公司经董事会决议可发行中国兴业公司债券。

中国政府应准许债券之发行，并努力保护其利益。

日本资本家当尽其最大努力认购承兑本债券。

（9）资本之仲介

本公司对日本或外国资本集团可提供资金之仲介。

在以上情况下，本公司根据内外市场之状况，当尽力对债务人予以有利条件，以便调剂资金。

在日本资本集团中，当吸收东京及大阪第一流有力之银行。

（10）创立事务

创立事务，中华民国方面由孙文担当之，日本方面由男爵涩泽荣一担当之。

在涩泽荣一与孙中山围绕这份计划书草案所进行的讨论和谈判中，

双方之间的意见分歧主要集中在第二项和第四项上。值得注意的是第二项，虽然涩泽荣一提交日本大藏省审查的原报告已经写明根据中华民国之法律而设立该公司的字样，但实际上，"在3月3日送给孙中山的文件中，第二项为空白"。① 可见，涩泽荣一并非真的不懂设立在中国从事经营活动的合办公司应以中国法律为根据的常识，而是试图有额外的收获。所以涩泽荣一、益田孝在谈判中提出了按照日本法律设立的要求，理由是如按中国法律，日本人会对之产生怀疑；而孙中山则强调，这关系到国家主权问题，中国已有公司法，故应按中国法律设立该公司为宜，否则难向中国国民交代。由于双方争执不下，故决定暂且搁置待以后研究决定。关于第四项，孙中山提议公司资本应为1000万日元，因为资本大，则信用厚。而涩泽荣一认为无此必要，应视将来情况的变化而再另做决定。此外，按计划书所定，中方应在资本金的半数250万日元中，第一次交付62.5万日元。孙中山提出中方在筹集资金上存在困难，如日本方面愿意通融的话，他本人愿意首先承担这62.5万日元。而涩泽荣一认为，如果孙中山一人承担这笔资本金，则会失去合办公司的意义，希望中国方面最好能找到10～15位实业家共同出资为好。对此，孙中山表示，这需要回国后办理，并认为中国实业家虽多有不动产，却比较缺乏现金，恐怕也需要以不动产抵押的方式向日本借款。涩泽荣一则做了"此类事情必定努力一试"的表示，但并未做具体约定。总之，虽然双方进行的讨论和谈判并没有完全达成一致，但在涩泽荣一看来，问题的关键在于孙中山做出了回国后负责落实创立该公司计划的承诺，日本方面通过谈判已经基本达到了预定目的。

孙中山于在3月25日结束对日访问回国。回到上海后，他一面处理因宋教仁被刺而正在激化的南北问题，一面着手建立中国兴业公司的准备工作。在这其中虽多有曲折，孙中山还是先后几次组织了有王宠惠、印锡璋、李平书、张静江、王一亭及森恪等人参加的会议，对中国兴业公司的主旨和计划书概要进行了讨论，并通过高木、森恪向涩泽荣一再

① 俞辛焞：《辛亥革命时期中日外交史》，人民出版社，2000，第336页。

次表达了根据中国法律创立合办公司的主张。而此时的涩泽荣一似乎意识到了促使孙中山做出让步的可能性，他通过三井物产上海支店长藤濑和森恪转达了他的态度，即"此时创立公司，应以日本法律为依据"，理由是大部分资金出自日方，且中国方面法律尚不完备。而此时的孙中山出于讨袁斗争的需要做了让步，他以"待日后中国法律制定后即改为中国公司"为条件，接受了日方的主张。这样，涩泽荣一又经过与日本政府的一番沟通之后，没有采纳日方有人提出的推迟成立该公司的主张，于 8 月 11 日在东京举行了中国兴业公司成立大会。涩泽荣一作为创立发起人和主要股东出席大会，并担任了大会主席。他在会上就筹划成立中国兴业公司的过程做了说明，指名选出日方的仓知铁吉、尾崎敬义、森恪（驻上海代表）和中方的印锡璋、王一亭、张静江为董事，日方的大桥新太郎和中方的沈缦云为监察。涩泽荣一本人及大仓喜八郎、山本条太郎等 10 人被推举为顾问。此外，涩泽荣一还针对中国方面情况的做了安排，同意孙中山暂不出任总裁，将公司总裁的位置空出，顾问也待将来由中国方面推举而定。

至此，中国兴业公司作为中日合办的第一家对华投资专门机构正式宣告成立。然而，伴随着中国政治时局的变化，中国兴业公司的运转从一开始便陷入了困境。面对孙中山"二次革命"的失败以及他本人不得不逃亡日本这样一种局面，日本方面清楚地意识到，只能随机应变，对中国兴业公司进行改组才能使其正常地发挥作用。日本方面开始与袁世凯的北京政府进行积极的接触，涩泽荣一也不再坚持"维持与孙中山历来之关系"的说法。而善于窥测风云的袁世凯立刻抓住了这个等待已久的机会，开始通过各种方式向日本政府和涩泽荣一表示期待合作的意向。1913 年 9 月，秉袁世凯之意，北京政府总理熊希龄对日本驻北京的山座圆次郎明确表示态度说，"希望日本对中国兴业公司进行根本改组，另与中方有实力者合作，重新成立公司，对双方均为有利"。① 而日本公使山座圆次郎则顺水推舟明确表态说："孙中山现不仅已不是总经

---

① 俞辛焞：《辛亥革命时期中日外交史》，天津人民出版社，2000，第 343 页。

理，中国方面其他在公司任要职者，多与此次动乱关系颇深，故应速将此等淘汰，改由中央政府可信任之人代替。"① 由此，袁世凯与日本政府间的交易正式开始。而此时处于流亡之中的孙中山已经看到了这一结局的必然性，他似乎不愿让涩泽荣一感到为难，故主动向涩泽荣一表示："愿意与中国兴业公司脱离干系，把所持之股票转让给北京政府。"② 不言而喻，这无疑成全了涩泽荣一，为他改组中国兴业公司敞开了方便之门。

对于涩泽荣一在日本财界的地位以及在改组中国兴业公司的过程中将发挥的巨大作用，袁世凯的北京政府是非常清楚的。因此，按照北京政府的设计和安排，对中国兴业公司进行改组的第一步应从邀请涩泽荣一访华开始。1913 年 10 月 15 日，北京政府总理熊希龄向日方表明，内阁以及袁世凯都期待涩泽荣一在近期能够访华。对此，日本政府的态度非常积极，接受了对涩泽荣一访华的邀请，并就此做了各方面的准备，"10 月 27 日，日本外务省召开综合协调会，就中国兴业公司的股份、任务、改组，以及建立中国银行，包括对铁路、石油、币制顾问、福建铁路、安正铁路等正在进行中的对华经济项目进行了讨论，明确了日本方面应持态度和主要政策。这是一个由外务次官、大藏次官、外务政务局长、大藏理财局长、日本主要银行董事长、涩泽荣一、山本条太郎、仓知铁吉参加的高层次协调会，同时也是为涩泽荣一访华一事做准备"。③可是，事出不巧，涩泽荣一在此后因患感冒而难以成行，只好由仓知铁吉代表涩泽荣一完成访华任务。仓知铁吉在访华期间，就改组中国兴业公司问题与中华民国政府工商总长张謇及杨士琦进行了协商，并就公司改名、孙中山的股份处理等问题达成一致，商定公司名称由原来的中国兴业公司改为中国企业公司（后又改为实业公司）；孙中山名义下的股份由中方袁世凯政府代理人接收；公司国籍为日本，在中国境内享受与中国公司一样的待遇；改组中方股东等。

①　俞辛焞：《辛亥革命时期中日外交史》，天津人民出版社，2000，第343页。
②　李廷江：《日本财阀与辛亥革命》，中国社会科学出版社，1994，第301页。
③　李廷江：《日本财阀与辛亥革命》，中国社会科学出版社，1994，第303页。

1914 年 4 月 25 日，中日双方在东京正式召开了改组中国兴业公司大会。袁世凯民国政府派孙多森、周金箴、印锡璋、朱葆三等 8 人出席了大会。会上通过了改名、增补干部、修改章程、重新分配股份等提案。根据民国政府工商总长张謇的提议，将公司改名为中日实业股份有限公司 – 中日实业株式会社；选举杨士琦（新任）和仓知铁吉（留任）分别为正、副董事长，孙多森（新任）、尾崎敬义（留任）为专务董事，周金箴（新任）、森恪（留任）、李士伟（新任）、中岛久万吉（新任）为董事，胡宗瀛（新任）、大桥新太郎（留任）为监事。就此，对中国兴业公司进行的改组宣告结束。从结果上看，可以说袁世凯政府达到了接管该公司的目的，将孙中山方面的人员全部更换出去。而对于日本方面来说，则更是有得无失，丝毫无损地保持了该公司作为经济扩张活动工具的性质和职能，而且进一步加强和扩大了日方的权益。例如，在原中国兴业公司的章程中规定，"董事长或副董事长"召开股东大会，在修改后的公司章程中被改为"董事长与副董事长"召开股东大会；"董事长与副董事长代表各自公司"改为"共同"代表公司。修改后的章程虽然没有提及依据何国法律问题，但清楚写明了公司的国籍为日本，那么按照日本的商法处理公司事务变成了不言而喻的事情，中国的国家主权无形之中受到了侵害。

中日实业公司的成立实际上是袁世凯与日本政府和日本财阀进行的一场政治交易。通过这场交易，袁世凯政府达到了打击孙中山革命党人势力的政治目的；而日本政府和财阀获得的是欧美企业在中国尚未获得的特权。中日实业公司作为日本国籍企业不仅与中国公司享受同样的待遇，而且又受日本法律的保护，从而完全达到了最初想要达到的目的，为日后对中国的经济扩张活动铺好了新的道路。

（四）中日实业公司在中国的经济扩张活动

出于对华经济扩张的需要，日本政府和财阀对中日实业公司寄予了极大的希望。在他们看来，以促进中日实业公司的合办事业为理由，日本向中国政府提出各种要求无疑是有根有据、顺理成章的事情。因此，中日实业公司刚一成立之后，涩泽荣一和日本财界要人就在日本政府的精心安排之下对中国进行了为期 40 余天的访问。在这次访问中，涩泽荣一对中国的经济状况做了细致的考察，拜访了袁世凯，并与杨士琦等人进行多次磋商，以中日实业公司日方代表的名义，向中方提出了诸多具体要求和希望，如他敦促中方尽快履行原定对中国电话事业贷款计划（1913 年 12 月 7 日仓知与杨士琦会谈时商定好了的由日本为中国电话事业提供贷款 1200 万日元，所需电话机械全部从日本购入）；希望由日方派遣技师人员对中国的煤、铜、铁等矿山资源进行调查，以尽快开展挖掘等合作事宜；希望中国铺设四平街至洮南铁路所需器材全部从日本购入；希望在中日实业公司内设立电话部，负责在中国尚没有电灯的城市从事经营电灯事业，等等。由此可见，日本财界以中日实业公司为工具想要实现的计划是十分庞大的。

当然中国方面对日方的要求也并非有求必应，往往是视时局变化见机行事。如关于电话贷款一事，中方考虑到与西方国家关系的问题，就曾以中国电话事业发展的基本方针尚未最后确定为由，暂且没有答应日方的要求。而两年后的 1916 年，中方却主动向日方提出，希望与日本签订总额为 1000 万日元的电话贷款合同。从背景上来看，中方态度之所以发生这样的变化，显然是与袁世凯企图通过向日本示好，以改变其政治上和外交上的不利地位有直接关系。再如，对于中日实业公司的出现，西方列强颇感不满，因而多有攻击和批判。当时德国就公开指责杨士琦，既担任政府要职，同时又兼任营利公司的董事长，实属不当。杨士琦在众多压力之下，没过三个月的时间就辞去了公司董事长的职务。由此可见，中日实业公司作为袁世凯政府与日本政府进行政治交易的产物，它的活动从一开始就无法摆脱政治和外交因素的影响和制约。正是由于这样的原因，中日实业公司最初两年的活动并不顺利，对此日本政府不免感到有些失望，涩泽荣一本人也曾表示遗憾。

中日实业公司的起航并非一帆风顺，但从后来的情况来看，它在日本对华经济扩张这个舞台上的表现还是相当活跃的。1915 年，中日实业公司继承了森恪以个人名义与中国安徽裕繁公司签订的铁矿石销售契约，并以预付金的形式为其提供了 20 万日元的贷款，并得到了民国政府的批准。接着，中日实业公司出面聚合投资者，成立了东洋制铁株式会社。中日实业公司又与东洋制铁株式会社签订了特别合同，规定中日实业公司由裕繁公司购买的铁矿石全部售给东洋制铁株式会社。以此为据，至 1919 年 1 月时为止，中日实业公司以东洋制铁株式会社为出资者，为裕繁公司提供了 20 万日元铁矿石的预付金和多达 224 万日元的融资。但由于种种原因，裕繁公司的经营状况一直不尽如人意，中日实业公司，为了确保日本对铁矿石的需要，又先后从各方面筹集共 700 余万日元，贷款给裕繁公司。

从中日实业公司对华资本输出的总体情况来看，1916 年以后取得了很大的进展，这一变化与袁世凯死后日本寺内内阁对段祺瑞政府采取援助政策有关，同时也说明中日实业公司在对华经济扩张中的作用和地位越来越明显和重要。从表 2 - 2 中可以看到，1915 ~ 1923 年，中日实业公司对华提供贷款共为 36 笔，其中日元贷款为 34 笔，总金额达 4977 余万日元，规模已相当可观。就数量而言，与东亚兴业公司不相上下，就单独一家而论，显然是台湾银行、朝鲜银行、正金银行等热衷于对华投资的大银行所不能相比的。这说明，中日实业公司已成为日本对华资本输出不可缺少的骨干力量。

表 2 - 2 中日实业公司对华贷款一览

贷款对象	签约时间	起债额	用途	原资提供者（日元）
安徽省裕繁公司	1915 年 4 月	¥ 200000	矿石费预付	
安徽省裕繁公司	1916 年 1 月 ~ 1917 年 8 月	¥ 1711724	矿石费预付	
武汉电话贷款	1916 年 1 月 18 日	£ 92281	电话材料费	三井物产（£ 92281）
交通部电话贷款	1916 年 8 月	¥ 1000000	电话事业的扩充改善	
交通部电话贷款	1916 年 9 月	¥ 1000000	电话事业的扩充改善	
交通部电话贷款	1916 年 9 月	¥ 1000000	电话事业的扩充改善	

续表

贷款对象	签约时间	起债额	用途	原资提供者
汉口造纸厂借款	1916 年 11 月 11 日	¥2000000		台湾银行（100 万日元）、第一百银行（100 万日元）
上海申新纺织公司	1917 年 4 月	¥400000		
天津华新纺织公司	1917 年 8 月	¥500000		台湾银行、朝鲜银行（各 17 万日元）、兴业银行（16 万日元）
湖南省衡州泰记电灯公司	1917 年 9 月 14 日～1918 年 12 月 11 日	¥105000	材料购入费用	台湾银行（10.5 万日元）
湖南省湘潭大明电灯公司	1918 年 2 月 9 日～1919 年 6 月 21 日	¥370000	事业费	台湾银行（37 万日元）
河南省洛阳电灯公司	1918 年 4 月 19 日	¥180000	公司创立资金	台湾银行（18 万日元）
湖南省志记和记两娣制炼厂	1918 年 5 月 5 日～1918 年 6 月 4 日	¥261340		
湖北省沙市普照电灯公司	1918 年 5 月 18 日	¥175000	事业扩张	台湾银行（17.5 万日元）
江西省景德镇电灯公司	1918 年 6 月 20 日～1920 年 9 月 1 日	¥400000	公司创立资金	台湾银行（40 万日元）
安徽省裕繁公司	1920 年 11 月	¥330000		
安徽省裕繁公司	1920 年 12 月 3 日	¥1500000	事业扩张	储金部（150 万日元）
安徽省泸州明新电灯公司	1918 年 7 月 26 日	¥100000	公司创立资金	台湾银行（10 万日元）
江苏省清江浦振淮电灯公司	1918 年 8 月 6 日	¥135000	公司创立资金	台湾银行（13.5 万日元）
山东博山电灯公司	1918 年 8 月 24 日	¥140000	公司创立准备资金	朝鲜银行（14 万日元）
山东省借款	1918 年 9 月 1 日	¥3500000	事业调查费	兴业银行、台湾银行、朝鲜银行（350 万日元）
湖南省长沙市开源矿物公司	1918 年 10 月 16 日～1920 年 8 月 31 日	¥255000	公司资金及旧债利息	
湖南省长沙市谢重斋	1918 年 11 月 18 日	¥450000		
交通部电话贷款	1918 年 11 月 18 日	¥10000000		兴业银行、台湾银行、朝鲜银行（各 200 万日元）、古河银行、住友银行（各 150 万日元）、第一银行（100 万日元）

贷款对象	签约时间	起债额	用途	原资提供者
江苏省淮安浦明电灯公司	1918年11月20日	¥170000	公司创立资金	台湾银行（17万日元）
电话材料赊销	1919年6月30日	¥1180334	住友银行、古河银行赊销金	住友银行、古河银行（118万日元）
山东博山电灯公司	1919年7月25日	¥130000		朝鲜银行（13万日元）
电线料赊销	1919年10月25日	¥3401000	住友银行、古河银行赊销金	住友银行、古河银行（340万日元）
博山轻铁路借款	1919年11月7日	¥300000	铁道路建设、创业资金	亚细亚烟草（30万日元）
汉口造纸厂	1919年11月27日	¥516484	机械费放贷	由三菱商事提供制品
汉口造纸厂	1919年11月27日	¥400000	制品赊销	台湾银行、朝鲜银行（实际贷出额20万日元）
财政部纺织借款	1920年3月1日	¥10000000		大阪纺织行业人士（实际贷出额300百万日元）
安徽省裕繁公司	1920年11月10日	¥2500000	债务清理	东洋制铁（224万日元）
安徽省裕繁公司	1921年7月15日	¥1500000		中日实业公司债券
汉口造纸厂	1922年10月31日	¥916000		
安徽省裕繁公司	1923年1月31日	¥3250000	债务清理、流动资金	储金部（325万日元）

资料来源：国家资本输出研究会编『日本の資本輸出——対中借款研究』、多贺出版、1986、第197~198页。

三　抢占中国航运市场

西方列强打开中国大门之后，经济扩张首先对准的目标是中国的航运业。日本是后来者，但深知其中的重要，因而迫不及待地加入了角逐者的行列。在为之而展开的激烈而又残酷的争夺中，日本由弱到强，甚至后来力挫群雄，达到了独霸一方的程度。日本之所以能够后来居上，原因是多方面的，可以说日本政府的全力支持以及涩泽荣一的海运企业创立活动都是其中最为重要的因素。

（一）日本邮船不断开辟和增加海外航线

日本邮船创立于 1885 年，是在日本政府的强力干预之下由三菱会社和共同运输会社合并而成。涩泽荣一参与了谋划创立该公司的整个过程，并在 1893～1909 年一直担任该公司的董事。

日本邮船成立前后，日本纺织业的发展相当迅猛，纺织品的出口和所需原料棉花的进口急剧增加，使得对海洋运输的需求十分强烈。但当时日本海运航线多为沿海航线，与国外之间的航线只有驶至上海、海参崴等地的近海航线，还没有开通远洋航线，因而进出口商品的运输大部分被控制在欧美的海运公司手里。为了改变这种局面，日本邮船成立之后，首先把开辟远洋航线看作当务之急，积极着手更新和增加设备，淘汰旧式帆船，普及使用新式汽船，为此开辟远洋航线做了多方面的努力。而在这一过程中，涩泽荣一发挥了重要作用。他不断地向政府发出呼吁，强烈要求对海运企业实行财政补贴，采取特殊的保护措施。另一方面，他斡旋于外商和日本进出口企业之间，为开辟远洋航线做组织上的准备。正是在他的穿针引线之下，日本邮船与日本纺织联合会、印度塔塔商会分别签订了进出口货物和包运合同。就这样，日本开通了第一条远洋航线——孟买线（神户→门司→上海→香港→新加坡→马尼拉→科伦坡→孟买，兼行锡兰），日本对外贸易的远洋运输就此翻开了新的一页。

由于日本邮船的加入，远洋航行的国际竞争骤然之间变得格外激烈和残酷。西方航运企业在孟买航线上的棉花运输价格原来为每吨 17 卢比，为了争夺客户，日本邮船一开始就将价格定为每吨 12 卢比，而对此西方航运企业立刻采取了反攻措施，将价格一下子就降到每吨 1.4 卢比，试图凭借强大的实力把日本邮船置于死地。面对这一生死攸关的局面，涩泽荣一并没有被西方航运企业的高压气势所吓倒，他沉着应对，向日本纺织纺织业发出了团结起来一致对外的呼吁。正是在他的号召之下，日本纺织联合会的所有加盟企业做出了将棉花的进口运输业务全部委托给日本邮船的决定，从而使日本邮船在这场角逐中取得了胜利。

继孟买线的成功开通之后，日本邮船再接再厉，又于 1896 年开通了欧洲线（横滨→神户→门司→上海→香港→新加坡→槟榔屿→科伦坡→孟买→苏伊士→塞得港→那不勒斯→马赛→伦敦），北美线（东航经太平洋、巴拿马至纽约，西航经苏伊士运河走地中海入大西洋至北美各埠、中国停天津大沽口）、澳大利亚线。后来，又开通了南美线（中国→墨西哥→阿根廷→巴西），甲谷陀线（横滨→神户→门司→上海→香港→泰国→仰光→新加坡→槟榔屿），旧金山线（香港→上海→长崎→神户→横滨→檀香山→旧金山）。这些远洋航线的开通，说明日本海运业已实现了崛起，它完全改变了日本对欧美远洋运输企业的依赖，同时也意味着日本已经把中国的远洋航运纳入了自己的控制范围，并为对华经济扩张高潮的到来提供了不可缺少的条件。因为，从日本邮船开辟的上述远洋航线来看，每条线路都途径中国当时主要的港口，这样既可以担负起对中国进行商品输出的任务，又可以把中国出口的原料和物品运回日本，或者转运到世界各地。

按照 1896 年通过的《航海奖励法》《造船奖励法》和 1899 年通过的《特定航路助成金法案》，日本政府每年为日本邮船提供数额极为可观的补助金，这使日本邮船的实力不断加强。因此，日本邮船感到底气十足，在开辟远洋航线的同时，也把矛头直接指向中国。伴随日本对中国输出纺织品和输入棉花等原料的增加，日本邮船先后开辟了多条对中国各地的近海航线，如大阪—神户—上海线（大阪、神户、门司、上海）、神户—上海线（神户、长崎、上海）、横滨—上海线（横滨、神户、上海）、门司—上海线（门司、上海）、名古屋—上海线：（名古屋、上海）、大阪—青岛线（大阪、神户、门司、青岛）、神户—天津线（神户、大阪、门司、天津）、横滨—牛庄线（横滨、长崎、天津、牛庄）、上海—大连线（上海、天津、大连）。可见，日本主要港口都有对中国沿海港口的航线，而中国沿海的主要港口，从南到北大多都被这些航线所纳入其中。不仅如此，为了适应日本钢铁企业对中国大冶铁矿石的需要，日本邮船还开辟了日本—汉口线（若松、八幡、长崎、神户、上海、大冶、汉口）和神户—沙市线（神户、上海、沙市）。这说明日本邮船已经把手伸到中国内陆地区，以中国的内陆航运为新的舞台，向欧美列强发起了新的挑战。

伴随日本邮船对中国航线的迅速增加，日本轮船在中国港口的出入日趋频繁，在中国轮船航运中所占的份额不断提高。这一变化如在表2-3中所看到的那样：据统计：1896年，在中国通商口岸进出的船只中，英国船只所占比重为67.14%，德国、美国和日本所占比重为分别为10.83%、1.57%、4.39%；而到了1903年，英国船只所占比重下降到48.12%，德国和美国船只所占比重分别上升为13.88%、2.65%，而日本船只所占比重大幅上升为17.63%。已仅次于英国，跃居为第二位。

表2-3　中国通商口岸进出船只国别百分比表（1896～1913年）

单位：%

年份	中国	美国	英国	德国	日本	其他
1896	4.69	1.57	67.14	10.82	4.39	11.39
1897	5.21	2.49	67.27	9.25	5.08	10.70
1898	5.42	1.88	65.449	9.34	8.46	9.41
1899	5.60	2.42	61.11	8.42	12.99	9.46
1900	4.03	2.44	58.69	10.75	14.12	9.97
1901	3.62	2.77	52.63	14.78	16.05	10.15
1902	5.12	2.51	50.62	14.20	16.59	10.96
1903	5.01	2.65	48.12	13.88	17.63	12.71
1904	17.09	2.49	53.22	12.82	1.86	12.52
1905	17.19	5.30	45.78	12.45	2.31	16.97
1906	15.29	5.16	39.23	11.01	15.08	14.23
1097	16.37	3.65	37.64	10.54	19.68	12.12
1908	16.16	3.63	38.90	9.98	20.83	10.50
1909	15.39	2.66	38.70	10.28	21.35	11.62
1910	16.26	2.26	38.60	10.41	20.67	11.80
1911	15.33	2.24	38.25	10.48	21.95	11.75
1912	15.38	2.98	38.80	10.66	22.83	10.35
1913	15.98	2.77	35.73	9.90	26.49	10.13

资料来源：中国航海学会：《中国航海史（近代航海史）》，人民交通出版社，1989，第203页。

（二）湖南汽船会社的创立与日清汽船在中国航运市场上的迅猛扩张

湖南汽船会社创立于1902年，是日本为了在中国内陆地区从事航运业经营而专门创办的企业。涩泽荣一是该会社的创立发起人和主要股东，并担任顾问一职。

湖南汽船的创立可以说是与甲午战争后中国国家主权的不断丧失联系在一起的。1895 年清政府与日本签订了《马关条约》，其中第六款第一项规定，增开长江流域的四个城市沙市、重庆、苏州、杭州为通商口岸；第二项明确规定："日本轮船可驶入下开各口，附搭行客、装运货物：（1）从湖北省宜昌溯长江以至四川省重庆府；（2）从上海驶进吴淞口及运河以至苏州府、杭州府。"① 三年后的 1898 年，清政府颁布了《内港航行章程》，该章程对外国轮船的航行区域又做了这样的规定：仅在国内航行的外国船经向海关提供登记手续，可在已定通商港口和内陆港口（即非通商港口）之间自由航行。② 也就是说，按照这一章程，外国船只的航行区域已不仅限于通商港口之间的区域，可以自由地开往所有内陆港口，从而使外国船的活动空间顿时变得极为广阔，商机将随之而来。因此，此章程一公布就立刻在日本引起巨大反响，一时间跃跃欲试者纷纷登场。1899 年，大东汽船会社的白岩龙平专门为此派河本矾平到中国湖南进行了 50 余天的实地考察。与此相隔不久，日本邮船的社长近藤廉平也到中国各地进行了考察，并在回国之后向日本政府提出了有关在扬子江流域增加航线的建议。1900 年白岩龙平举行招待会，约请涩泽荣一以及各界诸多实力人物出席，就打入中国内陆航运业之事进行了专题讨论。而后，涩泽荣一与白岩龙平、近藤廉平、大仓喜八郎、益田孝、安田善次郎、中桥德五郎等企业界头面人物成立了"湖南汽船会社发起人会"，并联名向日本政府提出了请愿书，请求政府对创立湖南汽船会社和开设航线给予支持。他们一再强调"湖南仅次于四川，拥有广阔肥沃的土地，将来大有希望，眼下外国商人尚未把手伸到该地区。这一带的人虽排外主义倾向严重，但战争以来对日本表示同情，不仅存在欢迎日本企业的倾向，而且清政府也有意把常德和长沙改为通商口岸，故如一旦开设汽船航线，可使从日本出口棉纱、棉布、海产品以及杂物从湖南进口日本所需稻米、

---

① 王铁崖：《中外旧约章汇编》第一册，第 616 页。
② 王铁崖：《中外旧约章汇编》第一册，第 349 页。

麻、药材、煤炭等变得大为方便，这不仅可使彼此之间的贸易关系更为紧密，而且对日本开发该区域非常有益"。① 而日本政府也认为此事意义重大，故向众、贵两院提交了给予湖南汽船会社补助的议案，并获得通过。该议案决定按照 6% 的平均利润率对湖南汽船会社实施补助。

湖南汽船会社创立总资本为 150 万日元，且有政府为后盾，故创立伊始就气势逼人，专门设计和制造了适于浅水航行的轮船"湘江号"和"沅江号"。沅江号于 1904 年 3 月开始在汉口—湘潭间航行，每月航行 8 次，途中停泊长沙、并在新堤、宝塔州、城陵矶、岳州、芦林潭、湘阴、靖港等，由此日本开始在洞庭湖航路上的定期航行。1906 年又建造了"武陵号"（1458 吨）。1907 年 2 月开始在湖南航路上使用，使湖南航路的轮船达到 3 艘，总吨数为 3328 吨，成为湖南航路上最大的一家轮船公司。②

在湖南汽船创立之前，除了上面提到的日本邮船之外，还有大阪商船会社和大东汽船会社已经在长江流域开设了航线。湖南汽船创立之后，这四家日本会社在与欧美轮船公司展开激烈争夺的同时，彼此之间也多有摩擦和冲突，以致形势显得十分混乱。这种局面长期持续下去，显然对日本不利。于是，日本政府出面进行干预，决定将这四家会社合并为一个会社，以合众之力，一致对外。这一决定得到了财界和这四家公司的支持和响应，于 1907 年举行了合并大会，成立了日清汽船会社。涩泽荣一担任了日清汽船会社创立委员长。该会社社长为石渡邦之承，涩泽荣一与近藤廉平、中桥德五郎出任董事。

由四家会社合并而成的日清汽船会社实力相当雄厚，其总资本为810 万日元，拥有汽船 14 艘（总吨位为 29353 吨）、小型蒸汽船 21 艘（总吨位为 559 吨）、小型蒸汽拖船和客船 17 艘（总吨位为 788 吨）、趸船 10 艘（总吨位为 9761 吨），总和吨数为 40461 吨。已就航线路为 11 条，分别为上海—汉口线，航行船只为 6 艘，每周发船为 4 班次以上；汉

---

① 渋沢青淵記念財団竜門社編纂『渋沢栄一伝記資料』、渋沢栄一伝記資料刊行会、第十六卷、第 719 页。
② 朱荫贵：《国家干预经济与中日近代化》，东方出版社，1994，第 235 页。

口—宜昌线，航行船只为 2 艘，每周发船为 4 班次；汉口—湘潭线，航行船只为 2 艘，每周发船为 2 班次；汉口—常德线，航行船只为 1 艘，每周发船为 1 班次；鄱阳湖线，航行船只为 1 艘，每月发船为 6 班次；上海—苏州线，航行船只为 3 艘，每日为 1 班次；上海—杭州线，航行船只为 4 艘，每日为 1 班次；苏州—杭州线，航行船只为 4 艘，每日为 1 班次；镇江—清江浦线，航行船只为 3 艘，每月为 20 班次，苏州—镇江线，航行船只为 2 艘，每月为 10 班次；镇江—扬州线，航行船只为 10 艘，未定班次。① 可见，就航线路已基本形成网络，途经区域涉及诸多省市。

为了扶持和保证日清汽船会社的发展，日本政府对日清汽船会社采取了十分优厚的补助措施，第一阶段为期 5 年，每年的补助金额高达 80 万元之多（相当其资本总额的 1/10）。不仅如此，日本政府还专门向日清汽船会社发布了内容多达 53 条的"政府命令书"，对日清汽船会社的经营目的、业务范围、资产数量等各方面做出明确的规定。如第二条规定，该会社应以在清国内河、沿海及相关联的航路上从事水运业经营为目的，但必要时也可从事仓库业及代理业务方面的经营；在第七、八、九条中，对航行线路、使用船只数量、吨位、航行次数做了规定；第二十六条规定，该会社应在本命令第七条指定航线的起点、终点和靠岸港口设立支店或代理店，未经递信大臣许可，总社和支店以及指定的船只，均不得采用外国人做事务员或船长、驾驶员、机务长、机务员；在第三十三条中，对政府指定航线所支付的补助金额做了规定，同时还规定，如指定的船只能达到规定的航行距离和次数，将按比例扣除相应数量的补助金；第五十一条规定，在命令书开始实施后的六个月内，会社应添备三艘新制造的钢制汽船，总吨数须在 3500 吨以上，最大速度需在 11 海里/小时以上；等等。② 从命令书中的这些内容中不难看出，"日清汽船会社已被置于日本政府的严格控制之下，它已完全成为日本国家政权代理机

---

① 渋沢青淵記念財団竜門社編纂『渋沢栄一伝記資料』、渋沢栄一伝記資料刊行会、第十六卷、第 309 页。

② 渋沢青淵記念財団竜門社編纂『渋沢栄一伝記資料』、渋沢栄一伝記資料刊行会、第八卷、第 296～305 页。

关的殖民性企业，成为一家为日本对外扩张'国策'服务的特殊股份公司——国策会社。它和同年成立的南满铁道株式会社一样，是日本扩充在华交通运输实力的左右手，这一南一北，遥相呼应，是日本'占据中国交通'的重要环节"。[①]

　　以日本政府的强力支持为后盾，日清汽船会社向欧美企业发起进攻，并很快在竞争中占据了有利地位，在长江流域的势力扩展迅速，正如在表2-4中所看到的那样，1906~1911年这5年多的时间里，日本轮船在长江各口岸的进出口吨位增加了43%，其比重由17.8%上升为29.1%，已将中国、德国、法国、美国远远抛在身后，成了仅次于英国的第二大侵略扩张势力。而且日清汽船会社收益状况也一直良好，如表2-5所示，在1907~1913年这一期间里，利润率逐年有所提高，在1912年甚至达到了17.6%这样的高水平。这无疑说明，日清汽船会社已经完全实现了其创立的目标，可谓是日本对华经济扩张中的一支不可缺少的劲旅。

表2-4　1895~1911年长江各口各国轮船进出口吨位统计

单位：千吨

年份	总计		中国		英国		德国		日本		法国	
	吨位	%	吨位	%	吨位	%	吨位	%	吨位	%	吨位	%
1895~1896	9843	100	2319	23.6	7168	72.8	198	2.0	…	…	…	…
1898	11078	100	2741	24.7	7773	70.2	85	0.8	407	3.7	…	…
1900	15746	100	3694	23.5	9195	58.4	1556	9.9	1189	7.6	…	…
1901	19053	100	3499	18.4	9944	52.2	3656	19.2	1789	9.4	…	…
1903	22489	100	3986	17.7	11065	49.2	3366	15.0	3593	16.0	…	…
1906	28753	100	5429	18.9	13754	47.9	2863	10.0	5115	17.8	1026	3.6
1907	31105	100	5506	17.7	13962	44.9	2166	7.0	7502	24.1	1714	5.5
1908	33759	100	5583	16.5	14246	42.2	2438	7.2	9017	26.7	2167	6.4
1909	33034	100	5623	17.0	13526	40.9	2632	8.0	8822	26.7	2055	6.2
1911	30722	100	4517	14.7	13919	45.3	1946	6.3	8951	29.1	1189	3.9

资料来源：樊百川：《中国轮船运业的兴起》，中国社会科学出版社，2007，第263页。

[①]　朱荫贵：《国家干预经济与中日近代化》，东方出版社，1994，第239页。

表 2-5　日清汽船会社历年账面利润率（1907~1913 年）

年份	总运用资本（日元）	毛利（日元）	利润率（%）
1907	8437460	431901	5.1
1908	8401665	508370	6.1
1909	8485732	778815	9.2
1910	8617823	861109	10.0
1911	8723970	937123	10.7
1912	9288036	1638354	17.6
1913	9695811	1630515	16.8

资料来源：严中平：《中国近代经济史统计资料选辑》，转引自中国航海学会编《中国航海史（近代航海史）》，人民交通出版社，1989，第 218 页。

第三章　涩泽荣一的对华经济
扩张思想

　　近代日本的对华侵略扩张思想可以说是林林总总、各式各样，且伴随国际形势以及中国处境的变化，各种对华侵略扩张思想的影响及占据的地位也不相同。正如人们所知道的那样，福泽谕吉的"脱亚入欧"论以及在其之后迅速膨胀起来的"大亚洲主义"思想都曾广泛流行于日本社会，对推动日本的对外侵略扩张起到了巨大作用。尽管涩泽荣一称不上是思想家，他的思想并不够系统和深入，但由于他显赫的社会地位，他所发表的思想主张受到了广泛的关注。而与其他的对华侵略扩张思想相比较，涩泽荣一对华侵略扩张思想偏重于经济扩张方面，且内容有其独特之处，因此在诸多的对华侵略扩张思想中占有不容忽视的地位。那么，涩泽荣一对华经济扩张主张的主要内容是什么？其思想的形成有着怎样的背景和来源？又应该如何认识和解读其思想主张的真伪虚实呢？

一　对华经济扩张思想的主要内容

　　涩泽荣一的对华经济扩张思想是在其对华发动的经济扩张活动中逐步积累和丰满起来的。可以说，他从明治维新获得成功之时起就意识到了日本对外进行经济扩张的必要性，并首先把目光对准了紧邻的中国和朝鲜。但从涩泽荣向日本社会发表的演讲和文章来看，他对所持经济扩张思想及主张的宣传大致是在日俄战争以后，其内容主要有下述几个方面。

（一）"日支经济同盟论"

中日甲午战争之后，日本成功取代中国，成了亚洲的雄主；而通过日俄战争的发动，日本再次向世界展示了实力，成了可与西方列强一争高低的强国。在这样的背景下，选择什么样的对华侵略扩张战略对日本来说无疑显得十分重要。为此，涩泽荣一提出了自己的主张。他认为，日本要确保自己的国际地位，最首要的任务就是通过建立"日支经济同盟"，不断巩固和扩大在中国的经济势力范围。他说："就我帝国政治经济的将来而言，现今最值得注意的就是与支那的关系问题。""无论从历史上的关系来看，还是从其国土、人口来观察，特别是考虑到其尚未开发的天然资源等，我帝国都负有与西邻支那共同携手保护亚细亚大陆的责任，这是日本理所当然的使命。"[1] 他还说："支那提供原料，日本进行原料加工，并用以满足支那的需要，这完全符合互通有无的经济原理。"[2]"我从很久以来就提倡日支经济同盟，使两国因在经济上有相同的利害而结合在一起，这样才能实现两国的亲善和两国的提携。"[3] 但同时他又说："支那人是个利己心很强的种族，做事总是算计自己的利益，缺乏资本合作的能力，如把股份企业完全交由支那人经营，未必经营得好，甚至最终归于失败。因此，无论做什么，日本人都应担任首脑，对其进行指导。"[4] 涩泽荣一甚至还直截了当地说："从地理上或从历史关系上说，我国都必须成为东洋之盟主，以开拓清、韩之文明，决不可仅满足于今日之京釜铁路、京义铁路和长江航行权等等。尤须注意的是，战后欧洲列强皆更着眼于东洋，拼命扩张其商权，而我国有鉴于此，当更明确意识，

---

① 『東大陸開発と帝国の国策』、『竜門雑誌』第364号、第24页。
② 『日支親善実現の曙光』、『竜門雑誌』第363号、第30页。
③ 『日支親善実現の曙光』、『竜門雑誌』第363号、第26页。
④ 渋沢青淵記念財団竜門社編『渋沢栄一伝記資料』、渋沢青淵記念財団竜門社、別巻第七、第266页。

我国不但须在利权竞争上不弱于彼等,还需更进而超出彼等一头。"① 从涩泽荣一的这些言论中可以看出,他的所主张的"日支经济同盟论"主要包括三个要点:(1)建立"日支经济同盟"以确保日本的原料来源和海外销售市场。(2)开发亚洲大陆和中国是日本的责任和使命,日本是"日支经济同盟"乃至整个东洋理所当然的盟主。(3)通过"日支经济同盟"的建立,在与西方列强的剧烈争夺中取得主动和有利地位,并最终压倒群雄,实现独占鳌头的目标。

(二)"支那保全论"

在涩泽荣一看来,"日支经济同盟"的建立关系到日本的未来,但要实现设想的目标,日本需要确立独自的对华政策。他说:"观支那之国情,至欧洲大战爆发之前为止,英国以扬子江流域为其势力范围,德国占据山东省和胶州湾,俄国占据北满洲和外蒙古,法国占据广东、广西的南部,相互竞相扩张商圈,可谓虎视眈眈,一有机会,就露出吞并领土的爪牙。本来在《英日同盟条约》中有保全支那的领土和机会均等条款,但实际上机会均等和扩大商权是否能够满足列国的野心很值得疑问,因此与支那有唇齿相依关系的日本实有重大责任。"② 那么,面对这种形势,日本应该采取什么样的对华政策为好呢?涩泽荣一说:"依我之见,首先应以坚持门户开放、机会均等和领土保全为根本方针。鉴于日本的东洋盟主地位和日支两国在历史、地理上的关系,应始终以善邻之谊为重。我希望,日本能尽指导启发的责任,以彼此的经济合作为目的,以求发展。日本抱领土上的野心,开列国瓜分之端,不久将招致唇亡齿寒,故绝对不能赞成军人或一部分支那浪人所抱有的那种激进意见。"③ 这就是说,涩泽荣一十分清楚,西方列强不会仅仅满足于原来提出的门户开

---

① 渋沢青淵記念財団竜門社編『渋沢栄一伝記資料』、渋沢青淵記念財団竜門社、別卷第六、第 325 页。

② 渋沢青淵記念財団竜門社編『渋沢栄一伝記資料』、渋沢青淵記念財団竜門社、別卷第七、第 183 页。

③ 渋沢青淵記念財団竜門社編『渋沢栄一伝記資料』、渋沢青淵記念財団竜門社、別卷第七、第 184 页。

放、机会均等那些要求，更希望的是通过瓜分领土使中国完全成为它们的附属国，这种欲望将会给日本继续扩展在中国的势力范围制造巨大的障碍。所以在这样的形势下，日本应该采取保全中国领土和独立国地位的政策，这样在战略上对日本反倒更为有利，因为这不仅可以"名正言顺"地牵制西方列强瓜分活动的升级，回避与西方列强之间的全面冲突，而且有利于得到中国的好感，拉近与中国之间的距离，使"日支经济同盟"具有更为广阔的政治空间，从而保持"日本的优越权"，保证日本从中得到比西方国家更多的利益。

（三）民间外交与"王道主义"取胜论

涩泽荣一认为，建立他所积极主张的"日支经济同盟"有赖于两国之间亲善关系的形成；而这种亲善关系的建立固然与政府的外交政策密切相关，但民间的作用也极为重要。他说："国家与国家的交往并不只是政府的外交，而是国民与国民之间的交往，我们都应该为国民外交取得成果而努力。"[①] 而且在他看来，这种国民与国民之间的交往虽然是在日本对华经济扩张活动的背景下进行的，但其关键之处在于两国国民之间能否在感情上融合到一起；而日中两国之间至今在感情上不能建立起亲善关系，其原因并不在于日本对华进行经济扩张活动本身，而主要在于日本无视中国国民的感情。因此，涩泽荣一曾反复多次对日本政府采取的高压外交政策和蔑视中国的社会风气进行批评。他说："以往日本与支那的交往只重恩威并施，缺乏敬爱之情。而人与人的交往需要互敬互爱，没有敬爱之情，自然无法保持交往的。尊卑与贫富、力量的强弱与智慧高低乃为天所配给，个人之间难免有所差异，但人人都必须要有敬爱之心。……然而日本对支那却只讲所谓的恩威，全无情谊可言。"[②] 他认为，这种状况对日本对华经济扩张极为不利，应该通过开展民间外交来加以

---

① 渋沢青淵記念財団竜門社編『渋沢栄一伝記資料』、渋沢青淵記念財団竜門社、第三十二卷、第 583 页。
② 渋沢青淵記念財団竜門社編『渋沢栄一伝記資料』、渋沢青淵記念財団竜門社、第三十二卷、第 582 页。

扭转。因此他一再向企业界发出告诫，他说："我等日本国民应虚心坦承，使他们了解日本的真心所在，竭力消除他们的误解和猜疑。特别是在满蒙地区居住的日本国民，例而言之，恰似把居所建在火药库旁边，与支那国民以及相关的各国人容易发生瓜葛矛盾，所以一言一行都不要忽视了这一点，如果毫无顾忌、我行我素，立刻就会惹起外交上的问题，甚至会严重地影响日支亲善关系，以至日本维持亚洲大陆和平的使命失去意义。因此，务请在满蒙居住的日本同胞应对此加以注意，务须努力促进两国民间的相互理解，以完成日本帝国的大陆经营。"①

在涩泽荣一看来，推动对中国的民间外交不仅对缓和两国关系有重要意义，同时也是与欧美列强开展激烈竞争的需要。在他眼里，列强之间的争夺不仅是市场和资源的争夺，同时也是人心意愿的竞争，得人心者就可能得到更多的利益和机会，就可以在竞争中取胜。而恰恰在这方面日本在历史和文化方面有着可利用的得天独厚的条件。因为，与其他列强不同，日本与中国是同文同种，思想、风俗、兴趣爱好有很多相通之处，特别是儒家文化本身具有极大的渗透力和亲和力，可以说是两国外交和经济合作中最为值得珍惜和利用资源。因此，涩泽荣一一再向日本经济界和投资中国的企业发出呼吁：要牢记《论语》中的仁义和忠恕之教诲，须以此为怀与中国进行交往。他甚至断言，世上没有能够战胜仁义道德的武器，如欧美人行之于非道，而吾人以王道为本，那么胜利非吾人莫属。②

二　"王道主义"对华扩张思想的形成背景

应该说，在涩泽荣一对华经济扩张思想的主张中，"日支经济同盟论"和"支那保全论"在当时的日本财界是比较流行的，阪谷芳郎、大

---

① 『東大陸開発と帝国の国策』、『竜門雑誌』364 号、第 24 页。
② 渋沢青淵記念財団竜門社編『渋沢栄一伝記資料』、渋沢青淵記念財団竜門社、第三十二卷、第 532 页。

仓喜八郎等其他几位财界知名人物也都提出过基本相同的主张，而"王道主义取胜论"则不相同，它完全为涩泽荣一一家所独创，体现了涩泽荣一在对华经济扩张路线上的新思考和主张，其形成既有形势判断方面的背景，也有思想信奉和个人精神追求方面的原因。

其一，战后经济状况的低迷与对华经济扩张受阻。其实，从涩泽荣一对甲午战争和日俄战争的态度可以看出，他对日本采取的对华政策在思想上和行动上都是积极配合和支持的。在甲午战争的期间，涩泽荣一曾表现得非常活跃。为了使日本能够取得这场战争的胜利，他与福泽谕吉等人联合起来，共同组织成立了报国会，号召企业和民众捐款，以慰劳出征将士的家属，并慷慨解囊带头捐款以为国分忧。而后又直接接受了总理大臣伊藤博文的委托，带领银行业承购了多达 5000 万元的军事国债，① 同时个人还承购了 30 万元的军事国债。② 1900 年，日本出兵参加八国联军镇压了中国的义和团运动，涩泽荣一对此表示拥护，在 1901 年日军将士返回日本之时，他作为发起人为日军将士举行了盛大的欢迎仪式，并在会上发表致辞，对日军将士大加赞扬，认为他们不负使命，使帝国的世界声望大为提高。③ 1905 年，日本在持续近两年之久的日俄战争中最终取胜，涩泽荣一更是为之欢欣鼓舞，认为这是个值得日本举国欢庆的历史大事件。然而，日本在取得这些战争的胜利之后，所企盼的经济繁荣也只是昙花一现，特别是日俄战争之后，所谓的"战后经营"进展得很不顺利，国内经济甚至陷入萎靡不振的状态。工商业界者对接连不断的战争也产生了无奈和厌倦情绪，在对华经济扩张活动中表现消极，态度犹豫不前。为此，日本政府感到焦急不安，并变本加厉继续大力宣扬战争征服的思想。大藏次官阪谷芳郎就曾直言不讳地说："在一般国民中，唯实业家最厌恶战争而又没有公开将其表露出来的勇气"，而"为推

---

① 渋沢青淵記念財団竜門社編『渋沢栄一伝記資料』、渋沢青淵記念財団竜門社、別卷第五、第 563 ~ 564 页。
② 渋沢青淵記念財団竜門社編『渋沢栄一伝記資料』、渋沢青淵記念財団竜門社、第四卷、第 499 页。
③ 渋沢青淵記念財団竜門社編『渋沢栄一伝記資料』、渋沢青淵記念財団竜門社、第二十八卷、第 460 页。

进我国对清、朝二国工商业之经营，第一需要者乃武力也"，公然提出了"国旗先行论"，极力鼓吹只有对外实行武力征服，"才能确保日本商工业者之秩序、联合"。① 然而从结果上看，政界的这些鼓动不但没有给企业的对华扩张带来多大的起色，反而造成了工商业界的动荡和不安。这种情况使涩泽荣一看到这样一个现实，即通过战争日本虽然获得了巨大的利益，但战争并不能解决一切，战争本身也代替不了企业所进行的对华经济扩张活动，而日本企业在中国开展经营活动需要的是当地有较为持久的、安稳的社会环境，否则企业活动将是无法预期的。而另一方面，涩泽荣一从以往开展的对华经济扩张活动中已经体会到，要确保日本在华能够获得更多的利益，有必要与中国工商界进行各种合作，通过共同创办合资企业，以合法的形式得到以往难以得到的权益。而要实现这些设想，都离不开来自中国方面的配合，否则将障碍重重。正是在这样的背景下，涩泽荣一的思想发生了明显的变化，他不能不强烈地意识到以武力征服为基调的对华扩张政策已经难以适应经济扩展持续发展的需要，不改换思路进行必要的调整，日本将会遇到更大的挫折。

其二，财政均衡主义的经济发展思想。受近代经济思想的影响，涩泽荣一从很早就确立了财政均衡主义的经济发展思想，并始终坚持如一。他认为，财政均衡是经济健康发展的基本条件，而要实现财政均衡，就必须坚持"量入为出"的方针，反对无视负担能力的增加税收和随意地滥发国债。早在明治政府建立初期，涩泽荣一就曾因反对增加军费和财政预算，与当时的顶头上司大藏卿大久保利通发生过严重冲突，并由此弃官从商，以表其信念之无比坚决。甲午战争和日俄战争之后，这两场战争胜利给日本带来了巨大利益，也使日本的执政者们忘乎所以，更加热衷于炫耀武力，忙于扩军备战。这样一来所带来的必然结果就是国家财政规模迅速扩大，军费预算支出连年大幅度增加，使整个经济的运转受到了巨大冲击，工商业者对经营前景感到忧虑不安。这种局面的出现，对于财政均衡主义者的涩泽荣一来说显然是难以接受和容忍的，他不断发

① 李廷江：《日本财界与辛亥革命》，中国社会科学出版社，1994，第99～100页。

表自己的主张，并对政府的这种扩张性财政政策提出异议和批评。他在1903 年发表的《经济界的前途》一文中就曾指出："在维持国力费用超过民间力量之时，进出口就会失衡，正货就会流出，国民的生产力随之受损。如扩张军备就要增加士兵，而增加的士兵都是全国壮丁中的有为之人，经济界因此受损之大是显而易见的。可以说，财政费用膨胀之结果给经济界带来的影响实为可怕，其结果是经济界迟迟不能恢复，国家费用支出超过了国力。因此，国家应该调查国力，以此为基础，抑制费用。"① 他还指出："从财政支出与对外贸易额的比例来看，英国为 10.3%、美国为10.9%、德国为 10.6%、拥有巨额国债的法国为 30.5%，而日本 1907 年时的这一比例为 60% 以上。这一数字表明，日本过度偏于财政的状况是一目了然的。"② 因此他认为，必须改变这种状况，应该对战争关联税金进行清理，减少苛税。他甚至直言不讳地说："日俄战争之后，日本财政偏于武力，非常特别税常态化，且巨额增发外债，在各方面造成了危害，而对外国债市值的显著下跌就是一例。简而言之，军备费用膨胀到了与国力极不相符的程度，国民的负担日趋沉重，其原因就在于财政偏于武力。故欲求财政的健全，首先必须除此之害，不进行彻底改革，别无他途也。"③ 由此可见，涩泽荣一对军备费用的不断膨胀是十分忌讳和不满的。显然在这样一种思想背景下，他提出用"王道主义"的对华经济扩张路线来取替以往那种武力至上的对华经济扩张便成了顺理成章的选择。因为他清楚地知道，这样不仅可以缓和对华扩张所带来的民族和国家之间的对立和矛盾，广泛地唤起日本国民和企业家对经济扩张活动的认同和支持，同时还可以防止日本军费开支的不断扩大和企业纳税负担的增加，实现财政均衡，为国内产业的顺利发展提供条件，其意义之大非同小可。

---

① 渋沢青淵記念財団竜門社編『渋沢栄一伝記資料』、渋沢青淵記念財団竜門社、別卷第六、第 310 页。
② 渋沢青淵記念財団竜門社編『渋沢栄一伝記資料』、渋沢青淵記念財団竜門社、別卷第六、第 381～382 页。
③ 渋沢青淵記念財団竜門社編『渋沢栄一伝記資料』、渋沢青淵記念財団竜門社、別卷第六、第 596～597 页。

　　其三，精神信仰的追求与对华经济扩张活动的结合。应该说，任何一种思想和主张的提出都必然是提出者面对现实问题做出思考和判断的结果，同时与提出者的个人精神信仰和追求有着密切的内在关联。而涩泽荣一对华经济扩张思想的形成也是如此，他个人在精神信仰和追求起到了很大的作用。其实，就涩泽荣一个人而论，他是一个思想丰富且又复杂的人，也是一个具有二重性格、在内心和精神上充满矛盾的人。他是日本财界的领袖，也是日本金融资本的化身，追求巨大的经济利益与对外进行各种形式的扩张对于他来说不外乎是一种"生理"上的本能和需要。因此，在他看来，经济是没有国界的，资本的愿望就是他行动的指南；而另一方面，他又是一个有个性精神需要和情感追求的人。他从幼年开始接受汉学教育，儒家文化的熏陶使他把孔子当成思想崇拜的对象，《论语》所主张的伦理道德已经被他看作是人生在世的精神信条，故此对中国有一份特别的情感。他曾说："每当想到余所崇拜的孔孟列圣都是支那人，余对支那就有一种倍感亲近的感觉。这种感觉，就像基督教徒对基督诞生地以色列的感觉一样充满敬慕之情。"[1] 不仅如此，由于日本也曾遭受西方列强的侵犯，他作为日本的一个国民曾感到无比的耻辱和愤恨，并投身过"倒幕攘夷"运动，因此对西方列强宰割之下的中国也不乏同情之心。他曾说："目睹西洋人虐待支那人的情景，余无法不对西洋文明产生怀疑。"[2] 正是因为如此，涩泽荣一必须经常面对这样一个问题，即如何对其追求经济利益的对外扩张行为做出符合精神需要的解释，或者说，如何把儒家伦理道德观与他所从事的对华经济扩张活动结合在一起，以达到为其"正名"的目的。也只有这样，作为儒家文化信奉者的他才能得到一种思想上的安慰和"释放"，从行动与精神追求的矛盾中解脱出来，从而"心安理得"地从事他所热衷的对华经济扩张活动。

　　从上述三个方面可以看出，涩泽荣一"王道主义"对华扩张思想的

---

① 渋沢青淵記念財団竜門社編『渋沢栄一伝記資料』、渋沢青淵記念財団竜門社、別巻第七、第 400 ~ 401 页。

② 渋沢青淵記念財団竜門社編『渋沢栄一伝記資料』、渋沢青淵記念財団竜門社、別巻第七、第 400 ~ 401 页。

基础要点在于反对军备扩张和财政支出的膨胀，主张尽量减少与军事、政治相关的非生产性支出，注重生产性部门的发展和"工商强国"，反对日本继续对华实行武力征服的方针和日本走军国主义道路，因而带有所谓"小日本主义"的色彩，在一定程度上体现了产业资本的要求。显然，在当时那样的时代背景下，涩泽荣一的这一思想倾向并非没有积极意义和可取之处，这一点是值得关注的。

三 "王道主义"对华扩张思想路线的流产

涩泽荣一一直期待他的"王道主义"对华扩张思想路线主张能够得到广泛的理解和政策决定者们的认同，并为此做出过种种努力。

1915 年，日本向袁世凯政府提出了旨在灭亡中国的"二十一条"，并发出最后通牒加以武力恐吓。面对此事，涩泽荣一深感忧虑，他认为这将使两国的经济关系受到巨大的打击。他说："如非诉诸武力不可，那么日支实业关系将会毁灭，中日实业公司事实上将不得不面临中断职能的命运。"[1]"二十一条"公之于世之后，引起了中国人民的强烈愤慨，各阶层反日情绪空前高涨，随之掀起了旷日持久的抵制日货斗争，以致中日两国间的经济关系完全陷入僵局。为了摆脱这种困境，涩泽荣一倡议成立了日华实业协会，并以该会的名义向日本政府提出了建议书。这份题为《日支亲善方策之建议》的建议书向政府提出了两点请求，第一，认为有必要将山东铁路改为两国国民合办企业，尽快撤走铁路守备队；第二，认为先前派遣的日本驻军继续留在支那无益于两国邦交，且在有事之时，也难以达到保护在留日本人的目的，因此尽快将其撤离支那为上策。[2]涩泽荣一在分别向日本首相原敬、外相内田康哉、陆相山梨半造面

---

① 渋沢青淵記念財団竜門社編『渋沢栄一伝記資料』、渋沢青淵記念財団竜門社、第五十五卷、第 108 页。
② 渋沢青淵記念財団竜門社編『渋沢栄一伝記資料』、渋沢青淵記念財団竜門社、第五十五卷、第 183 ~ 184 页。

呈这份建议书时还特意做了这样的说明："与支那事业有关系的人，目前最希望的就是该国政界的安定。……长期以来，我国对支那的方针始终不相一贯，在列国注视之中暴露出外交政策不统一之弊，故此使帝国的威信大为下降，招致邻邦官民的疑惑和蔑视，甚至让人误解为我国有领土野心、实行侵略主义。这实为遗憾之事。……按本协会（日华实业协会）会员依据多年实际经验所得出的判断，对支政策之根本在于支那自己的事情让支那人自己处理。而我国作为支那的友好邻邦，则应以维持始终一贯不渝的关系为要。即对于支那朝野的正当希望，日本不惜付出牺牲也应给以帮助。……本协会对支那国民满怀诚意，求其谅解，排除一切障碍，决心坚持始终。希望政府当局者也谅解此意，确立对支那的方针，以期实现外交的统一"。①

可见，涩泽荣一对"二十一条"是持批判态度的，但在那些顽固主张"霸道主义"对华扩张路线的政界首脑人物看来，身处强权和武力征服决定一切的时代，"王道主义"对华扩张路线只是一种缺乏现实性的"空想"，它不足以切实保证日本在华利益的要求。因此，涩泽荣一的主张和倡议当然不会被一意孤行日本政府所认同和接受。但值得注意的却是，涩泽荣一与日本政府及垄断财阀之间的密切合作并没有因此受到影响，甚至在政府请求财界和金融界给以协助之时，他曾表示坚决服从政府的决断，积极筹集军需资金，为"二十一条"的实行做准备。对于这种令人为其感到尴尬的行为表现，涩泽荣一本人所做的解释是："在政治上，我是门外汉，所以从这个角度来说可以另当别论。"② 言外之意就是说，在经济方面虽有自己的主张，但从政治的角度来说，他必须在行动上服从国家和政府。显然这无疑是在为自己的言行不一在做辩解，但至少可以说明以下两点：其一，涩泽荣一一直宣称回避政治，但作为日本财界的领军人物，他本人实际上是有政治原则的，那就是所谓的"忠君爱国"以及在这一精神信条之下形成的国家主义至上的行动准则，在这

---

① 渋沢青淵記念財団竜門社編『渋沢栄一伝記資料』、渋沢青淵記念財団竜門社、第五十五卷、第 183～184 页。

② 见城悌治『渋沢栄一』、日本経済評論社、2008、第 170 页。

一准则的支配之下，与国家和政府的配合是他必须承担的责任和义务。其二，尽管所谓的"王道主义"对华扩张路线与"霸道主义"对华扩张路线在具体主张上有很大区别，但两者所要实现的最终目的是一致的，服务于对华经济扩张和侵略的本质并没有不同。因此，在根本利益一致的前提下，向"霸道主义"对华扩张路线的让步只是一种策略上的妥协，并非不可接受。由此可见，尽管涩泽荣一的"王道主义"对华经济扩张思想不乏新的"创意"，并在近代日本对华扩张的思想史上占有重要的一席之地，但在现实中，它与生俱来就潜伏着虚伪和欺骗这样的两面性格。因此，对中国这个被侵略和掠夺的对象来说，"王道主义"不过是有其名而无其实的说教，它的流产是没有什么值得奇怪和意外的。

第四章 涩泽荣一与日本对华经济扩张主力军三井财阀

在近代日本对中国的侵略和经济扩张中，三井财阀企业集团（以下简称为"三井"）的存在尤为重要。它不仅是急先锋，带头拉开了日本对华经济扩张的序幕，而且自始至终扮演着主力军的角色；它不但从政治和外交方面对日本政府的对华政策施加种种影响，而且与日本军方密切配合，为其在中国的军事侵略活动提供了莫大的支持和帮助。可以说，三井在近代日本对中国实行侵略和经济扩张活动过程中的表现是最为活跃和引人注目的，它所起到的作用是其他任何企业所无法代替的。

三井与涩泽荣一之间的关系非常密切和特殊，这决定了三井的对华经济扩张活动与涩泽荣一的参与是分不开的，或者说本身就是涩泽荣一发动和组织对华经济扩张活动的一个重要组成部分。

一 三井对中国的经济侵略和扩张活动

（一）三井在日本对华贸易和资本输出中的地位和作用

从 19 世纪 80 年代起，以近代产业的形成和迅速发展为背景，日本对外出口开始显著增加，特别是中日甲午战争后，这种迅速增长趋势表现得越来越明显，仅 1895~1905 年这 10 年间，就增加了 1.36 倍，其

中对中国出口额增加得最快，达 3.32 倍，在出口总额中所占比重由
20%一跃提高到 37%。[①] 这表明，日本对外出口的迅速扩大主要是通过
对中国出口的急剧增加实现的，中国因此成了日本最为重要的国外市
场。

　　在日本对华出口的迅速增加中，三井物产所占据的地位极为重要，
这一点在表4-1和表4-2中看得非常清楚。

表4-1　三井物产主要商品进出口额及对全日本的比率

单位：千日元

年份	煤炭		生丝		机械		
	物产出口额	占全国比重(%)	物产出口额	占全国比重(%)	物产进口额		占全国比重(%)
					其中机械	其中铁路用品	
1897	2292	27.6	1351	2.4	8100	4510	35.4
1898	4530	37.0	2542	6.0	3421	5313	26.8
1899	5465	46.4	4720	7.5	2439	2385	34.0
1900	6280	45.8	6255	14.0	2173	5856	34.6
1901	8343	47.6	4943	6.6	3735	3035	30.6
1902	6659	38.6	6623	8.6	1740	2513	25.4
1903	11308	58.7	6449	8.7	1763	3577	27.9
1904	11519	77.7	8456	9.5	2298	3262	19.7
1905	12299	86.2	11785	16.4	6911	4904	30.2
1906	16679	102.5	14267	12.9	4311	4462	26.5
1907	16807	88.2	29650	25.5	8212	11034	42.8
1908	15869	87.0	24189	22.3	19543	8368	53.3
1909	15359	88.0	29302	23.7	12032	2053	47.1

年份	棉花		棉纱		棉布	
	物产出口额	占全国比重(%)	物产出口额	占全国比重(%)	物产出口额	占全国比重(%)
1897	13822	31.7	3968	29.4	166	6.6
1898	13237	28.9	4420	22.0	140	5.4
1899	23948	38.6	8498	29.8	293	7.5
1900	18282	30.7	6580	32.0	297	5.2

---

　　①　坂本雅子『財閥と帝国主義——三井物産と中国』、ミネルヴァ書屋、2003、第35頁。

续表

年份	棉花		棉纱		棉布	
	物产出口额	占全国比重(%)	物产出口额	占全国比重(%)	物产出口额	占全国比重(%)
1901	14697	24.2	4556	21.2	371	6.8
1902	21736	27.2	6410	32.2	513	8.6
1903	17488	25.2	8896	28.3	787	11.4
1904	17642	24.0	10386	35.5	1899	24.5
1905	25585	23.1	10716	32.2	1028	8.9
1906	26217	31.7	18508	52.4	3109	19.9
1907	37214	32.2	8862	29.2	6687	40.9
1908	28357	31.4	7521	36.3	6823	46.7
1909	30451	28.1	10532	33.3	7442	42.1

资料来源：坂本雅子『財閥と帝国主義』、ミネルヴァ書房、2003、第43页。

表 4 - 2　三井物产出口商品市场占有率（1903 年）

品种	三井物产交易额（日元）	占全日本出口量比(%)	各地交易额所占比例		
			中国(%)	香港(%)	朝鲜(%)
棉纱	8865971	27.3(斤)	91.5	6.6	0.5
棉布	786921	9.1(日元)	65.0	23.8	11.3
火柴	1430380	15.6(哥)	21.4	13.9	—
铜	1629913	9.3(斤)	97.8	0.9	0.9
煤炭	11307793	46.5(吨)	30.2	41.9	—
水泥	329870	49.6(斤)	57.4	32.6	—
铁道枕木	521335	56.4(日元)	96.97	—	—
总计(其他共计)	285971623	12.0(日元)	—	—	—

注：1. "中国"是上海、天津、厦门、关东省的合计，"朝鲜"为京城、仁川的合计。（）内是该比率算出时当时的基本单位。

2. 对"中国""香港""朝鲜"出口合计占全日本出口额比率，除了火柴（35.4%）、煤炭（72.1%）以外，都是90%~100%，对"中国""朝鲜"贸易市场占有率，可以推定与占全国出口额比率大致相同。

资料来源：坂本雅子『財閥と帝国主義』、ミネルヴァ書房、2003、第44页。

首先，从日本对外出口的构成来看，最为主要的出口产品有棉纱、棉布、生丝、原煤等。1897~1909 年间这几种产品出口的增加都相当迅速，按金额计算，棉纱的出口增加了 1.24 倍、棉布的出口增加了

5.5 倍、生丝的出口增加了 1.09 倍、原煤出口增加了 1.29 倍。在这些产品的出口中，三井物产一直占有相当高的比重，到 1909 年已有 33.3% 的棉纱、42.1% 的棉布、23.7% 的生丝、88% 的原煤的出口被三井物产所控制。而除了生丝主要销往欧美之外，棉纱、棉布、原煤由三井物产销往中国的比重分别高达 98.1%、88.8%、72.1%，也就是说由三井物产销往中国的棉纱、棉布、原煤在日本对外出口这三种产品中的比重分别高达 28.6%、36.3%、63.5%。其次，从 19 世纪末开始，铜、磷、水泥、铁路枕木在日本对外出口产品中的比重也有了大幅度的增加，而三井物产在这些产品的出口中也占据了很大的份额，其中铜为 9.3%、磷 15.6%、水泥为 49.6%、铁路枕木为 56.4%，在这其中销往中国部分所占比重也非常高，铜为 99.6%、磷 25.3%、水泥为 90%、铁路枕木为 96.97%。此外，三井物产在极力扩大对华出口的同时，把中国当作保证日本所需工业资源的主要产地，从中国收购棉花、大豆等农产品和铁矿石等原料，其数量也相当可观，并在日本的进口中占有很大比重。

三井在把中国当作最主要的出口对象和原料产地的同时，在推动资本输出方面也表现得十分主动和活跃，并占有重要地位。这不仅表现在三井积极参与了日清起业调查会、东亚兴业株式会社、中日实业株式会社等日本对华投资专门机构的创立和运营，在企业界担负起了对华资本输出组织者和协调者的角色，同时也表现为三井本身就是日本对中国进行了资本输出的先头部队和主力，对带动日本对华资本输出产生了很大的影响。1895 年《马关条约》签订之后，日本获得了在中国开办企业的权利，但当时许多日本纺织企业都存在很大的顾虑，认为到中国投资设厂反而会给对华出口纺织产品带来不利的影响，故采取了观望态度。而在三井看来，在中国现地直接投资拥有生产企业可以获得更多的利益，不仅劳动力价格十分低廉，而且可以就地利用中国的棉花资源，大大减少运输费用和纺织品的销售成本，可促使利润率得到进一步的提高。因此，《马关条约》刚一签订，三井随即开始了各种的准备活动。1899 年三井物产抓住了上海和江浙地区中国民族纺织企业因经营不善而相继陷入困境这一可乘之机，决定出资收购华资企业，将其变成自己在中国当地的生产基地。先是于1902年出资16万两白银在上海买下了兴泰纱厂，接着在1906年又出资买下了三泰纱厂，并把这两家纱厂分别改名为上海纺织有限公司第一工厂和第二工厂，以后又兼并了武汉的武昌织布局和振华纱厂。这些纺织企业落入三井手中之后，很快都变成了摇钱树，带来了丰厚无比的利润收益。根据上海纺织有限公司后来公布的资料，"在1909~1914年这五年间，该公司的净利为1355086两、折旧为248268两、已付股息为645070两、准备金为450000两；对该厂实收资本1000000两而言，五年中赢利等于其135%、折旧等于其25%、股息等于其65%、准备金等于其45%，换言之，每年平均利润为27%"。[1] 三井物产的成功收购所产生的影响非常大，日本的纺织企业由此开始认识到中国的纺织业确实是最为有利可图的，因此紧随其后纷纷到中国投资设厂或者合办企业，使得在华日资纺织企业和合办企业增加得很快，以至在数量上大大超过了其他列强，为后来控制和左右中国棉纺织工业奠定了基础。

在进行大规模直接投资的同时，三井在对华提供贷款方面也表现出极大的兴趣，以其为债权方（或者为债权方成员之一）与中国方面签订的契约也为数不少。1912~1925年，仅三井物产一家就单独与中国方面签订了32个借款协议。[2] 这些对华贷款涉及矿产、铁路、通信等诸多部门和行业，既有对政府的贷款，也有对企业的贷款。从贷款额来看，虽然与日本政府牵头的对华贷款相比，多数项目的贷款额并不算大，但其含有的政治、军事和经济方面的意义和作用都不容低估。

（二）三井物产在中国设立的支店及其活动

三井以中国为舞台大肆进行经济扩张，而其具体的活动主要是通过

---

[1]　汪敬虞编《中国近代工业史资料》第二辑（1895~1914年）上册，中华书局，1962，第196页。

[2]　国家资本输出研究会编『日本の資本輸出』、多賀出版株式会社、1968、第258~306页。

其核心企业三井物产设在中国各地的分公司和事务所来完成的。

如表 4-3 所示，1876 年三井物产成立不久就在中国上海设立了分公司，这个在中国被称作"三井洋行"的分公司不仅是日本企业设在中国的第一家分公司，也是日本在海外设立的第一家分公司，它的设立意味着三井开始把触角伸向国外，并把中国当成了与西方列强争夺海外市场的首要目标。此后不久，三井物产又于 1877 年、1888 年分别在香港和天津设立了分公司。《马关条约》签订之后，三井物产乘势而上，加快了扩张活动的步伐，开始加紧扩大活动区域和范围，这样设立的分公司和事务所也随之不断增加。从 1896 年起，先后在营口、台中、厦门、芝罘（烟台）、汉口、北京、广东、台南、大连、福州、汕头、高雄、安东（丹东）、铁岭、奉天（沈阳）、青岛、吉林、宽城子（长春）、哈尔滨、台中等地设立了分公司或事务所，到 1912 年为止，三井物产设立在中国各地的分公司和事务所共达 23 个，在数量上占三井物产海外分公司和事务所总数的一半以上。从区域上看，这些分公司和事务所从南到北，几乎遍布中国所有的沿海省份、主要城市和整个东北地区，并延伸到中国腹部地区的汉口，其数量之多、驻在地区的广泛都是其他企业无法相比的。

表 4-3 三井物产会社开设的分公司和事务所

设立时间（年份）	日本国内	中国、东南亚、印度及殖民地	欧美及其他地区
1876	长崎、横滨、大阪、兵库		
1877	马关	上海	巴黎(实际上于 1881 年关闭)；纽约(于 1882 年关闭)
1878	口之津	香港	
1879			
1880	函馆		伦敦、里昂、米兰(里昂、米兰于 1881 年关闭)
1883	岛原		
1884	小樽		
1888	神户	天津	
1890	若松		
1891		新加坡	
1893	札幌、越前堀、深川	孟买	

续表

设立时间 （年份）	日本国内	中国、东南亚、印度 及殖民地	欧美及其他地区
1896	名古屋	营口、台北	纽约（重新营业）
1897	唐津		
1898	吴、佐世保		旧金山
1899	门司、横须贺	仁川、厦门、烟台、汉口	汉堡
1901	舞鹤	爪哇	悉尼
1902		北京、广东	
1903		台南	
1904		大连	
1905		福州	
1906		汕头、高雄、丹东、铁岭、 加尔各答、奉天、曼谷、 青岛	俄克拉荷马
1907	新潟	仰光、吉林、长春、西贡、 哈尔滨	波特兰、海参崴
1908		釜山	里昂
1910		阿尔克	
1911	岗山		
1912		台中	

资料来源：栂井義雄『三井物産会社の経営史の研究』、東洋経済、昭和 55 年、第 43 页。

　　三井物产设在中国各地的分公司和事务所规模和人员数量各不一样，但活动的宗旨都是为了掠夺中国的资源和不断扩大在中国市场。从这一目标出发，三井物产特别重视人才的选拔和培养，将他们派往中国进行实地考察和锻炼，并从 1891 年起专门制定了清国商业见习生制度，要求在中国分公司就职的人员必须能够用中文进行会话、作文和阅读，并熟知中国各方面的情况和商业习惯等。因此，三井物产在中国分公司的人员非常精干，几乎人人都可以称得上中国通。他们的活动能量极强，活动范围相当广泛，工作极有成效，甚至干出许多让人感到吃惊的大事来。在此不妨以上海分公司的活动为例略述其中一二。

　　三井物产上海分公司（以下称上海支店）设立以后，首先开始的工作就是了解和掌握上海以及整个中国的经济状况、市场行情、商业习惯、外国商品的流通渠道和销售状况。1890年日本棉纺织工业出现了严重的萧条，对海外市场的扩张要求随之变得更加强烈。但是从当时日本棉纺织品在中国的销售情况却并不看好，其主要原因是当时日本棉纺织品质量和种类都存在不能适应中国市场需求的地方。为了尽快改变这种状况，三井物产上海支店采取了一系列措施，不仅做到把收集到的各种信息迅速地反馈给生产厂商，同时积极参与和策划新产品的开发。他们一方面果断地决定，在中国各地扩大收购网络大量进口紫棉，让厂家以此为原料生产棉纱和棉布。另一方面为了提高信誉，在销售方式上做了改革，专门绘制和注册了印有"三井发售"字样的商标，规定凡由三井物产在中国销售的棉纺织品都必须统一使用这样的商标。不出所望，这些措施实行以后很快便获得了成效。由于紫棉比较适于生产粗纱，用其生产的棉布相当结实耐用，加之对"三井发售"这一品牌效应的运用，因此在中国市场上很快打开了销路，使日本棉纺织品对中国的出口变得时来运转，增加得相当迅速。可见三井物产上海支店的工作确实不辱使命、卓有成效，既为日本掠夺中国廉价的棉花资源开辟出了一个新的途径，又推动了日本棉纺织品在中国市场上的销售，一举两得，受益无穷。

三井物产上海支店追求利润和争夺市场的欲望是十分强烈的，也是没有止境的。他们并不仅仅满足把中国的棉花廉价收购回日本，再把日本的棉纺织品倾销到中国来，而是时刻不停地在寻找和开辟新的商机。为此，他们非常注意调查和收集情报，足迹遍布中国各地。这样，从东北的大豆到江浙的丝绸，从湖北的铁矿石到辽宁的煤炭，等等，一类又一类矿产资源和农副产品成了他们新的交易对象，大量成批地运回日本，并因此而备受内外关注，他们颇感自豪，且不断有所作为。他们还看到，西方商人在中国依靠中国买办商人的经商方法已经不能适应他们控制中国流通渠道的需要，因此首先废除了买办制度，这样既减少了流通环节和成本，又通过与产地商人和生产者的直接交易掌握了主动权。与此同时，由于他们比西方商人更为详细地了解和掌握中国的情况，也比中国商人更有实力和行动能力，所以在进行中日两国贸易的同时，加紧了向中国外贸行业的渗透，明里暗里做起了多国之间的转手买卖生意。他们购买美国机械等工业产品转手卖给中国，又把收购到的中国产品卖到东南亚和西方国家去，不仅从中捞取了大量的实惠，而且使中国丧失了许多对外贸易的阵地。

特别值得一提的是，为了便于收集各种情报和了解社会动向，三井物产上海支店的成员都十分重视扩大交际范围。他们经常在社会上抛头露面，出席各种类型的聚会，频繁会见政府要员和商界名人，因而建立了广泛的人脉关系，并从中得到了巨大的甜头。三井物产上海支店长山本条太郎及森恪等人在这方面都可以称得上是极具代表性的人物。上面曾提到的三井成功收购上海两家民族纺织企业之事，实际上与山本条太郎个人所建立的人脉关系是密不可分的。然而山本条太郎能量之大远远不止于此，他是个集多重面孔于一身之人，不仅嗅觉灵敏，在商海之中善于把握时机，而且在政治和军事舞台上也不甘无所作为，甚至做出种种令人料想不到的大事。按《山本条太郎》一书的记述，正是这个山本条太郎在中日甲午战争期间不惧个人安危，急战事之所急，受命于日本军部，在中国各地为日军购买军需用品和物资秘密运回日本，并从事间谍活动，将威海卫水雷布设图和相关秘密地图搞到手后带回日本，为日军取得海战的胜利立了大功。1904 年日俄战争爆发，山本条太郎密切关注俄国方面的动态，为了掌握俄海军主力参战舰队巴尔契科舰队的航海线路，他派手下森恪等人乘快艇经由厦门、香港、澎湖列岛到南中国海进行侦察，而后山本本人亲自乘小型蒸汽艇到浙江海域一带又进行了跟踪侦察，并将情报发回日本，为东乡平八郎率领日本舰队摧毁巴尔契科舰队立了汗马功劳。[①]

1911 年中国爆发辛亥革命，突如其来而又复杂莫测的政治局势使日本政府在外交上一时苦于应对，然而三井物产上海支店却借此机会导演出一幕又一幕索权争利的政治"戏剧"。他们大做军火生意，一方面在明处为清廷提供军火，另一方面在暗处也向革命军出售武器，以此来表示对革命势力的同情和支持，以便革命军获得成功之时从中受益。而后，

① 原安三郎『山本条太郎』、时事通信社、昭和 48 年、第 115～118 页。

在山本条太郎（此时已经升任三井物产常务理事）的安排之下，又帮助被革职的清廷邮政大臣、汉冶萍公司的头号股东盛宣怀逃往日本，以备在日后继续图谋实现合办汉冶萍公司之事时加以利用。1912 年 1 月 1 日中华民国临时政府宣告成立，由于财政状况极为困难，孙中山不得不向日本提出借款请求，但由于对临时革命政府的前景存有疑虑，日本各方面的反应都比较消极。而此时的三井则别具所见，认为可以以此为机遇做一笔大的交易，故指派上海支店的森恪赴南京与孙中山会谈。森恪果然不负所望，迫使孙中山和黄兴同意了他们事先准备好的方案，即以同意中日两国合办汉冶萍公司为条件获得三井物产株式会社提供的贷款，并履行了手续，签署了契约书草案。契约书草案中的主要条文是这样的：该公司的资本金为 3000 万日元，由支那与日本两国人共同经营；支那人与日本人持同等数量的股份，拥有同样权利；日本先前已提供贷款 1000 万日元，决定新增贷款 500 万日元，两者合计为 1500 万日元，现将该 1500 万日元变更为日本方面所持有的股份；上述新增 500 万日元贷款由该公司借支给中华民国政府，其中一部分以现金支付，所剩余的部分作为中华民国政府向三井物产购买军事物品的借款；中华民国政府需在明治 46 年（1913 年）1 月　日前返还 500 万日元贷款，年利息为 8 分，即每一百日元利息额为八日元，返还可在时间上分为明治 45 年 7 月　日和明治 46 年 1 月　日两次进行；有关贷款金的支付、返还及支付利息的核算事宜由三井决定处理；中华民国政府需免除生铁出口税。[①] 可见，三井物产愿意提供贷款完全是为了通过所谓的合办企业来达到独霸汉冶萍资源这一由来已久的目的。虽然这个契约书在汉冶萍公司的股东大会上并没有获得通过，三井物产的图谋没能得逞，但此事给临时国民政府方面造成的负面影响却非常之大，既损害了孙中山作为革命领袖的形象和威信，又造成了临时国民政府内部的严重分歧，以至新任农商总长张謇为了表示不满而宣布辞职，使临时国民政府出现不小的动荡。

---

① 　财团法人三井文库『三井事业史』本篇第三卷上、第 219～220 页。

从上述事实可以看出，三井物产上海支店在对中国的侵略和扩张中发挥了多方面的作用。可以毫不过分地说，它无孔不入，无所不为，活动范围广泛之极，其能量和作用之大绝非一般。它在中国所有的外国洋行和机构中是个当之无愧的佼佼者，而三井物产正是凭借着在这些遍布于中国各地的分支机构才成了日本对华经济扩张的头号主力军，并在与西方企业瓜分中国市场的争夺中由弱到强，后来居上。

二 涩泽荣一与三井之间的关系

（一） 与三井家的关系

近代日本对中国进行的侵略和扩张活动与三井财阀的存在息息相关、密不可分，而在三井财阀形成和发展的历史上，有两个人所起的重要作用是不能不提的，一位是日本近代政界的元老、有政商保护神之称的井上馨，而另一位就是涩泽荣一。

井上馨、涩泽荣一与三井家的接触是从明治新政府成立初期开始的。在日本，三井家族的从商历史相当悠久，早在江户时代就已经通过开办和服店和经营钱庄积累了巨额财富，成了最有名的大商家。明治维新之后，日本百业待兴，整治混乱，建立新的货币金融体制刻不容缓。而在新政府看来，在财力十分有限和近代金融机构尚不存在的情况下，改造和扶持昔日大的商家，借其力而为新政府所用显得十分必要。而当时身担新政府大藏省要职的井上馨首先看中了三井，决心将其引领到新政府设计的轨道之上。1868 年新政府决定任命三井为会计官附御用。而后不久，在涩泽荣一任大藏大丞和代理大藏少辅期间又相继把一些政府资金的出纳业务交给三井代理。三井从这些业务的代理中获得了巨大的好处，不仅收入稳定，而且数量也相当可观，这对于三井来说无疑是个巨大的帮助，使它有可能从时代变迁所带来的经营困境中摆脱出来，在事业上开始有了新的起点。

1872 年，明治政府决定效仿美国的经验，引进股份公司企业制度创办国立银行。井上馨挂帅领导这项当时最为紧迫的工作，担任大藏大丞的涩泽荣一负责起草和制定了《国立银行条例》。国立银行能否按计划早日建立起来，关键在于有没有出资者和能否筹集达一定数量的资本金，因此井上馨和涩泽荣一首先把目光投向三井、小野等富商，拟把他们组织在一起，共同发起创办国立银行。然而，此时的三井由于思想还很保守，门户之见还相当强烈，故对出资创办股份制银行顾虑重重，态度消极，而一心向往的是自立门户，创办自家独立经营的银行。为此，井上馨和涩泽荣一对三井家反复进行启发教育，甚至把三井和小野两家的家长三井八郎右卫门和小野善助叫到井上馨家里进行耐心的开导，使他们知道了其中的利害得失，最终同意共同出资发起创办第一国立银行。对于三井家日后的发展来说，这一步的迈出具有非常重要的意义。它不仅意味着三井家已经被融入资本主义经营体制之中，开始了由旧式钱庄向近代银行的转变过程，同时还意味着三井家与新政府之间建立了密切的合作关系，其经营活动将受到政府的无微不至的保护和支持，因而在事业上将会得到更大的发展。

1873 年，涩泽荣一弃官从商发起创立了第一国立银行，同时出任了第一国立银行的总监。按照涩泽荣一与第一国立银行签订的契约书，作为总监的他拥有经营上的决策权，而且在主要出资者三井家和小野家之间出现分歧时具有调解和仲裁的权力。这就是说，涩泽荣一实际上成了第一国立银行的最高领导者，其能否胜任决定着第一国立银行的前途和命运。然而，在当时那种制度性改革接连不断、经济状况比较混乱的情况下，第一国立银行要尽快成长起来并不是件容易的事情，遇到的困难和挫折可以说接连不断，有的甚至就是一场生死存亡的考验。1874 年，也就是第一国立银行开始正式营业后的第二年，小野家的经营陷入困境，涩泽荣一预感到小野家很有可能出现破产，故迅速采取措施，迫使小野家以补交贷款抵押资产的方式交出了所持第一国立银行的股份，从而成功化解了小野家破产给第一国立银行带来的巨大风险。此后，涩泽荣一又进行了大刀阔斧的改革，调整了经营方针，明确提出了向商业银行发展的目标，从而保证了第一国立银行日后的发展壮大。所有这些对第一国立银行主要出资者三井家来说都是值得庆幸和感恩戴德的大事，因为投入资本的安全不仅得到了可靠的保障，而且可以从中获得极为丰厚的回报。

第一国立银行的成功经营，进一步巩固和密切了涩泽荣一和三井家之间的关系，他由此赢得了三井家的莫大信任。在三井家看来，他是个值得敬重和依赖的人，也是一个实业界最具组织才能的领头人，无论从哪个角度来说，三井家事业的兴旺发达都离不开这样一位人物的帮助、扶持和关照。正是出于这样的考虑，三井家给了涩泽荣一很高的礼遇和地位。

1877年，三井家创立了三井银行，并正式聘请涩泽荣一为三井家的咨议，请他协助三井银行的董事们解决经营上遇到的问题，并为三井银行的发展出谋划策。1890年，松方正义藏相推行货币改革制度，致使日本首次出现了经济恐慌，受此影响，三井银行陷入财务困境。为了使三井银行能够从危机之中摆脱出来，涩泽荣一等人受井上馨之托，为三井银行拟定了十六条改革方案，决定大量减少分行数量，大额放款须由董事会合议确定，实行高层管理人员的年轻化，等等。这些措施实行对三井银行后来的发展起到了很大的作用。

1891年，三井家决定设立三井家临时评议会。按照临时评议会制定的规则，三井家临时评议会由三井家的正式成员三井高喜等8人和涩泽荣一、益田孝、上中川彦次郎等7人共同组成；临时评议会的任务是"监督三井家的业务，运用和保管三井家的营业资产"，[①] 讨论决定三井组以及成员会社的重要事宜，如资金运用和保管，会社章程的制定和经营业务的监督，会社领导成员的任免，企业改革措施的制定和实施，等等。

1893年，在涩泽荣一等人的推动之下，三井家决定将同族寄合会（成员全部为三井家族成员）与临时评议会合并，设置了三井家同族会。三井家同族会是负责管理三井家务、营业和人事的最高机构组织，其正式成员均为三井家族成员，益田孝、中上川彦次郎等7位企业经营方面

---

① 安冈重名『财阀形成史の研究』、ミネルアウ書屋、昭和45年、第406页。

的负责人为列席人员（没有投票权），涩泽荣一为顾问。① 显而易见，三井家同族会的设立限制了经营者方面的权力，在组织上保证了三井家族作为三井企业出资者的决定性地位，从而使三井家族的利益能够得到了最大限度的保障。但另一方面，为了保证三井家族能够跟上日本近代化发展的要求，对三井家族自身的活动和行为也必须做出明确的规范和约束。为此，井上馨提议三井家族制定一部新的家宪，而为三井家拟定这部新家宪条文的法律学者正是涩泽荣一的女婿穗积陈重和井上馨的女婿都筑馨六。这部新家宪的内容达 10 章 109 条之多。它分别对家族同宗的义务、事务管理、婚姻、养子、分家、禁止处理财产、继承、董事会、财产、制裁事宜做了明确的规定，要求家族同宗必须严格遵守。其中最重要的就是，明确地把三井家的财产划分为两个部分，即同族的家产和三井的事业资产，并把事业资产部分规定为三井同族的共同所有资产，不可分割，由三井家的最高决策机构三井家同族会集中管理和运用。② 新家宪的草稿完成之后，井上馨、涩泽荣一、穗积陈重、都筑馨六与三井家在一起逐字逐句进行了讨论。在他们看来，这部三井家的新家宪虽然是一部私家内部的"法律"，但对三井财阀和日本的企业组织体制都会产生巨大而又深远的影响。

总之，可以毫不过分地说，三井所做出的每一项重要决策都与涩泽荣一有着密切的关联，涩泽荣一的存在对三井家族来说是至关重要的、不可或缺的，没有涩泽荣一为其出谋划策运筹帷幄，没有涩泽荣一和井上馨始终如一的关照和支持，三井发展成近代日本最大的财阀显然是不可能的。

（二）与三井物产社长益田孝的交往与合作

涩泽荣一与三井财阀的关系非常密切和特殊。而在这其中，涩泽荣一与三井物产社长益田孝的长期交往与合作也是一个重要的方面。

三井物产会社是三井财阀企业集团最为主要的成员。三井物产会社

---

① 柴垣和夫《三井和三菱——日本资本主义与财阀》，上海译文出版社，1978，第 41 页。
② 松元宏『三井財閥の研究』、吉川宏文館、昭和 54 年、第 19 页。

创立于 1876 年，它是在井上馨的授意和筹划之下创办起来的。1873 年，井上馨和涩泽荣一因编制财政预算问题与大藏卿大久保利通发生分歧而辞职。辞职后的井上馨与益田孝等人在东京创办了"先收会社"，主要从事大米的出口贸易。而后不久，井上馨重返政界。以此为背景，经与三井家商议，决定由三井家设立三井物产会社，解散"先收会社"，该会社的人员和业务由三井物产会社接受和继承，并决定由益田孝担任三井物产的"总辖"（社长）。

应该说，三井物产的创立及后来独占鳌头，成长为近代日本最大的对外贸易商社，其最大功臣就是益田孝。他的职务和头衔虽有变化，但作为三井物产的实际决策者先后加在一起共长达 30 年之久。在这期间，他最大的功绩就是率领三井物产首先打开了对华贸易的大门，并成为日本对中国进行经济扩张的主力军。然而益田孝之所以能够有如此之大的作为，则与他和涩泽荣一之间的密切交往和合作有着极大的关系。

益田孝与井上馨、涩泽荣一都是老相识，也是他们两人在大藏省工作期间的老部下，他曾受涩泽荣一的指派，到大阪赴任，在造币寮工作了近一年的时间，后来又同井上馨、涩泽荣一一起辞职从商。但就他们之间的关系而言，更为值得注意的一点则在于从三井物产成立之时起又多了一层新的含义和内容，那就是三井家在任命益田孝为三井物产社长的同时，还特意写给涩泽荣一份《委托书》，请求涩泽荣一担任益田孝的监护人。这种连带关系无疑说明，涩泽荣一对益田孝的企业经营活动负有重要责任，而益田孝的企业经营活动首先需要得到的就是涩泽荣一的理解和支持，否则难成其事。从这个意义上说，两者之间能否配合一致对于三井的发展会产生特别重要的影响。然而所幸之处也恰在于此。他们不仅是旧知，曾是在官场上进退与共的"战友"，而更重要的是他们在经济思想和对现实经济问题的看法上不乏共同之处，他们都坚持合本主义，积极主张大力创办股份公司企业，也都认为实行海外经济扩张对明治维新后日本经济的发展尤显重要和迫切，应把中国和朝鲜当作对外扩张的首选对象，等等。由于两人所主张的路线和方法都很一致，所以总是能够想到一起又能一起实施，配合得极为默契。

1877 年，清政府向日本政府提出借款请求。受日本政府委托，涩泽荣一和益田孝赴中国上海，与清政府官员签订了 250 万两白银的贷款契约书，虽然由于清政府方面的原因，贷款契约没有实现，但涩泽荣一和益田孝通过这次访问了解了中国的情况，看到了对华贸易的巨大商机和在中国设立支店的迫切性。回国后，两人向大藏省做了汇报，最后经过商议决定，三井物产于同年 10 月在中国上海正式设立在国外的第一家支店，涩泽荣一的第一国立银行不单独设立支店，其在中国的相关业务由三井物产上海支店来代理。以此为起点，涩泽荣一和益田孝携手拉开对华经济扩张活动的序幕。

三井物产对中国的经济扩张首先是从煤炭的倾销性出口中找到突破口的。当时日本还处于殖产兴业的起步阶段，能够进行大量出口的产品也只有煤炭等少数几种，且对别国来说绝非不可替代。而当时的中国，煤炭资源的开采也开始活跃起来，不断有新的投资计划披露于世。涩泽荣一和益田孝都认为，中国煤炭开发的这一新动向对日本是个很大的威胁，将直接导致对日本煤炭需求的减少，必须采取措施遏制中国煤炭工业的发展才能保证日本煤炭对华出口的不断扩大。为此，他们几经磋商，最后决定联名向大藏大臣大隈重信、工部大臣伊藤博文提出一份请求书，请求日本政府采取免除煤炭出口税，为购置海运船只提供贷款，允许使用尚未开放的港口出口煤炭等措施，以保证日本煤炭在价格方面具有足够的竞争能力，使中国的煤炭生产因日本大量廉价煤炭的流入而陷于困境。他们的这一请求很快等到了认可，三井物产对中国的煤炭出口因而急剧增加，使尚处摇篮时期的中国煤炭及近代工业遭到沉重的打击，而三井物产则从中大获其利，一跃成了日本对外贸易商社中的龙头老大。

《马关条约》签订之后，外国人获得了在中国自由投资建厂的权利，日本企业随即开始筹划在中国投资建厂。涩泽荣一早就看好中国纺织品市场，认为它作为有利的投资场所，具有巨大无比的潜力，故带头拉开了投资中国纺织行业的大幕。1895 年 11 月，涩泽荣一与日本纺织业界的主要人物松本重太郎、佐伯势一郎等人共同发起创立了华东纺织株式会社，计划筹资300 万日元，在中国上海建了纺织工厂。而益田孝则紧随其后，在 1895 年

12 月，与三井的中上川彦次郎、朝吹英二等人发起创立了上海纺织株式会社，也在中国上海投资建厂。涩泽荣一对益田孝、中上川彦次郎的这一行动给以大力支持和帮助，出资入股成了该会社的股东。虽然，由于资金等方面的问题，华东纺织株式会社经营受挫，成立不到两年就被迫做了解散处理，但是上海纺织株式会社通过与三井家族控制的另一个纺织企业钟渊纺织会社的合并而很快走出困境，以致后来在三井上海支店长三本条太郎的指挥之下，先后通过收买上海多家华商纱厂，获得了巨大利益，为后来日资企业独占上海纺织业的半壁河山奠定了基础和条件。

　　从以上几个例证可以看出，仅监护人这三个字是远不足以表现和说明涩泽荣一和益田孝之间的关系的。事实上，对于涩泽荣一来说，益田孝的存在具有多重含义。他既是涩泽荣一对三井家族施加影响的重要渠道，同时也是涩泽荣一最为理想的合作伙伴。因为，三井物产拥有巨大无比的经济实力和势力，是组织和发动对华经济扩张活动所必须依靠的主要力量，没有三井物产和益田孝的参与和支持，则很难如愿以偿达到目的。这就决定了涩泽荣一在发起和创立相关组织和企业时，首先要做的第一件事，就是把益田孝和三井家族拉入其中，而益田孝则是有求必应，竭力相助。因此，两人一起参与发起创立或出资的企业为数不少，特别是创立专门从事对华贸易和投资的企业时更是如此。例如，经过一段时间对日本企业在中国投资活动的调查和了解，涩泽荣一和益田孝都意识到，要确保日本资本能够获得更大的利益，在继续积极推动日本企业投资活动的同时，还必须注意应对中国的投资环境，创办中日两国的合资企业，以尽可能避开中国对外资企业的限制。由此，他们决定携手共同创立日本第一个与中国的合资企业——中日实业株式会社。他们一起担任了该会社的创立发起人，同时也都为该公司投入了相当数量的资金，成了该公司最主要的股东（涩泽荣一个人持 600 股，其任总裁的第一国立银行持 500 股，益田孝个人持 300 股，三井合名会社持 1000 股）。① 而在他们两人的密切配合之下，该企业在对华经济扩张活动中都

------

① 渋沢青淵記念財団竜門社編纂『渋沢栄一伝記資料』、渋沢栄一伝記資料刊行会、第五十四巻、第 528 頁。

发挥了巨大作用。对此，我们在第二章中已经做过较为详细的叙述，故在此不再重复。

总之，事实足以说明，三井物产之所以能够成为三井财阀的核心企业和近代日本对华侵略掠夺的尖兵，与益田孝和涩泽荣一之间的默契配合是息息相关、密不可分的。涩泽荣一对益田孝可以说是倍加赞赏和关爱的，他认为益田孝是一位具有非凡经商才能的人，不仅眼光敏锐，而且行动果断，做事大胆细致。涩泽荣一是这样说的：益田孝对新事业独具慧眼，他思考非常细致周到，是个在实业上无所不能大有作为的人。[①]而益田孝对涩泽荣一则始终抱有一种无比敬重和感恩之情。他在《自叙益田孝翁传》一书中曾对与涩泽荣一的交往做过这样的回忆和评价，他说："我几乎每天都和涩泽先生见面，他实在是个非常亲切的人，一旦对你有所帮助，就一直照顾下去，有人要求与他会晤，不论来客是谁，一律予以接见，并倾听对方陈述的意见。涩泽先生思路非常严密，对同样的事情总是再三叮咛，重复三次左右。……每当我想要干某种事业时，首先一定要去找涩泽先生商量。我到海外旅行回来，也总是最先到涩泽先生那里讲述海外见闻。"[②] 研究三井财阀的日本学者小岛直记对《自叙益田孝翁传》一书曾做过这样的评论，他说"该书提到的人物有数百人之多，其中益田孝满怀敬意视做兄长的只有涩泽荣一。……益田孝曾把一栋别墅赠送给山县有朋，然而在书中，益田并未对他有表示敬意的语言；在明治政府方面以及三井家方面，井上馨对益田的帮助很大，同样益田孝对他也未表示任何敬重之情"。[③] 由此可以看出，益田孝和涩泽荣一之间的交往和合作始终是非常愉快的，在他的心目中，涩泽荣一的存在占有格外重要的地位，既是良师益友，也是事业上难得的知音和伙伴，对他在思想和行动上所产生的深刻的影响是其一生都难以忘怀的。

---

① 涩泽荣一述『涩泽荣一自叙传』、大空社、1998、第 823 页。
② 長幸男編集『現代日本記録全集 8—財界百年』、筑摩書房、1969、第 57～58 页。
③ 小岛直记、邦光史郎：《三井财阀》，葛东来译，时报文化出版企业有限公司，1986，第 163～164 页。

第五章　涩泽荣一与孙中山

　　20 世纪头 10 年，可以说是涩泽荣一在国际交往的舞台上表现最为活跃的时期。作为日本财界头号人物，在积极组织对中国和朝鲜进行经济扩张的同时，他还以"民间外交"为己任，参与了许多重要的对外交往活动，与外国各方面人士的接触相当广泛。而恰逢这一时期，中日之间的外交与各种类型的交流活动比较频繁，到访日本的各类中国人士接连不断，这使涩泽荣一和中国人士的接触和交往成了对外交往活动中最为经常的事情。因此，与涩泽荣一会面和交谈过的中国人士是多不胜举的，这其中有清廷的皇亲国戚，也有中华民国的政府要员，还有各方面的社会知名人士。然而从后来交往情况来看，与涩泽荣一互相视为友人并长期保持联系的人却相当有限，在这其中涩泽荣一与孙中山之间的交往尤为值得关注。

一　孙中山的求助

　　1911 年 10 月 10 日，中国爆发了武昌起义，在此后不久的 1912 年 1 月 1 日，中华民国宣告成立，孙中山出任临时大总统，并组成南京民国临时政府。中国在辛亥年间接连发生的这两大政治事件震撼了整个世界，也对近邻日本产生了强烈的冲击和影响。当时孙中山领导的中华民国南京临时政府和被袁世凯控制了实权的清廷正处于对峙状态，双方各有利弊权衡，形势复杂微妙。而就临时政府方面来说，虽然坚持共和体制这一政治主张深得民心，但面临的形势却相当严峻，由于没有财政收入来源，资金状况险恶至极，武器和装备严重不足。因此，为了筹集资金以补当用之急，孙中山不得不多方求助，试图利用各种关系和渠道，争取得到来自日本各方面的资金援助。

在辛亥革命发生之后，如何对待孙中山方面的借款请求是日本政府感到非常棘手的事情。在这个问题上，尽管日本政府在暗地里耍了不少手腕，但考虑到与清政府的关系，基本上采取了拒绝的态度。那么，作为日本财界的首脑，涩泽荣一究竟是什么态度呢？1912 年 2 月 16 日《日本电报》刊载了涩泽荣一撰写的《清国时局观》一文，① 在该文中他提到了孙中山和对其贷款请求的看法。他说：这回支那革命军的勃发乃为必然之事，不足为怪，满朝称霸已有三百余年，实行以威力服人的政治统治，满人为首，居于统治者地位，而汉人则长期处于被支配的地位。……何奈支那是朱子学派的本家，支那国教——孔教鼓吹革命，乃为治国平天下之说，最终除革命之外，另无别途可走。同时他还认为，"辛亥革命在支那虽然是迟早必然发生的事情，但临时政府和革命军方面最终将在多大程度上取得成功，关键取决于革命的领导人物究竟如何，我既不认识孙文，也不认识黄兴、黎元洪。如果不是中国通，是难以做出判断的"。随后他又说，目前支那的清军和革命军都感到财力不足，故此频频向日本的资本家提出借款请求。而在此之际，日本企业家应采取谨慎的态度，不应对帝国的外交多嘴多舌，而对某个人的借款也是一样，绝不可以轻率对待。接下来，涩泽荣一还就孙中山请求日本帮助设立中央银行之事发表了看法。他说，尽管对于借款之事，吾辈不能表态，但是"待到此次事变结局到来之时，在改革支那尚不统一的货币制度以及治理财政方面，日本人则应有所作为，到时我等不肖之辈将毫不犹豫地竭力相助。而且据我最近所闻，革命军方面给大隈伯爵还有阪谷男爵打来电报，请

① 渋沢青淵記念財団竜門社編『渋沢栄一伝記資料』、渋沢青淵記念財団竜門社、別巻第六、第 544～555 页。

求对在南清设立银行之事给予帮助，而我也收到了以孙文名义发来的内容相同的电报。虽然电文简单，但难得其要，颇感吃惊。故此，眼下是无从做出任何考虑的"。①

由此可见，涩泽荣一对中国政治局势的变化确有自己的看法，他认为辛亥革命是清廷高压统治政策下民族和社会矛盾发展的必然结果，是迟早都会发生的事情。但他对辛亥革命前景的估计似乎并不乐观，申明与孙中山等人并不相识，对临时政府和革命军方面最终能否取得成功也无法判断。显然，涩泽荣一在这里所说的无法判断说白了就是表示怀疑。而之所以表示怀疑，倒未必完全是由于不认识孙中山、黄兴等领导人而缺乏个人之间的了解和信任，更为重要的是出于他对临时政府和革命军在与清政府军事对垒中处境的一种担忧。因此，他一再强调日本企业家对于资金求助应该采取谨慎的态度，主张待形势明朗之后再做决定，认为这样有利于在外交上保持主动，更符合日本自身的实际利益。这说明在对如何处理孙中山临时政府和革命军求助的问题上，涩泽荣一与日本政府采取了一致的态度和步骤。

然而，与在资金援助一事上的谨慎态度相比，涩泽荣一对临时政府设立中央银行一事的态度则显得相当积极。其态度出现这样明显的反差，不免让人有些费解，背后另有众所不知的背景。其实，设立中央银行一事最初并不是由临时政府方面提出的，而是由日本方面主动提出的。其过程是这样的：在国民临时政府成立前夕的 1911 年 12 月下旬，孙中山派何天炯到日本筹借资金，经大隈重信的介绍他拜访了曾任日本大藏大臣的阪谷芳郎。然而在阪谷芳郎那里，何天炯得到的却是另一种答复。他对何天炯讲，战争费用的事就像眼前的小事一样，不过是二三亿元钱的事而已，这种小事不必来问我，到银行去就行了。② 他认为，中国目前的财政金融局势混乱，要改变这种状态就必须进行币制改革，并建议临时政府设立中央银行。

---

① 渋沢青淵記念財団竜門社編纂『渋沢栄一伝記資料』、渋沢栄一伝記資料刊行会、別卷第六、第 544～545 页。
② 阪谷子爵記念事業会編纂『阪谷芳郎伝』、故阪谷子爵記念事業会、1951、第 430 页。

其实，阪谷芳郎不谈借款而只谈设立中央银行之事显然有他的考虑，因为借款不仅带有风险，而且对于日本的经济扩张而言，其意义和影响都远不及后者。而何天炯却未必意识到这方面的因素，因此他当即对阪谷芳郎提出的这个建议表示赞同，并打电报向孙中山做了汇报。孙中山很快做出决定，在1912年1月10日正式致电阪谷芳郎，表示愿把设立中央银行之事委托给他，并请他来南京进行商议。阪谷芳郎早在1903年时就曾向清政府提出过建立清国中央银行的建议，并制定了具体方案，因此对此事轻车熟路。他没过几天就给孙中山写了回信，表示愿意接受委托，并拟好了具体方案，一并托人带给孙中山。对于此事的这一过程，涩泽荣一从一开始就十分清楚。阪谷芳郎是涩泽荣一的女婿，也是日本财界的要人之一，与涩泽荣一的关系极为密切。他在向何天炯提出建立中央银行建议的第二天就向涩泽荣一做了报告，而且接到孙中山的委托电报之后，马上与涩泽荣一进行具体商议。[①] 涩泽荣一对此事非常支持，随即拜访了前首相桂太郎公爵和外务大臣内田康哉，专门就此事与他们进行了沟通和商议。可见，涩泽荣一从一开始就是知情者，而且直接参与其中并起了重要作用。既然如此，涩泽荣一为何偏要说，孙中山给他的电报甚是简单使他难得其要呢？这其中的原因在于临时政府方面有了变故，孙中山在接到阪谷芳郎回信和拟定的方案之后的第三天就改变了态度，决定取消设立中央银行的计划，并将此决定转达给了阪谷芳郎。从当时的情况来看，孙中山之所以取消了设立中央银行的计划确有他的难言之隐。因为设立中央银行的运作毕竟需要时间，对于急需用钱的临时政府来说解决不了燃眉之急。此外，当时孙中山答应以中日合办汉冶萍公司为条件与日本签订借款合同一事已经引起了各界的强烈反对，临时政府因此而陷入信任危机和政治动荡之中。而阪谷芳郎制订的方案中，也不乏诸如由日本人出任中央银行总监这样一些有损国家尊严的条款，如果同意实行，那么临时政府的形象将面临雪上加霜的打击。而作为始作俑者的日本方面当然不愿意看到此事就此流产，但此事的交涉又是在

---

① 李廷江：《日本财阀与辛亥革命》，中国社会科学出版社，1994，第214~215页。

秘密状态下进行的，如被清政府知晓难免在外交上陷入被动和尴尬。故此在公开的场合下，涩泽荣一或许用也只能用"电文简单，难得其要，颇感吃惊"① 之类的语言来表示对孙中山临时政府的失望和不满。不过，值得注意的是，涩泽荣一并没有因为这次合作的不了了之而失去寻找对华经济扩张机遇的热情。他一再强调，尽管目前中国正处于政治动荡时期，日本对华贸易可能受到很大影响，但不应悲观失望，待局势平稳之后，中国市场依旧非常可观，日本的企业家和商人都应该做好与西方各国在那里展开激烈竞争的思想准备。因此，他依然保持对中国政局和孙中山的高度关注。

二　与孙中山的密切接触

1912 年 4 月 1 日，孙中山正式辞去临时大总统职务，面对清帝退位、南北统一和北京政府成立这样一种新的政治形势，他感到轻松了许多，甚至认为在长年追求的三民主义政治目标中，民族、民权两大主义已经得到了实现，而下一步应该着手实现的主要是剩下的民生主义了。他认为，中国要实现民生主义，就必须振兴实业，而振兴实业首先应该从发展铁路入手。他说"铁路当为国家兴盛之先驱，人民幸福之源泉"，他豪情满怀地提出了要"在 10 年内完成 20 万公里的铁路修建"② 的宏大目标。而在当时的社会经济状况下，中国要大量兴建铁路，就需要从外国引进资金、技术和管理方法。为此，孙中山从一卸任就急切希望访问日本，为了实现他新的设想而争取得到日本的援助。

孙中山迫切希望出访日本，可日本外交方面却迟迟没有给出答复。他们认为首先邀请刚刚辞去临时大总统的孙中山来日访问无疑是个敏感的问题，肯定会给与袁世凯的关系带来一些微妙的影响，故此思前虑后

---

① 渋沢青淵記念財団竜門社編『渋沢栄一伝記資料』、渋沢青淵記念財団竜門社、別巻第六、第 544～545 页。

② 俞辛焞：《辛亥革命时期中日外交史》，天津人民出版社，2000，第 302 页。

举棋不定。而日本财界的态度却有明显的不同，在邀请孙中山访日的问题上表现得非常积极主动。在涩泽荣一等财界首脑看来，孙中山和袁世凯的和谈使中国政治形势已经大有缓和，早就在筹划之中的创办两国合资企业之事应该着手落实了；而作为中方的合作伙伴，孙中山无疑是个比较合适的人选。因为孙中山毕竟与日本有过密切的往来，便于互相沟通和理解，虽然把大总统的位子让给了袁世凯，但在中国仍然是个极有影响的人物，且担任全国铁路总裁这一要职，制订了庞大的铁路建设计划，这些对于日本的经济扩张来说都是应该考虑的重要因素。正是出于这样的想法，日本财界一方面就创立两国合资企业之事加紧与孙中山方面的接触和商谈；另一方面多方斡旋，对日本外务当局展开说服工作，涩泽荣一本人甚至为此亲自出马，向桂太郎内阁和军部说明情况和财界的主张，以竭力促成孙中山访日计划的实现。

经过近十个月的等待，1913 年 2 月 13 日，孙中山作为贵宾开始了对日本的访问。他的来访受到日本各界极为热烈和隆重的欢迎，在长达 40 天的访问中，与政界、财界等各方面的人士进行了广泛的接触和交谈。涩泽荣一作为日本接待方面最主要的人物，他亲自主持了盛大的欢迎会，陪同孙中山出席各种招待会和社交活动，多次与孙中山举行工作会谈，等等。按照涩泽荣一在日记中的记载，孙中山在东京进行了 20 天的访问，其中有 12 天主要是在涩泽荣一的陪同下度过的。[①] 显然，如此频繁和密切的接触在涩泽荣一以往接待外国要人时是不曾有过的，可见涩泽荣一对孙中山这次访问的重视程度非同一般。

涩泽荣一接待孙中山访日的主要目的是就设立两国合资企业——中国兴业公司事宜进行磋商，而从结果上看，可以说涩泽荣一如愿以偿，取得了巨大的成功。其一，正式举行了成立中国兴业公司发起人大会，确定了分别以涩泽荣一和孙中山为首的发起人名单；其二，涩泽荣一向孙中山提交了日方起草的公司章程和创办公司的主旨说明书，其中多处双方有异议的地方经协商做了彼此都能接受的修改，其三，虽然尚有个

① 渋沢青淵記念財団竜門社編『渋沢栄一伝記資料』、渋沢青淵記念財団竜門社、別巻第一、第 758 ~ 762 页。

别条款没有取得一致意见，如公司依据中华民国法律设立还是依据日本国法律设立的问题，再如中方出资形式和缴纳方法问题，孙中山表示回国后和中方其他发起人商议之后尽快给予答复，但这些问题已经不会影响到公司的成立（关于设立两国合资企业中国兴业公司的详细经过见本书第二章）。由此可见，涩泽荣一接待孙中山访日的目的比较圆满地实现了。然而，除此之外，涩泽荣一还另有收获，那就是通过与孙中山近距离的接触，不仅对孙中山有了新的了解，而且彼此之间产生了朋友般的亲近感，为以后的交往打下了基础。他对孙中山热情地表示："日本千百年来受中国文物之熏染，无疑视中国为兄长。但今日在实业方面，日本较中国趋前迈进一步，愿将维新以来所积累的发展实业经验传授给中国，以开发中国之富源。量数十年后，中国之实业面貌会为之一变。"[①] 孙中山对此也是寄予厚望，他说："余为政治奔走数十年，今已完成其素志。……然所可惜者，不知开发富源之方法也。如能知之，既可立即着手行之"，"愿友邦之日本，能助我一臂之力"。[②] 不仅如此，涩泽荣一和孙中山谈了自己的人生经历和对政治的看法，甚至以一个长者的身份劝说孙中山弃政从商，成为一个实业家。对于涩泽荣一的劝说，孙中山感到格外的亲切，出于"今已完成素志"这样一种对中国政治形势的简单认识，他表示可以接受，愿意淡出政治舞台，把全部精力放在发展中国的工商业上。可见，两者所谈很是投机，他们似乎已经达成了一种默契，对未来将要开展的经济合作充满了热情和期待。

三　不赞成孙中山的"人种论"和"反袁二次革命"

通过孙中山此次出访日本，涩泽荣一认识了孙中山并与之成了要好

① 『実業家之孫文氏招待会』、『竜門雑誌』第 298 号、第 53～54 页。转引自彭泽周《近代中国之革命与日本》，台湾商务印书馆，1989，第 72 页。

② 『実業家之孫文氏招待会』、『竜門雑誌』第 298 号、第 53～54 页。转引自彭泽周《近代中国之革命与日本》，台湾商务印书馆，1989，第 72 页。

的朋友。不过，与孙中山的其他日本友人相比，涩泽荣一对两者之间关系的处理有其独特的地方。人所共知，孙中山是革命者，具有明确坚定的政治主张、信念和理想抱负，有着不达到目的誓不罢休的意志，因此从未停止过革命活动。与孙中山交往过的日本友人，尽管他们的出发点和目的并不一样，但其共同特点在于对孙中山的革命活动，或多或少、或明或暗给过不同形式的帮助。而涩泽荣一与孙中山的交往却属于另一种情况，或许与他在"倒幕攘夷"中遭遇的挫折有关，他一直认为政治变革中的风云难以预料和无法适从，所以绝不参与政党活动，对政治方面的事情尽可能采取回避的态度，而最为关心的是经济上的合作和交往。因此他与孙中山虽然成了要好的朋友，但对孙中山的一些主张和不屈不挠的革命精神并不能完全理解，从而使他们对一些问题的看法和态度也必然存在着不同和分歧。

孙中山作为近代中国革命的先驱，首先是个民族主义者，他在革命伊始所提出的口号就是"驱除鞑虏，恢复中华，创立合众政府"。应该说，这一锐意争取民族解放和实现民主国家的口号具有很强的号召力，对鼓动多数民众起来推翻清廷封建君主统治起到了很大作用。而在中国尚不能完全依靠自己的力量摆脱西方列强压迫的情况下，在孙中山看来，日本也曾经受到西方列强的欺辱，而强调中日两国之间的同一文化渊源和同一人种，则有利于增加两国之间的连带感和亲近感，也有利于得到日本的支援和帮助。因此，孙中山在访日期间曾经强调中日同为黄种人，应该联合起来与西方白种人相对抗。他说，黄色人种在物质文明方面是后进者，经常被白色人种所欺压和蹂躏，权利长期被剥夺，始终不得恢复，可谓遗憾至极。现今，如黄色人种大有觉醒，那么黄白两个人种在不久的将来，将不可避免地发生冲突。我等黄色人种今后须下定决心统一步调以做应对，在这个意义上中日两国的提携实为当务之急。而涩泽荣一对孙中山的这一思想主张则很不以为然。他说："我认为所谓黄白人种相争论完全没有作为问题提出的价值。""按头发和皮肤的颜色来区分人，并用以制造隔阂互相争斗实在是没有道理。这就好像如爱杏花之红就要为此抛弃梨花之白，显然这是不合道理的狭隘认识。……我认为，文明之恩惠广大无边，对于世界上所有的人类并无亲疏远近之分，而不论其宗教如何、国家政体如何。"① 显然，涩泽荣一对黄白人种论是持批判态度的，这说明他与孙中山之间还缺乏政治思想上的沟通和深入了解。其实，人所共知，最先提出人种差别是西方殖民主义者，他们宣扬的是白种人最优秀，理所当然统治其他有色人种。而孙中山强调黄种人联合起来抵抗白种人体现的是出于一种被压迫者的反抗意识，同时也可以说是追求民族解放斗争中的一种策略，与西方殖民者所宣扬的种族主义有着本质上的不同。其次，应该看到孙中山在日本反复宣扬这一主张，也与日本方面的背景有关。明治维新后日本主张"脱亚入欧"，而进入 20 世纪后出于吞并所谓满蒙和整个中国乃至亚洲的需要，"大亚洲主义"和黄种人理论盛行，孙中山提出与之近似的观点显然有迎合需要的成分包含其中，这作为政治家的一种策略和姿态并非完全没有实际意义和作用。然而，涩泽荣一对此并不表示认可。

涩泽荣一和孙中山在其访日期间的密切接触是在孙、袁之间的政治对立暂且达到妥协的背景下进行的。然而，近代中国政治舞台上的斗争毕竟风云莫测、残酷无情，这使两人的关系也必然受到制约和影响。1913 年 3 月 20 日，国民党代理理事长宋教仁在上海遇害，孙中山随即结束访日，赶回国内研究对策。他对袁世凯破坏共和、颠覆议会选举制度、收买凶手残杀革命党人的卑鄙行径表示极大的愤慨，认为总统居然指使行凶杀人，说明法律已经被践踏，决心运用武力推翻袁世凯政府。而涩泽荣一对此则另有看法。他虽对孙中山的心情和处境表示理解，但同时认为，孙中山面对这一政治事件的心态还不够冷静，对于武力讨袁的后果考虑得并不周全，非明智之举。因此，他担心孙中山将会因此而再遭挫折，曾两次写信直言劝说孙中山放弃兴师讨伐的计划。他在信中是这样说的：

……贵国政局现状实为令人忧虑，您天资英明且识时务，故应

---

① 『東大陸開発と帝国の国策』、『竜門雑誌』第 364 号、第 25 页。

顾及东亚之大局，隐忍自重，致力争取最终的胜利。南北两方所持主义相反，若如水火互不相容，抗争或采取立宪行动实为不得已之事，可目前南方的准备尚未达到万无一失的程度，那么激情之余，恰中北方之下怀，将使大局陷入决裂，炮火相交，不仅国民将饱受涂炭之苦，时局越发混乱，这便可能使列国以保护通商为借口，干涉中国国政，甚至成为分割领土之开端。若是如此，东亚将出现大乱，影响之大是不言而喻之事。如果一旦出现这种事态，所持主义和政见即便尽美尽善，恐怕也无实施之地。故请理解鄙人这一见解，冷静心神，深谋远虑，切勿轻举而误取他策，切望以东洋和平和保持同种为怀，忍字为重，静待时机所至，相信这一时期的到来不会太久。传说古人张公艺曾写了一百个忍字以示处帝之要，今天老生我也以忍字相送。贵国政争虽为贵国内部之事，但不仅事关东亚之全局，而且对世界大局也会造成巨大影响，姑且望慎重考虑，仅上忠言，略表鄙见，是为老生之义务。①

其实，由于种种原因，长期以来日本政界和财界对行事狡诈的袁世凯并没有什么好感，但孙中山准备举兵讨袁对于日本财界来说未必是一个值得庆幸的消息。中日兴业公司刚刚成立，此时的涩泽荣一正期待着对华经济扩张随之出现一个大的发展，当然希望中国政治局势不再出现大的动荡和混乱。然而，从涩泽荣一给孙中山的这封信中可以看出，他之所以不赞成举兵讨袁也有其他方面的考虑。在他看来，孙中山举兵讨袁不是一个明智之举，一是因为没有取胜的把握，而且会使中国再度陷入战火，二是可能为列强各国再次瓜分中国提供借口。因此，他希望孙中山把眼光放得更为长远一些，采取忍字为重的态度和策略，谨慎从事，耐心等待时机的到来，以达自己的最终目的。应该说，涩泽荣一的这些劝说确有个人之间的友情蕴含其中，虽说他极力主张的是一种在残酷的政治斗争中未必能行得通的忍让哲学，但是作为对孙中山的建言却实为

① 渋沢青淵記念財団竜門社編『渋沢栄一伝記資料』、渋沢青淵記念財団竜門社、第五十四卷、第 533 页。

中肯和坦率，有值得他考虑之处，因为从力量对比来看，孙中山举兵讨袁毕竟面临着凶多吉少的巨大风险。然而，在孙中山这样一位具有百折不挠的政治斗争经历和大无畏精神的革命者看来，对于袁世凯阴谋行径的忍让显然就是一种政治上的无所作为和耻辱，不仅与自己一贯坚持的政治信仰格格不入，还可能使袁世凯有恃无恐、变本加厉地践踏议会制度和民主政治，所以只能针锋相对、举兵推翻袁世凯政府。对于孙中山不为劝说所动，执意坚持自己的讨袁计划和主张，涩泽荣一自然感到遗憾和失望。

1913 年 7 月 12 日，孙中山发兵讨袁，结果由于准备仓促而在半个月内归于失败，以致本人不得不再次流亡日本，成了袁世凯政府通缉追拿的逃犯。与半年前访日时截然不同，孙中山在身份上的这一戏剧性变化，不仅使他的处境十分被动和艰难，而且与涩泽荣一的关系也受到了很大的影响。

其一，孙中山到日本不久即登门拜访了涩泽荣一，他向涩泽荣一表示决不会因失败而气馁，决心为再次进行讨袁做准备，并希望得到涩泽荣一的理解和帮助。对此，涩泽荣一虽然对孙中山的处境深表同情，但同时明确表态不赞成其再次讨袁，直截了当地拒绝为其提供援助，并说明了他之所以不支持再次讨袁，是因为"中国目前政治制度虽不完备，但形式上已是立宪国家了"。① 袁世凯虽然是一个善于玩弄权术的人物，但其地位是公认的。因此，劝孙中山放弃再度兴兵讨袁的想法，把希望寄托在议会制度的完善上。显然，这与半年前在信中对孙中山的劝说有所不同，少了一些个人感情上的色彩，明确表示了自己在这一问题上采取与日本政府相一致的态度和立场。

其二，孙中山流亡日本，意味着他实际上已经无法落实和完成合办中国兴业公司的计划。他意识到，继续维持自己在该公司的法律地位已经成为不可能，因此他对涩泽荣一表示："由于本人不能不筹划革命，

---

① 俞辛焞、王振锁编译《孙中山在日活动秘录——日本外务省档案》，南开大学出版社，1990，第 604 ~ 606 页。

无暇经营公司，愿意将自己所持股票转让给北京当局。"① 而这一表态恰恰是涩泽荣一内心所希望的。事实上，袁世凯为了切断孙中山与日本财界之间在实业方面的联系，在通缉孙中山的同时，多次表示愿意与日本财界开展合作，希望日本方面对中国兴业公司进行改组。不言而喻，这对于正在为中国兴业公司迟迟不能正常运转而感到焦急的涩泽荣一来说，自然具有非常大的吸引力。因此，他很快答应了袁世凯政府的请求，决定对中国兴业公司进行改组，并应袁世凯的邀请访问了中国，与杨士琦等人正式谈判签订了协议，决定将公司改名为中日实业有限公司，由杨士琦等人取代了孙中山原来的位置，并完成了所需要的一切法律手续。应该说，涩泽荣一做出这一选择主要是出于对华经济扩张的利益需要，但客观上帮助袁世凯达到了孤立孙中山的政治目的，使孙中山在日本的活动空间和交往的渠道受到进一步的限制，处境变得更为被动。

其三，通过中国兴业公司的改组，日本方面从中扩大了自己的权益，如新制定的公司章程规定，公司的国籍属于日本，除在日本政府登记外，还在中国工商部注册，与中国公司享有同样的待遇与权利，不可视为外国公司。这一新的收获使涩泽荣一感到十分喜悦，随之对袁世凯的评价与态度也表现出明显的变化。他说：日本原来对袁世凯多有恶评，不但失礼，而且耽误国事，其实见到袁世凯之后就会感到他"令人感到格外谦和，不单是军人政治家，也是近代少见的切合实际的经济家"。② 甚至在袁世凯政府要员向他表示希望日本能对孙中山等革命党人的反袁活动采取措施时，他竟认为此言值得日本国民省悟和思考。③ 从涩泽荣一的这一表现来看，应该说对袁世凯个人的赞美之辞多半出自在外交上向其示好的一种需要，但对中国政治逃难者的孙中山来说却是一个无情的打击，使其所承受的政治压力和心理压力非常之大。这说明，涩泽荣一在处理

---

① 彭泽周：《近代中国之革命与日本》，台湾商务印书馆，1989，第89~90页。
② 涩泽青渊记念财团竜门社编『渋沢栄一伝記資料』、渋沢青淵記念財団竜門社、第三十三卷、第546页。
③ 涩泽青渊记念财团竜门社编『渋沢栄一伝記資料』、渋沢青淵記念財団竜門社、第三十三卷、第581页。

他与孙中山之间的关系时，首先考虑的是日本政治和经济利益的需要，带有明显的实用主义色彩。

四 与孙中山友人关系的延续

"二次革命"失败后，孙中山在日本的流亡生活持续了近三年之久。在这一期间内，涩泽荣一与孙中山一共有过六次会面，时间分别为1913年8月29日、9月17日、10月6日、10月30日，1915年3月21日、8月3日。① 从会面的时间上可以看出，前四次会面和后两次会面相隔的时间是比较长的。可见，在涩泽荣一表示不赞成和支持孙中山再次讨袁之后，两个人的往来相当有限。但在涩泽荣一的日记中曾有这样的记载：1915年2月16和田瑞氏来谈孙文状况困难，请求援助；3月1日，戴天仇来访，谈孙文请求帮助之事，答应考虑；3月21日孙文、陈其美、廖某某来事务所，一起吃晚饭、孙文话语恳切，将前答应考虑的惠赠款交给孙文。② 由此可以看出，涩泽荣一对孙中山的处境依旧表示关心和同情，并尽可能给予帮助以维系他们之间的友人关系。

1915年，中国政治舞台再起风浪，袁世凯因倒行逆施上演了一出复辟帝制的闹剧而成了历史罪人，在全国连成一片的声讨中，于1916年6月6日忧急病死。而在此之前，孙中山鉴于国内形势出现的新变化，决定离日回国，于1916年5月1日回到上海。回国后的孙中山一直繁忙至极，他高举护法旗帜，为结束军阀统治和完成国民革命之大业而不顾安危奋斗不息。但即便如此，他依旧关注着日本，没有忘记保持与涩泽荣一之间的联系。1923年日本东京发生大地震，孙中山随即给涩泽荣一发电报表示慰问，涩泽荣一回电说了自家受损情况，并对其慰问表示感谢。③ 1924年，孙中山

---

① 俞辛焞『孫文の革命運動と日本』、六興出版、1989、第250頁。

② 渋沢青淵記念財団竜門社編『渋沢栄一伝記資料』、渋沢青淵記念財団竜門社、別卷第二、日記、第11頁、第14頁、第19頁。

③ 渋沢青淵記念財団竜門社編『渋沢栄一伝記資料』、渋沢青淵記念財団竜門社、第四十卷、第272頁。

决定绕道日本神户赴北京与段祺瑞、张作霖商谈国事，为此，派李烈钧带着他的信先去东京拜访涩泽荣一，告诉涩泽荣一说，"吾国方从事于讨贼，文已率师北伐，以答国人望治之殷"，并希望访日时能与涩泽荣一会面。① 出发前又给涩泽荣一发去电报说，"盼望与贵国诸贤达肯谈东亚之大局，祈阁下光临神户一谈为幸传"。② 涩泽荣一对孙中山的来日颇为重视，他虽然因身体方面的原因不能亲自到神户与孙中山会面，但特意派日华事业协会常任理事角田隆郎代表带着他的书信到神户去欢迎孙中山。他在信中说道：

> 阔别以来，时在报章上得悉阁下为国事奔劳，不辞辛苦，鞠躬尽瘁，感佩万分！阁下此次来游，邀赴神户一谈，以贱体为疾病所缠，不能前往，至为抱歉！……今晨捧读中外商业新报所载之阁下宣言，颇合我意，如能当面一谈，岂不更加有趣。……然而两国之邦交，不论从政治上或经济上而言，总之，痛感未能达到成熟圆满阶段。关于此一问题，不应互相责难，应各自反省，以巩固两国之友情，此实所至望也。……阁下不日抵北京，与段张诸氏会谈时，务期国交圆滑，与其从大局着眼，不如从小事着手。……以前与阁下所组之中日实业公司，其后无任何进展，愿今后与贵国继续努力……。③

从这封信中可以看出，此时的涩泽荣一虽然年老体衰，但对改善中日两国关系和合办企业之事依旧非常关心。他仍然十分关注孙中山在中国政治舞台上的前途和命运，特别提到了孙中山此前不久发表的《北上宣言》，并讲"颇合我意，如能当面一谈，岂不更加有趣"。虽然从这句话中还无法得知他对孙中山的哪些主张表示认同，但至少可以说明与反对孙中山进行讨袁"二次革命"时相比，他对孙中山国民革命事业的态

---

① 彭泽周：《近代中国之革命与日本》，台湾商务印书馆，1989，第302页。
② 彭泽周：《近代中国之革命与日本》，台湾商务印书馆，1989，第307页。
③ 彭泽周：《近代中国之革命与日本》，台湾商务印书馆，1989，第307~308页。

度已有积极的变化，希望孙中山能事有所成，由小及大一步一步地实现自己的目的和理想。此外，涩泽荣一还对中国掀起的抵制日货的运动表示了强烈的不满，但他认为两国关系之所以多有摩擦，双方都有责任，都应该各自反省。显然，这一主张与日本政府动辄以武力相威胁的对华态度表现出了很大的不同，他希望中日之间能够减少纠纷，也希望中国政局摆脱混乱走向稳定，因此向孙中山表示，祝他与段祺瑞、张作霖的会谈能够取得圆满的结果，同时也使日本对华经济扩张的条件有所改善。

从年龄上看，涩泽荣一大孙中山 26 岁，应该算是长辈，在日本又是德高望重的财界领袖，因此孙中山对他一直很敬重，始终把他当作值得交往的友人和合作伙伴。就在此次访日结束后，孙中山还给涩泽荣一发电报说："此次拜访贵国，蒙朝野各界之盛意，谨致谢忱。贵体违和，未及奉候，憾甚。唯愿早日康复，更望今后为两国国民经济之联系多方操持。"① 然而，也许谁都没有想到的是，由于长期积劳成疾，孙中山回国不久就重病在身卧床不起。得知这一消息，涩泽荣一立刻致电委托在北京的中日实业株式会社副总裁高木陆郎代表他去慰问孙中山，对此孙中山致电涩泽荣一表示感谢，并说"得接诚恳之慰问，谨致厚谊。定奋勇气与信心，期胜病魔，幸望释怀"。② 可惜之至，孙中山这位国民革命事业的历史伟人最终还是没有摆脱死神的纠缠，于 1925 年 3 月 12 日在北京逝世。对于孙中山的逝世，涩泽荣一感到十分惋惜，并发来唁电，表示了沉痛哀悼之意。

---

① 《孙中山全集》第 11 卷，中华书局，1985，第 437 页。
② 《孙中山全集》第 11 卷，中华书局，1985，第 585 页。

第六章　涩泽荣一对中国的访问

　　涩泽荣一生中曾对中国进行过三次访问。第一次访华是在 1866 年，这一年 2 月涩泽荣一作为一桥昭武的随员乘船赴欧洲访问，在途经中国上海时登陆做了两天的休整和访问。时间虽然短暂，但当时上海的街貌市井以及租界渗透出的那种西方气息还是给第一次走出日本国门的涩泽荣一留下了较深的印象。第二次访华是在 1877 年。这次访问主要是受日本大藏大臣大隈重信的委托，作为日本第一国立银行董事长与清政府官员协商清政府向日本提出借款请求之事，所到城市还是上海，时间为 5 天。此后，时过 37 载，在 1914 年涩泽荣一对中国进行了第三次访问。这次访问与前两次访问大有相同，为时长达 35 天之久，从南到北走了大半个中国，并与诸多中华民国官员和地方政要进行了接触和会谈，等等。作为当时日本财界最有代表性的人物，涩泽荣一的这次出访在当时中日两国都引起了各方面的高度关注，被看成是两国往来中的一个重要事件。而对于涩泽荣一本人来说，这次访问则是重新观察和了解中国，以身示范开展所谓"民间外交"的一次重要实践。那么，涩泽荣一这次访华的主要目的是什么？他在访问中主要从事了那些活动？当时的中国给他留下了什么印象？访问后他又发表了哪些看法和主张？

一　背景与目的

　　1914 年，涩泽荣一已是 75 岁的高龄，此时的他已经辞去了一些重要职务，但仍是日本经济界最有地位和影响的人物。因此，涩泽荣一即将访华的消息一经报道便立刻引起了国内外各界广泛的关注，各种猜测随之见诸报端。英国的《伦敦时报》、中国的《字林西报》以及日本的报刊均有报道认为，涩泽荣一此行可能与向中国索要新的特权以及日本在长江流域与英国争夺经济利益密切相关。

显然，从当时帝国主义列强瓜分中国的格局以及日本咄咄逼人的态势来看，上述猜测并非没有根据。如人所知，自中日甲午战争和日俄战争之后，日本因巨额战争赔款的获得和势力范围的扩大而得到前所未有的甜头，侵吞中国的胃口越来越大。财界和工商业界紧随其后，加快了对中国东北地区的经济渗透，并把视野和触角扩展到整个中国。从当时的情况来看，日本除了向中国索要由江西九江经南昌至福州的铁路修筑权之外，最想独自揽入怀中的便是湖北大冶铁矿资源。由于日本缺乏铁矿资源，而增强军事实力又必须发展钢铁工业，故对湖北大冶铁矿资源早已垂涎三尺。辛亥革命之前趁汉冶萍公司出现资金困难之机，日本曾向其提供贷款，以此获得了该公司以矿产资源为抵押的贷款担保，以及铁矿砂的优先预购权和价格商议权。到了民国时期，日本为了更加牢固地控制大冶铁矿资源，又提出两国合办汉冶萍公司的要求，此事因遭到国人强烈反对虽未实现，但日方并没就此罢休，仍在继续策划新的方案。面对日本的贪得无厌，英美感到颇受威胁，尤其是英国对自己在长江流域的既得利益正在遭到日本蚕食而倍感不安，因此一直在密切注视着日本的动向，不时要求日本就其活动向他们做出说明和解释。显然，在这样的背景下，涩泽荣一作为日本财界的特殊人物出访中国，并将赴大冶铁矿参观，无疑是一件非常值得关注和耐人寻味的事情。

面对来自舆论的巨大压力，涩泽荣一自然无法保持沉默。他担心这次访问的气氛因此而受到破坏，也担心欧美各国对日本的警惕之心越绷越紧，因此他在临行之前一再说明和强调，此次访问纯为私人访问，不负任何政府使命，主要目的是为了完成两件事情：一是了却多年来拜谒孔庙的心望，二是与国民政府商定中日实业公司事宜，而所谓索取权利之说纯属无稽之谈。其实，从涩泽荣一本人的经历和主张来看，其上述解释并不全是外交辞令。他自幼苦读汉书，饱受儒家思想教育，故对孔子极为崇拜，视《论语》为人生座右铭，并以此为行动指南而获得了事业上的巨大成功。因此可以说晚年之际参拜曲阜孔庙实乃人生情怀所致，并非不可理解。而所说合办中日实业公司之事也是因中国政局变化才有必要与北京国民政府重新加以商定的。该公司是在1913年孙中山作为全国铁路总监访日期间，应涩泽荣一的提议，由两国共同出资创办的企业，孙中山和涩泽荣一各代表一方出任总裁。可孙中山回国后不久，因宋教仁被杀事件发动了声讨袁世凯的"二次革命"，后又到日本避难，该公司因此陷于无法运作的状态。涩泽荣一不甘心该公司无所作为，只好另做打算。他一方面请孙中山放弃中方总裁职务，另一方面拟请中方重组人选，并向袁世凯等政要人物做以说明，以解除因孙中山曾参与其中而可能产生的误会。

涩泽荣一将此次中国之行定调为"情怀之旅""公务之旅"，但所谓不带任何政治目的说辞却难以成立。因为，当时的中日关系可谓错综复杂。而在涩泽荣一看来，最为令人感到忧虑的地方在于日本的对华政策不能适应形势变化的需要。他认为，长期以来日本对中国的态度过于傲慢自大，但实际上对中国政局变化以及国民心理状态的了解并不充分。虽说日方对孙中山其人和思想主张已有所知，而对取而代之的袁世凯却有成见。实际上日本与袁世凯的接触十分有限，对北京政府控制下的中国政治局势以及对日政策和态度也没有摸清楚，这种状况需要尽快得到改变，否则将给日本带来诸多不利之处。故此，在他看来，日本调整对华政策，改变中国国民对日本的敌视和反感在眼下或许比索要一两项新的特权更为必要，应该成为日本的当务之急。显然，在这样的思想背景下，涩泽荣一对中国的访问实际上担负着重要的政治使命，他试图通过自己的努力展现一种新的姿态，以改变日本对华外交以往那种只知强权索要和武力威胁的恶劣形象，为日本对华经济扩张营造必要的政治和社会环境。因此可以说，涩泽荣一的这次中国之行并不是简单的"情怀之旅""公务之旅"，而是一次充满政治含义的"改善关系之旅"。

二 行程与活动

　　5月2日，涩泽荣一在诸多政府要员和各界名流的隆重欢送下踏上赴华访问的旅程。此行的随员共有12人，除涩泽荣一之子涩泽武之助外，还有大日本麦酒公司社长马越恭平、东洋生命保险公司社长尾高次郎、朝鲜银行理事三岛太郎等企业界的著名人士。他们由东京乘车先到神户，当天晚上由神户乘船出发去上海，途经长崎时做了一天的停留，于5月6日到达上海。在为期35天的访问中，所到城市包括上海、杭州、苏州、南京、武汉、北京、天津、大连。按照原定计划，涩泽荣一将由天津乘车去山东曲阜参观孔庙，但令其极为遗憾的是因突染风寒感冒发烧，他不能如愿以偿，只好取道大连乘船回国。

　　涩泽荣一此行足迹遍布半个中国，日程安排非常紧凑，这对一个75岁的老人来说，无论在体力上还是在脑力上都是一次考验，但涩泽荣一的精力显得格外充沛，从出席招待仪式到参观名胜古迹，从会见政要人物到发表讲演，活动丰富多彩，尽管因没能拜谒孔庙而留有遗憾，但仍然可以说是收获颇丰，不虚此行。

（一）广泛接触政要人物

　　自民国政府执政之后，还没有接待过像涩泽荣一这样地位显赫的日本来宾。因此，涩泽荣一的这次来访受到了高度重视。驻日公使陆宗舆很早就给国内发了电报，报告涩泽荣一有关情况；袁世凯为涩泽荣一来访之事还特意向途经省市发出指示，吩咐各地长官要热情款待。因此，涩泽荣一所到之处，皆有隆重的欢迎欢送仪式，其招待规格如同国宾，大小宴会几乎每日必有，出席者多时可达一二百人，少时也有四五十人。出席者中有当地都督、市长等政要人物以及其他各界社会名流，甚至有些地方就连警察局长之类的官员都到会助兴。而涩泽荣一也特别注意礼尚往来，沿途不断登门拜访各地政要人物。所以，涩泽荣一在这次访问中接触人物之多、交际范围之广是以往的日本来访者所远不能及的。按照涩泽荣一在访问日记中的记载，除了当时的农商总长张謇之外，他会见了北京政府几乎所有重要人物，这其中包括袁世凯、唐绍仪、伍廷芳、孙宝琦、杨士琦、曹汝霖、熊希龄、梁启超、汪大燮、盛宣怀、汤化龙、李盛铎、朱瑞（杭州都督）、沈仲礼等。在与这些中国政要人物的接触中，涩泽荣一了解到了许多中国的政治和经济情况以及对日本的态度，同时另一方面，涩泽荣一逢会必提尊崇孔子和儒家文化，极力宣扬中日两国同文同种易于沟通理解，开展各种经济合作对双方都有利可图，并反复表示愿意为中日友好和经济合作贡献余生之力。因此，涩泽荣一给所经之处的人们留下了深刻的印象，当时新闻界对其此行的评价相当不错，《申报》曾报道说："此间对于日本之感情近数日内大有变动，盖出于涩泽男爵之势力也。"[1]

（二）宣扬"经济道德合一"思想，主张开展中日经济合作

涩泽荣一受到中国方面的隆重接待，不仅结交了诸多政要人物，同时也获得了宣扬自己思想主张的大好机会。他的演讲才能十分出众，且有备而来，因此登台演讲成了此次访问中备受关注的活动。他不仅在各种招待仪式上发表致辞和即兴演说，而且还应约多次举行演讲会。他反复向与会者宣传他的"经济道德合一"思想，极力主张开展中日之间的经济合作，其表现出来的老当益壮貌常常令与会者感叹不已。

涩泽荣一说："日支关系由来深远，但今天不能仅满足于同文同种或唇齿相依这些辞令，如果真的希望两国之间的联系更加紧密，就必须巩固两国间的经济关系。现在世上有论者开口所云就是权和利，却很少有人知道获得权利之词的真正含义。在余看来，获得权利并不应该只对获得者方面有益，而同时也应使出让权利方获益，这是极为重要的。又有论者，常把商业竞争比作和平的战争，这也是错误的。"[2] "而依余之见，战争必有胜败，不是甲胜乙败，就是乙胜甲败，然而就经济方面而言，甲乙不存在

---

① 《申报》1914 年 5 月 24 日。
② 渋沢青淵記念財団竜門社編纂『渋沢栄一伝記資料』、渋沢栄一伝記資料刊行会、第三十二巻、第 540～541 頁。

谁得谁失、谁胜谁负的问题，甲乙双方都有利有益，可以各取所需。"①

涩泽荣一还说："中国受天之惠，国土辽阔，物产丰富，欧美羡慕至极，现在充分利用这些资源已经成为当务之急。而开发中国的资源，首先应寄托于实业的发展。中日实业公司的创办正是为了发展实业，并无他求，而要达到这一目的，需要天时地利人和，为此余愿助中国一臂之力……"②"吾国商人的真实之意绝非在于侵略领土或者是索要特权，只是通过加强两国的实业来往和合作，使双方都有利可图……"③

对于涩泽荣一所宣扬这些"经济道德合一"思想，与会者似乎觉得很是新鲜。因为对于诸如《论语》这样的儒家经典，作为听众的政要和社会名流虽然并无陌生之处，但他们从来就没人想过把《论语》和实业结合起来，把儒家经典当作用来思想武器指导工商活动，故此十分感兴趣。但也有评论认为，涩泽之说乃是骗人的冠冕堂皇之说，与实际相去甚远。1914年5月27日《申报》曾就涩泽荣一所论刊登一篇评论，该文指出：

> 涩泽氏谓：经济之道，以利己利他为用，仁爱为体，断非战争以较胜负、搏噬以事攘夺，损他利己者所可比拟。斯诚长厚之言哉。然以近来商战之趋势证之，吾见其搏噬攘夺、损他利己，有甚于战争耳。即以日人之经营南满言，利我中国何在也？投资为侵略人国之先驱，路矿实业为制人死命之道线，各国亦既昌言不讳矣。然则涩泽氏之言，亦仅理想之言耳。欲世界道德进步，而如氏所言者，不知将再阅几十世纪也哉。④

（三）建议中国实行有节度的经济开放

涩泽荣一访华引起了中外新闻界的密切关注，其所到之处，新闻界

---

① 渋沢青淵記念財団竜門社編纂『渋沢栄一伝記資料』、渋沢栄一伝記資料刊行会、第三十二巻、第 509 頁。
② 渋沢青淵記念財団竜門社編纂『渋沢栄一伝記資料』、渋沢栄一伝記資料刊行会、第三十二巻、第 529 頁。
③ 渋沢青淵記念財団竜門社編纂『渋沢栄一伝記資料』、渋沢栄一伝記資料刊行会、第三十二巻、第 544 頁。
④ 田彤编《1914 涩泽荣一中国行》，华中师范大学出版社，2013，第 184 页。

均有报道。而涩泽荣一对与接踵而来记者采访皆持欢迎态度，尽可能予以满足。他一再向新闻记者说明此次访华的目的，同时还应记者们的要求，就中国应该如何应对列强索权和发展经济问题发表了看法。他坦言建议中国改变思维，对外采取有节度的经济开放。他说："依余所见，支那近代产业组织尚不发达，可开发的余地颇为广阔，想要打开宝库发展成富国，必须引进本国所缺乏的资本和产业方面的知识技术。从这一点来考虑，如被狭隘的思想所束缚，绝对拒绝权利授予并非是上策。但如果诸事尽从外国，把自己的利权出让给外国的话，那么结果将无尽无休，支那最终很可能因此而无以立国自存，这是极为可悲的。那么究竟应该如何处之呢？如果说绝对拒绝不可取，那么无限制地出让也不可取，今后应该采取什么样的态度呢？余认为只能采取这样的方针，应该出让的就出让，不该出让的就不出让。可是事实上，诸一列举哪种权利可出让，哪种权利不可出让，对其做具体的划分是相当困难的。但关系到整个国家、应由自己来从事经营的事业，必须拒绝外国的要求。而不是这样类别的事业，就只能在所不惜答应外国的要求，引进资本和知识技术，开发富源，这可以说是得策。"① 同时，涩泽荣一还认为，中国发展经济应从改变混乱不堪的财政状况入手。他说：中国"当前在财政上和经济上有三个问题不容忽视，即清理财政、改革货币制度和完善银行制度。首先，把借款当成国家财政收入的一个来源并以此来支付行政费用，这是最值得警惕的事情，应把实现国库收支均衡视为一种亟待实行的政策。其次，支那的币制极不统一，滥发不兑换的纸币，各种辅助货币充斥于市场。如果不从速进行改革和统一，难以期待经济的发展。再次，在支那，金融机构尚不完善，严重地阻碍了工商业的发展，所以首先必须完善银行制度，以为实业发展提供有利的条件"② 显然，涩泽荣一是根据明治维新后日本经济崛起的经验提出这些建议的，从当时中国所处的内外

---

① 渋沢青淵記念財団竜門社編纂『渋沢栄一伝記資料』、渋沢栄一伝記資料刊行会、第三十二巻、第 495 页。

② 渋沢青淵記念財団竜門社編纂『渋沢栄一伝記資料』、渋沢栄一伝記資料刊行会、第三十二巻、第 495 页。

状况来看，应该说不无可以参考和借鉴之处。但遗憾的是，其建议在中国的当政者之中似乎没有引起多大的反应和思考。

（四）　与杨士琦敲定中日实业公司之事，会见中华民国总统袁世凯

商谈中日实业公司事宜和会见中华民国总统袁世凯是涩泽荣一此行最重要的日程。5 月 19 日，涩泽荣一到达北京之后，就中日实业公司之事与杨士琦进行了几次磋商，最后双方取得一致。决定将原中国兴业股份公司更名为中日实业公司，仍采取股份制，资本金总额为 500 万日元，中日双方股东分别认购 250 万日元的股份，公司总社设在北京，由杨士琦任公司总裁，日方的仓知铁吉为副总裁；中方的公司顾问为国民政府工商总长张謇等五人，日方的公司顾问为涩泽荣一等十人；公司按中国法律处理有关事宜。此外，在会谈中，涩泽荣一还就中日实业公司的经营事宜提出了备忘录，希望能够承担电话事业的借款业务，确保四平洮南线铁路铺设工程和材料器械订购业务，派遣技术人员参与调查中国的矿产资源。[①] 对这份备忘录所提事项，杨士琦虽然没有给出明确答复，但"良好的会谈气氛"使涩泽荣一感到，容以时日以后再做进一步的交涉应该是必有所获。

5 月 21 日下午，涩泽荣一一行七人在日本驻华公使的陪同下，在中南海居仁堂拜会了袁世凯。袁世凯对涩泽荣一来中国访问表示欢迎，袁世凯说：中日关系颇为久远，但今后若要使两国的友好关系得到巩固，尚需密切两国的经济关系，所以我赞成中日实业公司的事业，并派杨士琦参与其中，也请涩泽先生尽力而为，多做指导。而涩泽荣一则对袁大总统的会见表示感谢，他对袁世凯说，"余自幼读学孔孟之道，对贵国文物羡慕已久，中日实业公司承蒙大总统的支持已告成立，今后余愿为日中两国实业的发展鞠躬尽瘁，还请总统给予关怀和保护"。[②] 会见时间大

---

① 李延江：《日本财阀与辛亥革命》，中国社会科学出版社，1994，第 308～309 页。
② 渋沢青淵記念財団竜門社編纂『渋沢栄一伝記資料』、渋沢栄一伝記資料刊行会、第三十二巻、第 542 頁。

约为半个小时，尽管会谈涉及的内容不多，但给涩泽荣一留下的印象还是不错的。

三　印象与感想

涩泽荣一此次访华的日程十分紧张，他老当益壮，一路丝毫不显疲倦，只是到了天津时，因不慎感冒发烧而不得不改道归国。对于涩泽荣一来说，没有实现去曲阜拜谒孔庙的愿望实为一大遗憾，但即便如此，他仍然大有不虚此行之感，感想可以说是相当之多。

（一）对中国自然风光和丰富资源羡慕至极

涩泽荣一此行历游半个中国，一路领略了许多中国独有的人文古迹和自然景观。杭州西湖秀丽的风光、岳飞庙、六朝古都南京的城郭、长江两岸气势磅礴的高山峻岭以及北京诸多的名胜古迹都给涩泽荣一留下了深刻的印象，甚至使他赞不绝口，大发感慨。他说，自幼习读汉书和唐诗，然而只有今天面对如此令人陶醉的风光，才深知大诗人李白那富于夸张的诗句毫无欺骗后人之意。不仅如此，面对中国的大好河山，就连他自己也止不住诗兴大发，以抒情怀。然而，对于作为实业家的涩泽荣一来说，更让他羡慕不已的则是中国极为丰富的矿产资源。他在参观大冶铁矿时，对那里得天独厚的铁矿资源和极为方便的地理位置赞不绝口，甚至用"有垂涎三尺之感"这样的语言来形容自己的心情。他说：大冶铁矿可以堪称世界第一，其矿石蕴藏量之丰富实为让人有"垂涎三尺"之感，美国比尤特铁矿虽然也很有名，但远不及大冶铁矿。大冶铁矿遍布全山，开山掘矿立刻即可运输，不像其他矿山那样只能先开坑道然后才可开采。① 可见，在涩泽荣一眼里，中国如此丰富的人文古迹、自然景观和矿产资源是他国无法相比的，这些宝贵的精神和物质财富值得

---

① 渋沢青淵記念財団竜門社編纂『渋沢栄一伝記資料』、渋沢栄一伝記資料刊行会、第三十二巻、第591页。

珍惜和保护。当他看到南京和北京古城风貌呈现出一派荒废衰破景象时不免感到十分惋惜，为此他在会见当时江苏都督冯国璋时，曾委婉地提出应对人文古迹加以保护的建议。他说：人们对古旧之物往往漫不经心，虽说情有可原，但将来一定后悔不及，所以现在就应该努力做些保护文化古迹的工作。可是对于涩泽荣一的这一忠告，冯国璋却大有不以为然之感，其表情给涩泽荣一的印象好像是说，你应该多关心些中国如何变富的事情，至于你所说的那些我都知道。① 中国当政者对保护人文古迹所采取的这种态度显然表现的是短视和无知，这不免让使涩泽荣一感到很是意外与无奈。

（二）对中国社会风气的败坏以及严重的贫富差距颇感担忧

涩泽荣一此次访华为时 35 天，对于了解一个国家的社会状况来说，在时间上显然是很不充分的，可是在此期间的耳闻目睹还是给他留下了很多负面的印象，使他有一种触目惊心之感，故对中国的前途颇感担忧。涩泽荣一是带着对儒家文化和孔子无比崇拜的心情来到中国的，然而让他感到吃惊的却是孔子之教在这里似乎已经变成了只是用以"装潢门面"的说教，仅仅停留在人们的口头上，而实际所为并不受其约束。他说：在支那，尽管存在上流社会和下层社会，但在两者其间，却不存在作为国家中坚力量的中流社会；而就国民而言，个人主义、利己主义盛行于世，而国家观念极为淡薄，这是支那最大的缺欠所在。② 目前之社会风气，可以说孔孟之教荡然无存……③他还认为："支那的民众因利己心强烈之故，国家和团体观念薄弱至极，政治观念近乎全无，此乃长年弊政所致。"④ 而与其同行的高尾次郎也有同样的感觉，他说："让我们感到非常吃惊的是，支那人对孔子的尊崇观念十分淡薄，许多民众视孔子仅为鼓弄口舌之人而非

---

① 渋沢青淵記念財団竜門社編纂『渋沢栄一伝記資料』、渋沢栄一伝記資料刊行会、第三十二巻、第 603 頁。
② 渋沢青淵記念財団竜門社編纂『渋沢栄一伝記資料』、渋沢栄一伝記資料刊行会、第三十二巻、第 613 頁。
③ 渋沢青淵記念財団竜門社編纂『渋沢栄一伝記資料』、渋沢栄一伝記資料刊行会、第三十二巻、第 532 頁。
④ 渋沢青淵記念財団竜門社編纂『渋沢栄一伝記資料』、渋沢栄一伝記資料刊行会、第三十二巻、第 593 頁。

实行之人，故他们认为《论语》所教之言并不足取实用，如奉而行之，
国家必亡。"① 而与社会风气败坏同时映入涩泽荣一眼中的另一个突出的
社会现象则是极端严重的贫富差距。他说：在当前的中国看到的是富者
越来越富，贫者越来越贫，因一人致富而万人陷人贫困之中……这是多
年弊政所致。② 总之，在涩泽荣一一行看来，中国的社会制度虽然因
"辛亥革命"已有所改变，但在这里却完全没有出现日本明治维新后那
样的景象，因而他们对中国的前途不能不表示担忧，认为将充满曲折和
动荡。

（三）称赞袁世凯是胸怀开阔的平民化总统

如前面所提到的那样，涩泽荣一认为日本人缺乏对袁世凯的了解，
报刊对袁世凯的评论多为一面之词，并不足以完全相信。因此，可以说
他是带着一种品看究竟的想法去会见袁世凯的。而经过与袁世凯的交谈
和细心观察，他对袁世凯的印象似乎相当不错，以至于不乏称赞之词。
他说：此次与袁世凯的会见让我们有颇感意外之处。当初按社会上的传
闻，我曾以为袁世凯好像是拿破仑三世那样的人物，其容貌可能会让人
感到极为自高自大。然而实际并非如此。在我们去会见他时，他不仅迎
至门外，而且在一个小时左右的会谈中（日记中记载的时间为半小时）。
他始终不失谦虚虔诚之态，热心听余说明中日实业公司事宜，对此公司
的情况也很了解，希望尽可能帮助此公司发展，为民国产业的开发尽力，
其态度相当诚恳。他给人的感觉非常朴实简单，甚至使人感到比美国总
统罗斯福、塔夫脱两位更为平民化，简直想象不到他就是中国最有胸怀、
最有本领的人。③ 其实，涩泽荣一仅与袁世凯会见一次就对他如此赞扬，
让人颇有阿谀奉承之感，其目的显然另有所在。因为涩泽荣一清楚地知

---

① 渋沢青淵記念財団竜門社編纂『渋沢栄一伝記資料』、渋沢栄一伝記資料刊行会、第三
十二巻、第571页。
② 渋沢青淵記念財団竜門社編纂『渋沢栄一伝記資料』、渋沢栄一伝記資料刊行会、第三
十二巻、第596页。
③ 渋沢青淵記念財団竜門社編纂『渋沢栄一伝記資料』、渋沢栄一伝記資料刊行会、第三
十二巻、第597页。

道，由于种种原因，日本舆论一直偏于同情孙中山，对袁世凯并没有什么好感，而面对的现实却是，有关日本在华利益的大事只能由当政者的袁世凯来决定，因此缓和与袁世凯政府之间的关系显得十分重要，否则将会失去很多经济利益和机会。显然在这里，盛赞袁世凯究竟是否由衷对于涩泽荣一来说似乎并不重要，而重要的是要展示出向袁世凯政府示好的外交姿态。

（四）认为国民政府要人不甚懂得吸引外资之要

涩泽荣一在访问中多次与民国政府要人接触和会谈。在和他们的交谈中，涩泽荣一对一些政府要人急切振兴实业的心情有所感受，但同时对国民政府首脑人物也形成了这样一种印象，即他们不甚懂得经济事务。因中日实业公司重新改组之事，涩泽荣一在北京期间与当时的国民政府总理杨士琦多次长时间交谈，就两国经济合作之事交换意见。杨士琦向涩泽荣一提出了这样一种看法，认为中日两国开展合作共同搞一些事业需要经验、智慧和资金，经验和智慧可以向日本学习和借鉴，可资金却不知从何筹措。中国资金贫乏，日本似乎也有相似之处，这样需要的资金只能另从他国考虑。而涩泽荣一对此则很是不以为然。他认为这才是只知其一、不知其二，因为只有对资本流动不甚了解的人才会这样考虑问题。他给杨士琦讲解道：资金这东西无论多少都是有序而动的。它不会流向感到危险的地方，而只去感到安全的地方。中国也有有钱的人，你可以和他们去商量资金的事，但我想未必能行，因为不管多么有钱的人，也不会把钱用在他们所不了解底细的事业上。日本与欧美相比，资金显得有些贫乏，但是如果日本感到将要在中国从事的事业大有希望，那么日本的资本家肯定是会拿得出大量资金的。[①] 当然，杨士琦所言也并非没有根据，从当时的情况来看，日本国内确实出现过资金紧张的现象，故有舆论主张应把有限的资金先用于发展国内产业，杨士琦对此或许也有所知。但涩泽荣一所说显然有其道理，他意在于告诉杨士琦，引进外

---

① 渋沢青淵記念財団竜門社編纂『渋沢栄一伝記資料』、渋沢栄一伝記資料刊行会、第三十二巻、第600页。

资发展经济需要安稳的社会条件，资本逐利，只要有利可图，不患其招致不来，中国应在此方面多加考虑。

四　批评与主张

涩泽荣一结束访华回到日本之后，日本的新闻报刊曾发表评论，认为涩泽荣一此次访问取得了很大成功。涩泽荣一本人也利用各种场合报告他的访华感想和成果，同时多次对日本对华外交政策提出了尖锐批评。他说："依余所见，日本对支那外交从根本上就是错误的，……余本身采取的主义就是毫不客气地按事实说话。"[1] 他指出：以往的日本对华外交一直处于混乱状态，步调很不一致。一种为外务省的外交；一种为军人的外交；一种为浪人的外交。这三种对华外交往往各行其是，相互常常发生抵触，因而不仅容易被欧美利用，而且也使中国方面多有误解。[2] 因此，这种情况应该引起足够的重视并设法加以改变。他还认为，要改善两国关系，就应该放弃以炫耀武力为基调的对华外交政策。他说："日本能有今天的昌盛虽得益于明治维新后的政治军事以及教育之力，但现在国富伴随武力而来的时代已经过去，弱肉强食讨伐侵略已被视为一种残暴野蛮的陋习受到排斥。故此，吾人自己应以一种强烈的意志，按理行事，使用正当的手段和方法来增添国富，切不可以武力为荣来提高国威。"[3] 同时，涩泽荣一提出了自己的主张，认为要使日中关系得到改善，企业家应该有所作为，在经济上加强与中国的联系，以真挚朴实的态度去促进中国实业界的发展。此外，涩泽荣一还就如何应对与西方国家在中国的争夺关系发表了看法。他反复强调：诸列强国家之间的争夺不仅

---

① 渋沢青淵記念財団竜門社編纂『渋沢栄一伝記資料』、渋沢栄一伝記資料刊行会、第三十二卷、第583页。

② 渋沢青淵記念財団竜門社編纂『渋沢栄一伝記資料』、渋沢栄一伝記資料刊行会、第三十二卷、第541页。

③ 渋沢青淵記念財団竜門社編纂『渋沢栄一伝記資料』、渋沢栄一伝記資料刊行会、第三十二卷、第594页。

是市场和资源的争夺，同时也是人心意愿的竞争，得人心者就可能得到更多的利益和机会，就可以在竞争中取胜。而日本在此方面有着得天独厚的条件，因为，与其他列强不同，日本与中国是同文同种，思想、风俗、兴趣爱好有很多相通之处，这非常便于开展经济上的合作。① 但同时在他看来，中国国土广阔，自然资源丰富，至今其他列强尚未顾及的地域和行业还很多，因此日本有必要扩大视野，选择和开辟新的地区和领域，以缓和与其他列强之间不断升级的利益冲突。

---

① 渋沢青淵記念財団竜門社編纂『渋沢栄一伝記資料』、渋沢栄一伝記資料刊行会、第三十二卷、第612页。

第七章 涩泽荣一对华赈灾与慈善活动

涩泽荣一与中国的关系涉及诸多领域。他在积极从事对华经济扩张活动的同时，对中国政局的变化及社会各方面发生的大事也都表现出了极大的关心，并在行动上有所反应。众所周知，清末民初的中国，不仅政治动荡不安，经济混乱不堪，而且自然灾难相当频繁，每当遇有大灾大难，常常是流亡难民不计其数，生存状态恶劣至极。对于中国不时发生的天灾和不测，涩泽荣一不乏同情之心，曾多次发起和组织过对华赈灾与慈善活动。同时，涩泽荣一对中国留日学生的生活也很关心，并提供了不少帮助。这些善举曾对改善中日两国关系产生过积极的影响，因此也很值得关注。

一 对华赈灾活动

由于水灾、旱灾等自然灾害的接踵而来，中国北部和中部地区因粮食作物的连年歉收，于1877年爆发了一次罕见的食粮饥荒，几千万百姓陷入啼饥号寒的深渊，丧生者到处可见，景象极为悲惨。中国遭遇大灾的消息随即被传到日本，各大新闻报刊都对此做了连篇报道。1878年2月18日，《东京日日新闻》刊登的《支那之饥荒》一文曾做过如下报道："支那的现状可谓是民皆满面饥色，路有饿死之人。支那北部的陕西、山西、直隶、河南等省不幸遭遇大歉收之天灾，无数之民众陷入饥饿之苦难，摔倒在沟壑之中者有之，死于道路两旁者有之。我报自去年以来就对这种难忍叙述的苦难状况屡做报道，想必读者已了解其大概情况。……而直到近日，这种惨状仍一日甚之一日。""据悉，陕西省省长就粮荒向北京政府报告的情况，在陕西一省，现每天饿死的人大约千人，而眼下仍在忍受饥饿的人约为 500 万 ~ 600 万，约相当于陕西人口的 7/10……据此推算，四省（陕西、山西、直隶、河南）的饥民可达 900 万 ~1000 万人。"①

中国遭受如此严重的灾害引起了日本社会上下的广泛关注，他们感到作为邻国此时不应袖手旁观，而应开展对华赈灾活动。而一贯热衷慈善活动的涩泽荣一对中国遭此灾难更是不乏同情之心，认为刻不容缓应该马上采取行动。经过与益田孝（三井物产会社社长）、岩崎弥太郎（三菱会社社长）、笠野熊吉（广业商社社长）等工商界实力人物商议，决定联名发起和组织对华赈灾活动，并通过《东京日日新闻》等三家报刊向日本社会发表了开展对华赈灾活动的倡议书。倡议书在简要说明了中国粮荒的情况之后，号召人们积极参与对华赈灾，以表作为善邻之友谊。文中的表述是这样的：

> 支那北部各省因连年遭灾而粮食极度歉收，特别去年尤为严重，从陕西、山西到直隶以南至河南以北，几近绝收。原储存的粮食和蔬菜已在去年末全部用尽，现今诸省数千万之人民无粮可食，饿死于街头者到处可见。清国政府现正极力救灾，远从南方调运谷米，以缓其急，各省之绅士富豪也投财捐资以援救四省饥民，但因疆域之广，贫民之多，尚不足以使多数民众免于饥寒交迫之苦，故直至今日，饥荒仍惨状至极。吾辈闻之，不忍之感难于言表。地域虽有殊别，语言各不相同，风俗人种也不一样，然彼此同为天下之生民，岂能在四省之民遭受厄运之时袖手旁观，而对此不生怜悯之心者又

① 渋沢青淵記念財団竜門社編『渋沢栄一伝記資料』、渋沢青淵記念財団竜門社、第二十五卷、第 714 页。

何谈民生之道。救人于危难之时，乃发于慈善之情，实为人生之道德。今目睹邻邦之人民遭受厄运，应是吾人行捐助之义举、表善邻之谊、彰显恻隐之心之时。以此，吾辈筹集钱款若干，以供赈灾之用，并对世上之广大民众寄予厚望，敬请诸君能明好生之德，捐助救死之钱款。零碎数微之捐款虽不足以拯救四省几千万饥民，但如数圆之金钱可救一人数日之生命，那么数千圆便可援助数千人。这即为吾辈之志，且望诸君酌家产之丰薄行捐助之举，金多者勿吝，金少者勿惭，吾辈无吝惭之分已定捐之……①

涩泽荣一等人的这份倡议书还就如何开展这一活动做了具体的安排。如：确定第一国立银行和三井银行总行负责保管赈灾捐款；这两家银行在各地的分店均可办理接受赈灾捐款事务；《东京日日新闻》等三家报刊登载公布捐款金额和捐款者姓名；使用捐款资金购买谷物之后运往中国；等等。此外还确定了接收赈灾捐款的期限，希望有意愿者从速行动。

涩泽荣一等人在发出这份倡议书的同时还带头解囊捐款做出了表率。他本人捐金 200 日元、他担任董事长的第一国立银行捐金 1000 日元、第一国立银行各层负责人共捐 500 日元。其他对华赈灾活动发起人三井物产会社捐金 1000 日元、三井银行捐金 1000 日元、广业商会社长笠野熊吉捐金 1500 日元、大仓组捐金 200 日元、第二十国立银行捐金 200 日元等等。可见涩泽荣一捐款的数量还是很可观的。

涩泽荣一等人发起的这次对华赈灾活动持续了两个月的时间，在日本社会引起了广泛的反响。新闻报刊几乎天天都有相关报道，上至皇室成员、公卿贵族、政界要员，下至一般的工商业者都参与了这次活动，纷纷捐资相助，故取得了很大的成功。到结束时为止，共募集到钱款 31000 余日元，用其购买大米和小麦 6200 余石、旧铜钱 100 万枚、洋银

---

① 渋沢青淵記念財団竜門社編『渋沢栄一伝記資料』、渋沢青淵記念財団竜門社、第二十五卷、第 717～718 页。

3150 美元。① 在涩泽荣一等人的周密安排和组织下，这些赈灾物资先后从大阪运抵天津，并指派竹添进一郎专门负责与日本驻天津领事馆商议如何交与中方发放使用事宜。后来对有关发放使用赈灾物资的具体情况还在日本报刊做了报道，以便日本社会对此有所了解。

日本的对华赈灾活动在中国引起了广泛的关注。清政府对日本的善举深表感谢，当时的直隶总督李鸿章全权负责直隶和山西的救灾事务，他对来自日方的援助非常重视，亲自接见了竹添进一郎，当面致谢，再三表示感激之情。而后，李鸿章又特意为此事给驻日公使何如璋写信，请何如璋代其向这次日本对华赈灾活动的组织者表示感谢，何如璋受其之托还特意到第一国立银行拜访了涩泽荣一，当面向他转达了李鸿章的谢意。② 可见，来自日本的赈灾物资对中国的帮助是很大的。

涩泽荣一热衷于慈善事业，同时也热衷于民间外交，并把慈善事业看成是民间外交不可缺少的一部分。因此，在他看来，对华赈灾活动并不应该只是一次而为之举，而是一项贵在不断坚持的工作。正是因为如此，他曾多次组织发起或参与对华赈灾活动。按照《涩泽荣一传记资料》的记载，除了上述一例之外，涩泽荣一在日本组织发起的对华赈灾活动还有：1907 年的中国南部饥荒救济义捐活动；1915 年的广东地区水灾难民救济义捐活动；1917 年的天津水灾救济义捐活动；1920 年的中国北部旱灾救济义捐活动；1921 年的中国灾民儿童救济活动（参与）；1926 年的中国灾民儿童归国旅费捐助活动（参与）；1931 年的中华民国水灾同情会活动。从这些记载中可以看出，涩泽荣一从事这些对华赈灾活动的时间跨度长达 55 年，一直持续到他去世的那一年为止。1931 年时，涩泽荣一已经是 91 岁的老人，且病患缠身，就是在这样的情况下，当他得知中国发生特大水灾的消息之后，关切之情仍然是不减当年。他不顾年老体衰，为了筹集赈灾捐款，创立了中华民国水灾同情会，并亲自担任了会

① 渋沢青淵記念財団竜門社編『渋沢栄一伝記資料』、渋沢青淵記念財団竜門社、第二十五卷、第 707 页。

② 渋沢青淵記念財団竜門社編『渋沢栄一伝記資料』、渋沢青淵記念財団竜門社、第二十五卷、第 736 页。

长。此时的涩泽荣一虽然已不便外出参加社会活动，但就在去世（1931年11月11日）的两个月前（1931年9月6日），他还通过无线电广播向全日本发表了讲话，号召国民积极参与对华赈灾活动。他说："有人问，眼下的支那，排日之风潮四起，加害日人，排斥日货，为何搞此赈救中华水灾活动？我以为这是把政治和道德混为一谈之谬论……此次水灾完全是天灾，对其赈救乃是人道主义之义务，与政治无任何关系，绝不应该以排日为由扼杀赈灾。"① 由此足以见得，涩泽荣一对于慈善事业的执着真可谓达到了死而后已的境地，他在对华赈灾方面做出的贡献是首屈一指的。

二　对中国留学生的援助活动

进入20世纪之后，清政府开始推行新政，通过各种方式鼓励青年出国留学，所谓"留学救国"随之作为一种进步的新思潮在中国各地迅速兴起。当时张之洞等清廷重臣都认为，日本成功崛起的经验尤为值得学习，且为中国之近邻，留学所需费用较低，语言文字方面的障碍也易克服，故主张把日本作为派遣留学生的首选之地。而日本政府出于多方面的考虑对于接纳中国留学生的态度也比较积极。在这样的背景下，留学日本成了有志青年的选择，赴日留学急剧升温，人数增加极为迅速。在日留学生数量最多时的1906年已超过万人，② 其中官费留学生所占比重有限，大多为自费留学生。

然而，伴随着清末政局的急剧变化，在日留学生的情况也不可避免地受到了很大的影响。特别由于辛亥革命的爆发，在日留学生不仅在思想上出现了很大的波动，而且在生活上也遇到了很大的困难。清政府因陷入政治危机而无暇顾及留日学生费用的支给，致使官费留学生断了生活

① 涩沢青渊记念财团竜门社编『渋沢栄一伝記資料』、渋沢青渊记念财团竜门社、第四十卷、第91~92页。
② 李喜所：《近代留学生与中外文化》，天津教育出版社，2006，第143页。

和学习上的经济来源，而自费留学生也因国内形势混乱等种种原因无法正常收到家里的汇款，生活和学习被完全打乱。这样一时间，留学生中出现了大量离日归国的现象，在日本社会上成了一大新闻。涩泽荣一对此事的发生极为关注，并认为在这个时候应该伸出援助之手帮助中国留学生渡过难关。于是他与近藤廉平、益田孝、山本条太郎等人共同发起成立了支那留学生同情会，主要的任务就是募集捐款，为尚未归国的中国留学生提供学费和生活费方面的贷款，以使他们能够安下心来完成学业。

支那留学生同情会共募集到资金 46000 日元。按该会规定的条件（贷款期限为 6 个月、贷款额为每月 20 日元），共为 344 位中国留学生提供了贷款。这些中国留学生分布在 47 所大学和专科学校，分别来自中国的 21 个省。① 应该说，支那留学生同情会提供的贷款对中国留学生摆脱窘境，继续坚持学业起到了不小的作用，同时对他们在国内的亲属也是一个很大的安慰。为此，后来的中华民国政府教育总长蔡元培曾特意给该会写信表示感谢。

支那留学生同情会为临时性组织，在其完成使命之后，经与涩泽荣一商议，山本条太郎等人以支那留学生同情会的剩余资金为基础成立了日华学会，涩泽荣一担任了该学会的顾问。日华学会为常设性组织，其主要工作是为在日本的中国留学生提供各方面的援助和服务，如介绍学校、帮助联系和安排实习和参观、借阅相关专业书籍、帮助举行文娱体育活动、促进学生与校方和教师之间的沟通、介绍宿舍，等等。简而言之，日华学会的基本任务就是尽可能帮助中国留学生解决一些带有普遍性的问题和困难，以使中国留学生能够感受到日本对他们的关心，达到改善两国之间关系的目的。而从后来日华学会的工作来看，也的确为中国留学生办了很多实事。

按日华学会的通报记载，② 1923 年秋，北京政府决定从当年起取消官

---

① 渋沢青淵記念財団竜門社編『渋沢栄一伝記資料』、渋沢青淵記念財団竜門社、第三十六卷、第 90 ~ 91 页。

② 渋沢青淵記念財団竜門社編『渋沢栄一伝記資料』、渋沢青淵記念財団竜門社、第三十六卷、第 106 ~ 107 页。

费留学生制度。据此，日本文部省准备取消按两国政府协议而设立在第一高等学校、高等师范学校、高等工业学校的中国留学生特别预科。而当时准备进入这三所学校特别预科的中国留学生多达 400 余人，得知此事之后反应非常强烈，并请求日华学会给以帮助。日华学会认为此事对留学生的影响确实重大，为此做了很多疏通工作，与文部省的官员和这三所学校的校长分别交换了意见，最终促使他们同意了中国留学生的请求，决定继续保留这三所学校的中国留学生特别预科，使留学生的要求得到了满足。而在这一年还发生另一件大事，就是在东京发生特大地震时，有不少中国留学生因被误当作朝鲜人而受到袭击（当时日本社会流传朝鲜人将组织暴动一事）。日华学会认为，此事很可能酿成两国外交上的重大事件，故向外务省亚洲局局长做了详细的报告，请求对中国留学生进行必要的保护。在得到了外务省的同意之后，日华学会开展了对中国留学生的救助活动。如在学会内专门设立了临时办公室，负责开展救助事务工作，借用第一高等学校的宿舍为收留所，派救护车到市内外各处寻找和收留了百余名中国留学生，并提供了饮食服务，对伤病者进行护理。此外，还为希望离日回国的人准备了专用船只，免费送其回国，等等。

可见，日华学会在援助中国留学生方面发挥了很大的作用。而在这其中，作为顾问的涩泽荣一付出的精力也是有目共睹的。他不顾工作繁忙，经常出席日华学会的例会，就如何做好中国留学生的后援工作发表意见，他不时与中国公使和负责留学生管理的官员进行沟通，商议留学生相关事宜，甚至亲自出面为在东京大地震中受损的中华基督教青年会会馆筹集到了修缮钱款 4 万余日元。[①] 他始终认为留学生关系到日中两国关系的未来，一再呼吁全社会多给他们一些关爱。总之，在涩泽荣一那里，对中国留学生的援助不仅是民间外交的需要，也是人道主义者义不容辞的社会责任，他为之倾注的巨大热情是值得人们赞赏和感谢的。

---

① 渋沢青淵記念財団竜門社編『渋沢栄一伝記資料』、渋沢青淵記念財団竜門社、第三十六卷、第 128 页。

第八章　涩泽荣一读《论语》

　　即使在今天的日本，只要提到涩泽荣一，人们最先想到的便是他的"论语与算盘"说。可见，涩泽荣一的历史形象是同他确立的经营思想和理念联系在一起的。涩泽荣一是儒家文化的忠实捍卫者，同时对资本主义生产方式深信不疑，他竭力主张的是儒家思想和伦理道德观念与西方资本主义经营方式的融合，一心追求的正是我们现代人所说的儒家资本主义。应该说，在明治维新后西方文明备受青睐的时代大背景下，涩泽荣一这一思想追求的可贵之处在于它坚持和弘扬了日本民族特有的"兼收并蓄""为我所用"的传统和实践精神，因而具有值得肯定的现实意义和历史文化价值。关于涩泽荣一的"论语与算盘"说，本书第一章第七节已做了概述，故在这一章我们以涩泽荣一晚年述著的《论语讲义》和《实验论语处世谈》为线索，从另一个视角来解读一下涩泽荣一心目中的孔子和《论语》。

一　为何崇拜孔子　酷爱《论语》

　　涩泽荣一对儒家文化的鼻祖孔子崇拜至极并酷爱《论语》。晚年时的涩泽荣一为了宣扬他所热衷的儒家文化和他一贯主张的"道德经济合一"实业思想，他孜孜不倦，重新研读《论语》，并举办了《论语》讲座，亲自担任主讲，对孔子的《论语》从头至尾、逐字逐句做了详细的讲解，并结合自身经历讲述了学习体会和心得。那么，涩泽荣一为何如此崇拜孔子，酷爱《论语》呢？对此，涩泽荣一在《论语讲义》和《实验论语处世谈》中曾做过如下解释。

"我认为，孔子教不是宗教，那么为何对《论语》倍感亲近，把它当作处世的唯一信条，直到八十四岁的今天还把它看成是日常的规矩准绳呢？这需从少年时接受的教育说起。""我从七岁时起，父亲便开始教我学《三字经》，而后又在表兄尾高兰香指导下读四书——《大学》《中庸》《论语》《孟子》……这便是我喜爱《论语》之发端。也许有人会问，四书均为儒教之书，为何把《大学》《中庸》置于此外而独尊《论语》为是呢？我选择《论语》为毕生信守的规矩准绳，是因为我以为，《大学》如其开宗明言所述，主要以论述治国平天下之道为要，与修身齐家相比，更重于政治方面的教诲。而《中庸》的立足点又更高了一层，论的是'致中和天地位焉，万物育焉'等悠远之说，近于哲学，离修身齐家之道较远。而《论语》则不然，其句句所言，都能为日常处世实际所用，可谓朝闻其教夕可应用之道。这正是我信奉孔夫子的儒教，不以《大学》和《中庸》为重，而独拳拳服膺《论语》且终生不渝之原因所在。"[1]

"自古以来，所谓的英雄或豪杰，都具有卓越于常人的特别之处和长处，同时又存在非常人般的缺点或短处。而孔子并没有特别的长处，但也没有明显的短处，故称其为伟大而又平凡的人最为合适。……人们可能会觉得非凡的释迦牟尼或耶稣难懂，但不会感到孔子有什么难懂之处。吾人不论遇到什么事情，即使不能为非凡的释迦牟尼或耶稣之所为，但只要付出不懈的努力，就可以做到像平凡的孔子那样。简而言之，孔子是个精通万事、完满无碍的人，也是个常识非常丰富而流畅的人。我深信，只要向孔子学习，遵循其

---

[1]　渋沢栄一『論語講義』、二松学舎大学出版部、昭和 50 年、第 12～13 页。

教导，就能持家立世，成为一个不会被人谴责、成熟完满的人。"①

"《论语》中的一些段落由于时代的关系也许不能直接适用于今天的世界。但是，那些与时代没有关系、与人们个人行为相关的教导，不管是在今天还是千载之后，都可以说是永久不变的道理，随时都可拿来应用。"② "孔子并非只取一代之制度，而是折中古今之事，取长去短，这是适应时代变化的最好的方法。孔子如能生活在今天，可以说其方法还会另有不同。"③ "《论语》不是死学问，而是活学问"。

"我是结合实业来理解孔夫子的经典的，认为在实践中加以运用比什么都重要。我读《论语》，认为它是最合理和最实际的，并劝其他实业家也来读《论语》。我相信，通过知行合一来谋求实业的发展，努力实现国家的富强，以求天下之太平。我之所以服膺《论语》，把实践孔子的教导放在心上，其原因就在这里。我认为，无论什么时候都把实业置于政府照护之下，那么实业是不会发展起来的，而应该做的是促使民间能够涌现出一些高品位的知行合一的实业家来率先从事实业。正是因为这样想我才成了《论语》的鼓吹者。"④

在以上摘录的几段话中，涩泽荣一清楚地说明了自己崇拜孔子酷爱《论语》的理由。他首先提到的是少年时所受到的启蒙教育，这确实很容易理解的。因为少年时代所受的启蒙教育在一个人思想上打下的烙印毕竟是十分深刻的，对其后来人生观念的形成会产生很大的影响，涩泽荣一当然也不例外。但是，这并不是一个决定性的原因，更为重要的原因

① 渋沢栄一『論語講義』、二松学舎大学出版部、昭和 50 年、第 10～11 頁。

② 渋沢青淵記念財団竜門社編『渋沢栄一伝記資料』、渋沢青淵記念財団竜門社、別巻第六、第 657～658 頁。

③ 渋沢青淵記念財団竜門社編『渋沢栄一伝記資料』、渋沢青淵記念財団竜門社、別巻第七、第 626 頁。

④ 渋沢青淵記念財団竜門社編『渋沢栄一伝記資料』、渋沢青淵記念財団竜門社、別巻第六、第 641 頁。

是涩泽荣一自身的实际需要和对孔子及《论语》的认识。其一，在涩泽荣一看来，孔子不是神，也不是宗教中的精神偶像，而是一位近在身边的人生导师和兄长，他伟大而又平凡，为后世树立了楷模，不仅值得学习和效仿，而且只要身体力行付诸实践，谁都可以做到犹如其人。其二，涩泽荣一认为，与《大学》和《中庸》有所不同，《论语》的特别之处在于它侧重对人自身行为的教诲，讲的都是立身处世应该遵循的道理和准则，它来源于生活实际，且便于个人实践，可以随学随用，做到知行合一。其三，在涩泽荣一的眼里，孔子并不是个思想僵化守旧的人，而是一个思想灵活、讲求实际的人，他善于折中古今之事，取长补短，因此《论语》不是死学问，而是活学问，其思想方法不会因为时代的变化而失去价值。其四，涩泽荣一不喜欢宗教，他认为宗教讲的都是带有奇迹性的事情和如何祈求救世主。而作为人，即使不祈求救世主，也能做好事情，也能尽做人的本分。① 但他同时认为，人要充分发挥人的本能，就必须有所信仰和追求，这不仅是修身齐家的要求，也是从事企业活动的需要。而所谓的儒教并不是宗教，但孔子和《论语》讲的是知行合一，完全可以满足自己的信仰和追求。

由上可见，涩泽荣一之所以崇拜孔子、酷爱《论语》，主要是出于对知行合一的内心思考，他看重的是《论语》所宣扬的为人之道和可实践性，深信人生在世所遇到的种种问题都可以从《论语》中找到答案，并能在实践中获得巨大的收获，受益无穷。其实，早在德川时代，日本的儒学者大多都把《论语》看作"实学"，也就是日常生活的"人伦日用"之"道"。因此，可以说涩泽荣一的《论语》观是对日本儒学传统的一个继承，但是涩泽荣一并没有仅仅停留于此，因为时代的巨变使他清楚地认识到，要使儒家文化在西方文化的挑战面前能够继续保持它的生命力，就必须为其注入新的内涵。正是由于这样的原因，涩泽荣一与正统的儒学者有很大不同，他不循规蹈矩，强调的是《论语》的活学活用，并敢于善于做出符合时代要求新的解释，

---

① 渋沢青淵記念財団竜門社編『渋沢栄一伝記資料』、渋沢青淵記念財団竜門社、別巻第七、第 524 页。

从而使人们印象中的《论语》旧貌换新颜，展示出一种新的时代价值和魅力。

二　对"仁"字的延伸性解读

"仁"字是《论语》中最重要的概念，但在读者看来也是个难于把握的概念。它几乎遍布《论语》各篇之中，而因人因时因事，孔子对它的回答都不相同。然而，在涩泽荣一看来，这恰恰是《论语》令人颇感兴趣之处，也是其奥妙和魅力之所在，体现了孔子随机应变、注重实际的思想方法，也为读者留下了思考和应用的空间。正是因为如此，涩泽荣一对"仁"字进行了延伸性解读。

其一："樊迟问仁。子曰：爱人。"（《颜渊》）按照一般的解释，所谓的爱人，也就是爱护别人。这句话一直被看作是孔子对仁最为精辟的回答。涩泽荣一对这样的理解并不反对，不过从他的讲解中可以看出，他认为孔子在这里说的爱是一种普遍的爱，也就是博爱。而这种博爱的对象不仅仅止于人类，而且也包括对草木国土这些非感情之物的爱。他是这样说的："仁讲的是博爱，仁并不只限于爱人，也包括对草木国土这些非感情之物的爱。这是仁的根本之处。而在这其中，爱人是第一重要的，所以要先从爱人做起。"① 可见，涩泽荣一把对人的爱看成是博爱的基础，没有对人的爱，也谈不上对自然界的爱，但涩泽荣一把仁爱的范围扩展到自然万物与孔子的思想并不矛盾，且用现在的观点来看，这种理解还是很超前的。

其二："夫仁者，己欲立而立人，己欲达而达人。能近取譬，可谓仁之方也已。"（《雍也》）涩泽荣一说，从字面上看，孔子这句话的意思是，在自己想要安稳立足时，就得帮助别人先安稳立足，自己想要有所发展时，就得帮助别人先发展。这样听起来，这句话好像是带有交换的

---

① 渋沢栄一『論語講義』、二松学舍大学出版部、昭和50年、第646页。

意思，也就是为了达到自己的欲求，首先自己就得要忍让与人。其实孔子的真意绝不是这样，而是先立人达人，然后才是立己达己。① 换一句话来说，也就是在涩泽荣一看来，这句话的本意是，所谓行仁就是遇事先想到的是别人，而不是自己，而为别人的出发点和目的都不应是为了自己，所以行仁是件很难的事情。可见，按照涩泽荣一的理解，仁是一种先人后己的行为，是一种无利己之心的品格，而无私也是一种公德和社会责任意识，由此把仁又提高到了一个新的思想境界。

其三："颜渊问仁。子曰：克己复礼为仁，一日克己复礼，天下归仁焉。为仁由己，而由人乎哉。"（《颜渊》）涩泽荣一认为孔子的这句话很是重要，并做了深入的探究。他认为，这里所说的克己指的是约束和克制自己，而复礼的复指的是履行和实践，复礼的礼可以理解为治身治家治国之法。那么，究竟约束和克制自己的什么呢？涩泽荣一说，人皆具有七情，人往往因为喜、怒、哀、乐、爱、恨、欲七情的作用而失去理智，所谓克己就是打消私心和贪图享受之欲，言行符合礼的要求而无不当之处。七情可动，但要符合理智。② 只有这样才能称之为仁，也只有这样才是对礼的履行和实践，做到知行合一。不仅如此，涩泽荣一还认为，克己复礼也表现为一种斗争精神。他说，克己复礼之中有斗争，如果不与私利私欲斗争，不能做到以善胜恶，人就不能实践于礼和行为人之道。所以，要提高品德成为一个优秀的人，无论如何也不能回避斗争，提高品德只能通过与恶的斗争才能实现。如果绝对回避斗争，也不与恶进行斗争，根本不思考克己复礼之事，那么人的品性就会堕落。斗争是绝对不应该回避的，它对社会的进步、个人的发展、品德的提高来说是不可缺少的。③

其四："子曰：志士仁人，无求生以害仁，有杀身以成仁。"（《卫灵公》）这句话的意思是，有志者和行仁者不会为了保住性命而去损害仁，却

---

① 渋沢青淵記念財団竜門社編『渋沢栄一伝記資料』、渋沢青淵記念財団竜門社、別卷第六、第5~6页。

② 渋沢栄一『論語講義』、二松学舎大学出版部、昭和50年、第584~585页。

③ 渋沢青淵記念財団竜門社編『渋沢栄一伝記資料』、渋沢青淵記念財団竜門社、別卷第七、第24~25页。

肯献出生命去实现仁。涩泽荣一很欣赏这句话。他对这句话的讲解是，仁就是博爱，杀身为众，抛弃私利，追求国家之公益，就是博爱之德。贪生而害众，以私人幸福为先，不为国家着想，就是损伤博爱之德。……而以死为了王业，即杀身成仁。有了这种精神，一个国家才能兴盛，没有这种精神，一国就会没落。① 可见，在涩泽荣一眼里，杀身以成仁是一种为了仁的信念而敢于牺牲的精神，他非常赞成和提倡这种精神，甚至认为这种敢于牺牲的精神在一个国家能否得到尊重和光大，将决定一个国家的兴衰和命运。

总之，在涩泽荣一看来，仁是博爱，是先人后己，是一种国家和社会责任意识，也是一种斗争和牺牲精神。因此他认为，仁是《论语》中最核心的概念，是孔子思想的真谛所在，其他概念的地位都不能与其相比。他说："仁字可谓孔夫子的生命，是贯穿在《论语》二十篇之中的血液。如从孔夫子的教导中去掉仁字，那么就犹如辣椒失去了辣味。仁字的重要程度，甚至可以使孔夫子为了追求它而奉献生命。可以说，孔夫子的一生就是从求仁开始的，也是在求仁中结束的。"② 应该说，涩泽荣一对仁字的读解可谓立了一家之言，其看法和心得也许不能被人们所完全认同，但在这样的解读之下，仁字似乎不再那么难以把握，《论语》的实用空间由此而比以往更为开阔了。

三 视"忠""信"为治国和为人处世之本

《论语》中有这样一句话，即"子以四教：文、行、忠、信"（《述而》），可以理解为说的是孔子教育弟子着重于读书、实践、忠实、信义这四个方面。涩泽荣一认为，孔子的这一教育方法抓住了教育的关键之处，因为只重读书而不善实践，结果不外乎是空谈空论而已，而实践作为人的社会活动和行为，其应该遵守的基本道德准则就是忠实、信义。

① 渋沢栄一『論語講義』、二松学舎大学出版部、昭和 50 年、第 786～787 页。
② 渋沢栄一『論語講義』、二松学舎大学出版部、昭和 50 年、第 23 页。

因此，涩泽荣一对《论语》中的忠、信二字格外重视，把忠和信看成是为人之道治国之本，并在自身的社会实践中身体力行。

孔子在《论语》中所讲的忠主要表现在两方面，一方面表现在一般的人际交往上；另一方面表现在君臣之间的关系上。涩泽荣一认为，无论对谁而言，这两种关系上的忠在思想意识和行为上应该是缺一不可的，否则在道德修养上就是不完满的。因此，他常常告诫自己，切记忠、信二字，以励修养。他十分赞赏孔子的门生曾子"吾日三省吾身"之言，认为其精神很值得学习。他说：曾子所言颇合吾意，我虽然没有达到一日数次省悟自身的程度，但晚上就寝之前，总是要想一想当天所做的事情，和人接触时说过什么，是否做到了为人忠实，对友人尽了信义，检查一下自己有没有违背孔子教导之处。[①]

而对于表现在君臣之间关系上的忠，涩泽荣一的解读也很有特点。他认为孔子主张的"君使臣以礼，臣事君以忠"（《八佾》）的观念在日本早已深入人心，作为日本优良的传统值得继承和弘扬，并从几个方面阐述了自己的感悟和认识。其一，他认为可以把孔子所讲的"忠君"看成是一种奉公行为，而这种奉公行为又是与人皆有之的爱国心联系在一起的。他说："人对于自己出生的国家来说有其固有的权利和义务。而这种权利和义务并不是什么人授予和强令的，而是作为国民与生俱来的，所以国民都会自然地想到国家，都希望自己的国家比别的国家强大，希望自己的国家富裕，这是国民对国家具有的自然之情，这种自然之情就是爱国心。"[②] 也就是说爱国心是奉公行为的思想基础。其二，他认为，君主是国家的代表和象征，因此"有爱国心的人必然是忠于君主的，而忠君就是爱国的心底所在。不论是官吏还是军人、律师、教育家，或者是工商业者，爱国之心和忠君之心都是一样的，只不过因为职业不同而有所差别，有的是直接为国家做工作，有的是间接为国家做工作而已"。[③]

---

① 渋沢栄一『論語講義』、二松学舎大学出版部、昭和50年、第25页。

② 渋沢青淵記念財団竜門社編『渋沢栄一伝記資料』、渋沢青淵記念財団竜門社、別巻第六、第34～35页。

③ 渋沢青淵記念財団竜門社編『渋沢栄一伝記資料』、渋沢青淵記念財団竜門社、別巻第六、第35页。

其三，他认为，忠君爱国作为一种奉公行为"是需要牺牲自我和利己心的，迷恋私利私欲的人是不会有爱国之心和忠君之情的。忠君爱国就是弃私立公，真正具有忠君爱国之心的人才是奉公之人"。① 其实，孔子在《论语》中讲忠君，但并没有提爱国，而把忠君和爱国联系在一起，主张爱国与忠君的一致性，则是日本近代儒学在忠君观念上的一个特点，并不是涩泽荣一的创见。但涩泽荣一把"忠君"看成是一种奉公行为，把"爱国"看成是国民与生俱来的"自然之情"，将其视为产生"忠君"观念的思想基础，并主张弃私立公，为国家做出奉献的精神，目的则在于说明在新的时代背景下，"忠君爱国"观念也应与时俱进，有所发展，以适应自上而下实行社会变革的需要，为促进国家的强大提供精神方面的支持。可见，涩泽荣一对"忠君爱国"观念的解读还是有其新意的。

那么，涩泽荣一对于"信"字又是怎样理解的呢？在《论语》中，"信"字与"忠"字一样是言及次数颇多的概念，"主忠信"之言曾多次出现。孔子说：人而无信，是绝对不可以的，就好像大车没有辗，小车无轨，根本无法行走。特别是在他回答其门生子贡如何治理国家之问时，提了三项大事，既粮食充足、军备充足、人民信任。并认为：如不得已在这三项大事中须去掉其中一项的话，可先去兵，如必须去掉其中两项的话，可再去掉食，唯有人民对政府的信任不可缺少。因为自古以来，人皆必有一死，如果没有人民的信任，那么国家就立不住脚了。在涩泽荣一看来，孔子的这些教诲足以说明，虽然在常言的"仁、义、礼、智、信"中，"信"字排在后面，但在孔子思想中却占有非常重要的地位，完全可以将其视为治国和为人处世之本。因此，涩泽荣一对于"信"字是格外推崇和情有独钟的。他认为，"信"字所体现的思想内涵丰富，信义、信念、信用等种种品德均在其中，是人间最为宝贵的东西，堪称"道德之神髓"。② 他说："人必有信，否则人也就不成其为人，就会如同

---

① 渋沢青淵記念財団竜門社編『渋沢栄一伝記資料』、渋沢青淵記念財団竜門社、別卷第六、第 35 页。
② 渋沢栄一『論語講義』、二松学舍大学出版部、昭和 50 年、第 85 页。

没有灵魂的行尸走肉，活得没有任何意义。"① 而对于国家来说也是一样，如果对内对外都无信可言，那么就必然遭到失败甚至亡国。涩泽荣一还认为，"信"作为一种高尚的精神具有无穷无尽的力量，也具有广阔的实用空间和领域，并会伴随着社会的发展和进步得到不断的发扬。他说："伴随社会的进步，信的价值将不断地得到增加，其应用范围必然不断地得到扩大，从一个人扩展到一个村镇，从一个村镇扩展到一个地区，从一个地区扩展到一个国家，从一个国家又波及全世界。所以应该说，信的威力堪称是国家性乃至世界性的。无论是企业经营和商业交易也好，还是行政运转、法院审判和外交活动也好，无不与信用二字密切相关。无论是尽忠还是尽孝，只有靠信的力量才能显示出其光彩。因此，古人云信为万事之本，信字可敌千军。"② 不仅如此，涩泽荣一还联系企业活动实践谈了许多自身的心得体会。他说："一个人的资产是有限的。与其依靠有限的资本，更为重要的是要有运用无限资本的意识，而运用无限资本的资格只能从信用而来。"③ "信用实际上就是资本，是商业繁荣的基础。"④ 他还说："从明治六年五月以来，我从事银行经营，与各类企业事业发生关系，因为始终以信用为重才不曾有大的过错。"⑤ 由此可见，涩泽荣一主张以信为本也是对自己能够取得事业成功的一个感悟和总结。

四 为"富贵"和"利"正名

涩泽荣一认为，近世日本儒学强调《论语》的日常实用性固然是个很好的传统值得继承，但对《论语》中一些段落的理解并不正确，以致成了阻碍殖产兴业、轻视工商的思想来源。他说："自古以来，信奉儒家的学者对孔子的学说一直存在着误解，在这当中对孔子的富贵观念和殖

① 渋沢栄一『論語講義』、二松学舎大学出版部、昭和 50 年、第 614 页。
② 渋沢栄一『論語講義』、二松学舎大学出版部、昭和 50 年、第 86 页。
③ 涩泽荣一『経済与道德』、涩泽翁颂德会、1938、第 36 页。
④ 涩泽健『巨人·渋沢栄一の「富ち築く100の教元」』、讲谈社、2007、第 174 页。
⑤ 渋沢栄一『論語講義』、二松学舎大学出版部、昭和 50 年、第 87 页。

货思想的误解是最为严重的。按照他们对《论语》的解释，仁义王道与殖货富贵两者犹如水火互不相容，可实际上翻遍《论语》二十篇，根本找不到诸如'富贵者无仁义王道之心，而要做一个仁义的人，就必须抛弃富贵观念'之类含意的话。事实上与人们的误解相反，孔子恰恰是主张人们走殖货之路的。"① 因此，涩泽荣一对《论语》中的一些段落做了自己的解读。

例一，孔子在《论语》中说："饭疏食饮水，曲肱而枕之，乐亦在其中矣。不义而富且贵，于我如浮云。"（《述而》）涩泽荣一认为孔子这句话的本意是这样的：吃粗粮，喝生水，晚上睡觉没有枕头，曲臂代枕，这可谓是一种简朴至极的生活，但只要心安于此，乐趣就在其中，应该持乐天主义的态度毫不动摇。但世上许多人不能安心于此，为了得到富贵，不管手段和方法是否符合义理。而这样的富贵就像天上的浮云一样，是绝不应该期待的。② 涩泽荣一说："孔子本来并非喜好贫贱，如果是符合义理的富贵，他是希望得到的。可现在世人却把这句话的意思理解为孔子劝说人们节衣缩食，不过那种粗茶淡饭、以臂代枕的生活就无法得到真正的快乐，这完全是误解。"③

例二，在《论语》中，孔子说："富与贵，是人之所欲也；不以其道得之，不处也。贫与贱，是人之所恶也；不以其道得之，不去也。"（《里仁》）涩泽荣一说："孔子这段话的本意是说，富贵乃是万人所希望得到的，但得其在于有道，也就是修学立功，修身备德。富贵本身并非恶事，人们也可以去追求它，但在考虑究竟采取什么手段和方法去实现这一追求时则应该十分认真和谨慎。可是以往学者却都把孔子在这里所说的人解释成恶人，也就是说只有恶人才追求富贵，而获得富贵是无道德可言的，所以君子不要接近富贵，即使富贵从天而至，也应当尽量回避它。这实为一种偏见。而孔子的本意所要说的是，只有那些通过非道德手段

---

① 《论语与算盘》，九洲图书出版社，1994，第81页。
② 渋沢栄一『論語講義』、二松学舎大学出版部、昭和50年版、第321页。
③ 渋沢栄一『論語講義』、二松学舎大学出版部、昭和50年版、第321页。

而获得的富贵才是不好的。"①

例三，孔子在《论语》有讲："富而可求也，虽执鞭之士，吾亦为之，如不可求，从吾所好。"（《述而》）涩泽荣一说，一般都认为这是孔子鄙视富贵的言辞，但实际上完全看不出孔子有鄙视富贵的意思。涩泽荣一认为，孔子的这段话再清楚不过地表明了他对待财富的态度，即只要富贵可求，不论做什么样辛苦的工作也愿意为之。而下半句的意思是，若不是以正当的方法得到富贵，则不应该留恋它，与其采取恶劣的手段而求得富贵，不如安于贫贱而行正道为好。所以，孔子主张舍弃那些不合于正道的富贵，并不说明孔子本身喜好贫贱。②

例四，"君子喻于义，小人喻于利"。孔子此言一直被后人当作商人品格低下、理应遭到歧视的经典依据，因为自古以来商人毕竟最为重视的就是盘算利益。而涩泽荣一则认为，孔子讲的"君子喻于义，小人喻于利"，想要说明的是，君子和小人的心术是不一样的，君子平生志向在于做善事，无论遇到什么事情，首先考虑是否符合义的要求，然后再决定进退取舍，也就是说君子处事待人是以义为出发点的。相反，小人平生总是想着谋取私利，无论做什么事情，都以私利为进退取舍的原则。也就是说，只要有利可取，即使有悖于义也要为之。因此，即便是做同样的事情，君子和小人想的并不一样，君子想的是如何行义，而小人想的是如何获取私利，两者之间有着天壤之别。③ 也就是说，在涩泽荣一看来，孔子这句话并不是对经济利益的否定，而是主张见利思义，反对见利忘义，而所谓的小人喻于利与商业行为本身并无必然关联，小人和君子之间的区别并不在于是否求利，而在于所求之利是否在道德上符合义的要求。

从以上涩泽荣一对孔子"富贵"观和"利义"观所做的重新解读中可以看出，他提出的是这样一种主张，即：孔子不仅不歧视财富和利益，而且提倡以仁义道德观念为指南去追求"富贵"和"利益"。这样

---

① 渋沢栄一『論語講義』、二松学舎大学出版部、昭和50年、第150页。

② 《论语与算盘》，九州出版社，1994，第82页。

③ 渋沢栄一『論語講義』、二松学舎大学出版部、昭和50年、第175页。

的解读是否符合孔子的原意虽然可以另当别论，但是无疑使所谓"仁则不富，富则不仁"以及贱商观念失去了理论上的根据，为日本走工商立国之路扫除了思想观念上的一大障碍，从而把《论语》变成了一部能够为广大工商业者提供精神食粮的必读书。这说明，涩泽荣一对《论语》的解读具有强烈的时代意识，其活学活用适应现实需要的思想方法值得肯定。

第九章　涩泽荣一研究的历史与现状

涩泽荣一作为日本近代史上的重要人物，他一生所从事的企业活动对近代日本经济崛起产生了重要影响。因此，长期以来，日本经济史、产业和企业发展史以及企业家史等方面的学者一直把他当作一个重要的研究对象，从不同角度对他进行了深入细致的研究，并取得了丰富的成果。而伴随中日两国学术交流的发展，日本学界对于涩泽荣一的研究也逐步被我国学术界所了解和关注，并引起了一些研究者的兴趣，特别是近些年来，一些学者涉足于此，相继发表了一些研究成果，拓宽和丰富了日本问题研究的视野和内容，对促进日本研究的不断发展起也到了一定作用。从中日两国相关学界的研究成果中可以看出，涩泽荣一研究不仅是个具有重要历史意义和理论意义的课题，同时也是一个具有现实意义的课题，很值得回顾和总结。

一　涩泽荣一研究在日本的兴起与发展过程

（一）涩泽荣一研究的兴起

涩泽荣一生于 1840 年，去世于 1931 年，在其 91 年的人生历程中，日本经历了四个历史时代（德川幕府时代和明治、大正、昭和时代）。而在每一次时代的变迁之中，涩泽荣一都留下了很不平凡的脚印。所以，在不同时期，日本的报纸杂志和书籍都对涩泽荣一做过相关报道和介绍，特别是在涩泽荣一晚年的时候，还有人专门为他撰写了传记，如大泷鞍马于 1925 年出版了《子爵涩泽荣一》一书，由此为涩泽荣一的专门研究拉开了序幕。

涩泽荣一去世之后，对他的研究受到了进一步的重视和青睐，相关论著随之接连问世。这其中主要有土屋乔雄的《涩泽荣一传》（1931 年出版）；白石喜太郎的大部头专著《涩泽荣一翁》（1933 年出版）；小贯修一郎整理的《涩泽荣一自传》（1933 年出版）；幸田露伴的《涩泽荣一传》（1938 年出版）。这些著作详细地记录了涩泽荣一的人生经历，从不同角度论述了涩泽荣一在日本近代化过程中所起到的作用和贡献以及独特的实业思想，同时还记述了涩泽荣一在发展日本近代教育、公共事业以及对外关系方面所从事的活动，等等。

上述研究成果的问世为涩泽荣一研究打下了一个良好的开端。而与此同时，作为历史人物研究所不可缺少的基础性工作也受到了高度的重视。其主要标志就是在东京大学经济学部教授土屋乔雄的主持之下，从1937 年开始着手编辑《涩泽荣一传记资料》。该资料簿将所有与涩泽荣一有关的文字和图片等原始资料收集在一起，分门别类进行整理和编纂，并于 1944 年出版了第一卷。由于相关原始资料的数量十分巨大，所以整理和编纂持续的时间很长，到 1968 年最后完成出版共用了 30 年的时间。从人物传记资料的收集、整理和编纂的角度来看，《涩泽荣一传记资料》无疑是一项艰巨而又浩瀚的工程，其正卷为 58 卷，别卷为 10 卷，正卷和别卷加在一起，共 68 卷，在数量和规模上堪称日本人物传记资料之最。应该说，《涩泽荣一传记资料》的陆续出版，为涩泽荣一研究乃至日本近代产业史研究的开展提供了真实可靠的资料依据，对学者拓宽研究的范围和提高研究水平都起到了十分重要的推动作用。

（二）涩泽荣一研究在 20 世纪 60 年代后的发展

涩泽荣一研究在日本虽然有较长的历史可以追溯，但其作为学术性研究取得显著的进展则是在 20 世纪 60 年代以后。这一令人注目的变化除了表现为非传记形式的专题性研究成果有了明显的增加以及涉及问题日趋广泛，而更为重要的则表现为吸取了新的理论和采用了新的研究方法。

众所周知，近代社会经济的发展始终是与它的行为主体——企业家的产生和发展联系在一起的。然而近代经济学对于经济过程行为主体的认识却是通过一个简单理论假设来完成的，即假设作为经济分析出发点的人的动机和行为是完全一致的，都表现为对自身利益的追求，作为所谓的"经济人"，他们之间不存在任何差别。然而，伴随资本主义经济的发展，近代经济学对经济行为主体的这种假设使得它自身对经济现象的解释变得越来越脱离实际，因此经济学家们开始注重对经济发展与经济主体能动作用之间关系的研究，其中最有代表性的是熊彼特所提出的企业家创新理论，他认为企业家所从事的创新活动是经济发展的根本动力和源泉。第二次世界大战之后，受熊彼特创新理论的影响，对于企业家活动的研究受到了美国经济史学界的高度重视，其中哈佛大学教授 A. H. 科尔（Arther Harrison Cole）所提出的理论和确立的研究方法尤为值得关注。科尔从实际出发，就企业家活动概念、企业家活动的内容以及机能、企业家活动的社会条件、对企业家活动进行实证考察的必要性等问题进行了深入细致的分析。他认为，所谓的企业家活动不仅包括熊彼特所说的发明和创新活动，而且应该包括扩大和推广这种创新的活动，所谓的企业家不应该仅仅限于那些创新者，而且还应该包括企业经营者和管理者。[①] 科尔还特别强调企业家活动与文化及社会环境的关联性，认为企业家活动归根到底是一种社会和历史现象，而非自然现象。他指出："非经济方面刺激因素的作用是非常重要的。"[②] 非经济方面因素对企业家的出现究竟起到多大刺激作用，在很大程度上取决于企业家的人生价值

---

① 中川敬一郎訳、A. H. コール『経営と社会——経営者史学序説』、ダイヤモンド社、昭和 48 年、第 12 页。

② 中川敬一郎訳、A. H. コール『経営と社会——経営者史学序説』、ダイヤモンド社、昭和 48 年、第 98 页。

观念和行动方式，而人生价值观念和行动方式之所以在不同的国度里表现出明显的差别，其原因只能从文化环境（宗教、教育、心理、政治）的差异中去寻找。因此，对企业家这一经济主体的研究是一种范围极广泛的综合性研究，采用的研究方法也应该是多样的、历史的、跨学科的，实证和比较的研究方法都是不可缺少的。

美国学者在经济主体的研究方面所取得的上述成果引起了国际学术界的关注，同时对密切关注欧美学术研究新动向的日本学者产生很大的影响。受科尔理论和研究方法的启发，一些思维敏捷、热衷于追求新学术的年轻学者开始运用跨学科的方法对涩泽荣一等一些具有代表性的企业家进行全面和深入系统的研究，相继完成和出版了一系列具有较高学术质量的研究成果。主要有土屋乔雄的《日本经营理念史续论》（日本经济新闻社，1967）大岛清，加藤俊彦、大内力的《人物·日本资本主义3》（东京大学出版会，1976）；宫本又次、中川敬一郎主编的《日本的企业与国家》《工业化与企业家活动》《日本的企业与社会》《日本式经营》（日本经济新闻社，1977）；鸟羽钦一郎的《对企业发展的历史性研究》（钻石社，1977）；由井常彦的《日本经营的发展》（东洋经济报社，1977）；高桥龟吉的《日本的企业：经营者的发展》（东洋经济新报社，1977）；中川敬一郎的《比较经营史序说》（东京大学出版会，1981）；《日本式经营》（NHK大学讲座，日本评论社，1981）；土屋守章、一森村英正的《企业家活动历史研究》（日本经济新闻社1981）。这些著作的问世标志着涩泽荣一研究的理论水平与以前相比已大有提高，不仅将研究纳入了经营史学这一新兴学术领域，而且提出了许多新的学术观点，以丰富的历史资料为根据对涩泽荣一进行了全方位、多层次的分析，并就一些问题各抒己见进行争论。例如，土屋乔雄的《日本经营理念史续论》一书中，曾提出日本在明治维新后之所以能够实现经济的腾飞，与日本企业家大多具有一种独特的精神力量密切相关，而在这种精神力量的形成过程中，涩泽荣一主张的经济道德统一论、公益私利一致以及士魂商才论起到了重要作用。而森村英正则认为，涩泽荣一的经济道德合一说在思想内涵上很肤浅，他对公益和私利的论述存在着显而易见的矛盾和混乱。实际上，公益和私利的区分完全取决于一种主观上的主张和表白，并不足以称之为具有超越力量的精神理念。① 再如，大岛清、加藤俊彦、大内力等学者认为，尽管涩泽荣一对日本引进西方先进技术和近代产业过程中做出了巨大贡献，但在明治政府对外实行殖民扩张的过程中，涩泽荣一扮演尖兵的角色，在日本侵略朝鲜和中国的过程中，他起到了推波助澜的作用。他们又指出，虽然不能说涩泽荣一在主观上就是一个帝国主义者，但从客观上看，他所起到的作用是不言而喻的，至少可以说，他的存在助长了日本对外扩张。② 这些观点的提出对活跃涩泽荣一研究起到了很大作用，同时也改变了以往对涩泽荣一的评价存在一边倒的倾向，使其显得更为全面和客观实际。此外，值得一提的是，从上述这些研究成果中还可以看出，许多学者注意到把对涩泽荣一的研究置于对近代日本企业家整体研究的框架之下，通过对近代日本企业家形成条件的分析和不同类型的划分，论证了涩泽荣一作为所谓指导者型企业家在企业活动方式上的特别之处以及在工业化中所起的民间组织者的作用。土屋乔雄、由井常彦、森村英正都把涩泽荣一作为指导者型企业家做过论述和考察，在他们看来，涩泽荣一作为指导者型企业家而不同于政商型企业家和工商庶民性企业家，主要是通过如下几个方面表现出来的：其一，曾经在明治政府中担任过重要职务，了解西方国家的情况，并具有强烈的国家意识，弃官经商不是为了个人发家致富，而是为了实现兴业强国的抱负和理想，以自身的实际行动来打破官贵民贱这一封建传统意识对人们思想的束缚；其二，他与明治政府要员之间保持着密切的往来，对于明治政府制定的各项国策有着深刻的理解，主动地担负起了工业化民间组织者的使命，以鼓动和带领更多的人从事近代企业活动为己任，并把疏通和密切明治政府和工商业界之间的关系当作自身企业活动的一个重要职责；其三，他热衷于引进西方先进技术和近代企业制度，企业活动涉足的领域也相当广泛，直接和间接参与创办和经营的企

---

① 森村英正编『日本の企業と国家』、日本経済新聞社、昭和51年、第68～70页。
② 大岛清、加藤俊彦、大内力『人物—日本資本主義（3）』、東京大学出版会、1976、第326页。

业数量可观，对推动近代工业部门的形成过程起到了很大的作用；其四，他在从事企业活动的同时，还重视培养产业人才和提高实业界的道德水平，并提出了许多有价值的实业思想，对于工业化的思想启蒙产生了广泛的影响。所以涩泽荣一作为指导者型企业家在近代日本工业化过程中的地位和作用是其他类型企业家所无法比拟和替代的。

（三）近 20 年来涩泽荣一研究的新进展

在 20 世纪 70 年代和 80 年代，涩泽荣一研究积累的成果相当可观，而进入 90 年代特别是 21 世纪以后，研究者们与时俱进，新的研究成果不断问世，进而使涩泽研究的学术水准得到了进一步的提高。

第一，国际比较方法的应用。日本经营史学界在论证和说明日本式企业经营问题时，很早以前就有学者使用了国际比较的方法，但在对企业家的个例研究中却没有见到这一方法的运用。1991 年首届"张謇国际学术研讨会"在中国南京举行，日本筑波大学教授中井英基提交了一篇题为《张謇与涩泽荣———日中近代企业家比较》的论文。[①] 该文运用国际比较的研究方法，从人生经历、企业活动方式、社会环境等多个方面入手，对涩泽荣一和张謇做了对比考察和分析。中井英基在文中指出，尽管中日两国在历史上都是儒家文化占据主导地位，这一因素虽然使企业家的活动方式和经营理念带有一些相似特征，但并不是决定企业家经营活动成败的根本性因素。涩泽荣一的企业家生涯之所以能够大获成功，其主要原因在于日本明治维新之后资本主义的政治和经济制度的确立为企业家活动的进行提供了保障，涩泽荣一可以专心致志来从事他的经济活动，并与政府之间保持默契的合作关系。而张謇面临的则是另一种情况，他为了对付束缚他实业活动的官僚及政府，不得不经常停下企业经营之手，进行批判活动，从事立宪运动。中井英基还指出，涩泽荣一和张謇的人生经有许多相似之处，他们投身实业，体现了时代的要求，"但是作为企业家，单凭排除万难、追求利润的营利心或者一切为

---

① 南京大学外国留学者留学生研修部、江南经济史研究室编《论张謇——张謇国际学术研讨会论文集》，江苏人民出版社，1991，第 213～221 页。

国家利益着想的爱国心是不够的,还要会运用经济的合理性才行"。他认为,张謇之所以在成就上与涩泽荣一有很大差距,虽然有社会制度条件方面的原因,但与张謇本人并没有全面具备近代企业家的资质也有直接关系。中井英基说,之所以要做这样的比较,目的在于"探索在先进列强的国际性压力下,落后国家在其工业化进程中企业家曾经起到过哪些作用? 探讨儒家文化圈内的经济是怎样发展起来的"。显然,通过这样的比较,无论是探究涩泽荣一和张謇两者间的相同点,还是不同点,其分析和说明的问题无论是对进一步的解读涩泽荣一和张謇本人,还是对进一步解读儒家文化背景下的工业化和企业家群体都会有新的帮助和促进。

第二,对实业思想的考察和分析比以往更加深入和细致。从以往的涩泽荣一研究来看,涩泽荣一的实业思想是一个颇受重视的方面,因此相关论述很多。这些论述认为,涩泽荣一所主张的实业思想是以他对儒学经典《论语》的独特理解为依据和特征的,体现了他坚定不移尊崇儒家道德伦理的思想信念。但是在论述中,却鲜有从日本近代儒学流派的角度来对涩泽荣一的言论和行动做具体的考察、认识和分析,因此对涩泽荣一实业思想形成背景和源流的解读还显得不够那么清晰和透彻。然而,从近些年发表的成果来看,可以说涩泽实业思想的研究在这方面向前迈了一大步。这一点在青年学者坂本慎一所著《涩泽荣一的经世济民思想》一书中得到了突出的表现。在该书中,坂本慎一认为,应该把如何认识和领会涩泽荣一的言行作为考察和论述其实业思想的一个重点,并明确地指出,"大体上可把涩泽的儒学视为正统的后期水户学"。① 从这一观点出发,该书从多方面做了细致的论证,阐述了自己的见解。该书认为,后期水户学继承了徂徕学的传统,作为儒学的特点在于与重"穷理"的朱子学、阳明学不同,重视对政治与社会的论说,主张君主负有安民的义务,同时臣对君主必须竭尽忠义,并采取包括经济活动在内的自主行动,君主对此应该加以肯定。而涩泽荣一的实业思想以及在其所

① 坂本慎一『渋沢栄一の経世済民思想』、日本経済評論社、2002、第13页。

著《立会略则》中提出的带有自由主义经济思想色彩的主张与水户学正名论的强烈影响有着密不可分的联系，都是以君臣之论以及其中蕴含的国家和公意识为原始起点的，而西方自由主义经济思想的影响并没有起到很大的作用。不仅如此，该书还就古代儒学与涩泽荣一对儒学的理解之间是否存在差异的问题进行了探讨和分析，并在结论中指出："只要除去抑商思想，古代儒学从理论上是可以适用于近代资本主义活动的。"①"这种抑商思想虽然在荀子之后的儒学书籍中都可以见到，但在《论语》中却不存在，在整个儒学中也只是数量有限的论述，因此可以认为抑商并不是很重要的主张。其次，如果把朱子学当作前近代儒学的代表，它与属于荀学学统的涩泽儒学不同，属于孟学学统。孟学重视修身，而荀学重视社会与政治。在进行近代资本主义制度性变革的儒教圈各国，荀学表现出了与制度性变革之间的和睦性。涩泽的近代资本主义精神对《论语》更忠实，从这个意义上可以说它具有复古性，而且由于属于荀学学统，它具有重视政治与社会的精神"。② 应该说，该书提出的这些见解可以称得上论之有据，具有说服力，在很大程度上弥补了以往研究存在的不足和缺欠，对认识和把握涩泽荣一实业思想的精神内涵无疑具有很高的参考价值。但是另一方面需要指出的是该书的论述也确有值得商榷之处。例如，联系到涩泽荣一长达近两年的访欧经历以及日本走向文明开化的时代背景，应该如何看待西方近代经济思想对涩泽荣一思想的影响？这无疑是个值得深入思考的重要问题，而作者对此所做论证的依据还有必要做进一步解读和讨论。

第三，实证性研究的水平大有提高。如何评价涩泽荣一在普及和健全股份公司企业制度中的作用一直是20世纪70年代日本企业发展史研究中的一个引人关注的问题，近年来对这一问题的实证性研究又取得了新的进展，在此方面高田厚美的《明治前期公司组织的充实与涩泽荣一》一文是一篇具有代表性的成果。高田厚美首先以收集到的企业章程（涩泽荣一参与企业的章程为51个，其他为330个）为依据，将衡量企业章

---

① 坂本慎一『渋沢栄一の経世済民思想』、日本経済評論社、2002、第286~287页。
② 坂本慎一『渋沢栄一の経世済民思想』、日本経済評論社、2002、第185页。

程的标准分为 6 个方面：（1）法人资格（包括公司名称、地点、经营目的、公司印章、资本金、股票数量、股票面值、股东责任制、营业年限）；（2）资本金和股份（包括股票、股东资格、股票转让）；（3）股东总会（包括定期总会、临时总会、代理人和委任状、议决权、议事录）；（4）会计决算（会计决算日期、利润分配、营业报告书、账簿查阅）；（5）法律手续（包括裁判权、解散、规则的制定、修改章程）；（6）上层经营者（职务名称和人数、任期和连任、考核方法、股份的取得、工薪和奖励金、上层经营者会议、缺员的补充、解任）。然后采取数量统计分析方法将这些内容做了指数化处理，对涩泽荣一参与创办的股份制企业做出的制度性综合评估，得出的结论认为：从企业制定的章程来看，与涩泽荣一有关系企业的章程比一般企业的章程要完备得多；而从其他方面的指标来看，与涩泽荣一有关系企业也比一般企业要高得多，这说明与涩泽荣一有关系的企业比一般企业更为重视股东权利的行使和保证股东的利益。这情况基本反映了涩泽荣一的存在对股份制企业在制度方面的完善起到了极为重要的作用。应该说，高田厚美的这一研究具有较强的说服力，解决了评价涩泽荣一在普及股份公司制度过程中的作用时所不应忽视的一个问题，运用原始资料说明了这样一个问题，即在股份企业这一组织形态尚不存在法律界定的条件下，涩泽荣一在日本普及股份公司企业制度中所起到的作用是无法仅用他创立股份制企业的数量来衡量的。

在有关涩泽荣一企业创立和经营活动的实证性研究方面，岛田昌和所著《涩泽荣一企业者活动之研究》[1] 可以称得上是一部集大成之作。该书对相关史料进行了大量而又细致的调研和梳理，在此基础上，从参与发起创立股份企业的整体状况、在股东总会上的能力与作用、作为最高管理者的企业经营手法、出资与经营网络、经营者阶层的启蒙和组织、自家资金的管理和运用、信用的提供、在朝鲜进行的扩张活动、经济观与经济政策方面的建议、企业系统和出资型经营者模式的确立等诸多方面，对涩泽荣一的企业活动进行了全方位的考察和系统的论述。而在这

---

[1]　岛田昌和『渋沢栄一の企業者活動の研究』、日本経済評論社、2007。

些问题中，有的是以往研究所没有涉及的问题。例如，该书把涩泽荣一创立的企业以及所采取的运营方式与财阀企业进行了比较，认为涩泽荣一所确立起的日本型企业系统包含多种多样的人际关系网与资金筹措方式，属于市场竞争型，但同时因为其中含有各种安全保护关系，所以是一种能够得以较为稳定运用的系统。这是一种非财阀系的企业系统，它与财阀企业系统有很大不同，出资和经营之间的关系密不可分，主要是通过各种方法来筹措外部资金，而财阀企业系统则主要依靠的是内部金融。此外，该书还明确提出了"出资者经营者（出资型经营者）"这一新的范畴，以涩泽荣一为焦点，阐明了出资型经营者的重要作用。总之，该书的内容相当丰富，在学术研究上有所创新和突破，将涩泽荣一企业活动的研究提高到了一个新的水平和层次。

　　第四，与近代中国之间关系方面的研究开始受到重视。涩泽荣一作为日本财界的领袖人物与近代中国之间的形成了各种关系，极为值得研究。在 20 世纪 90 年代以前，日本学界在这方面的研究成果还比较有限，而近些年来这种状况大有改观，相继取得了一些比较有分量的研究成果，其代表性的著作主要有李廷江的《日本财界与辛亥革命》、片桐庸夫的《涩泽荣一与中国——以其对华态度为中心》。李廷江的《日本财界与辛亥革命》主要以甲午战争与辛亥革命前后日本财界的对华关系为对象，探讨了日本财界核心人物涩泽荣一、大仓喜八郎、阪谷芳郎等人所起的作用。该书认为，所谓的日本财界是由经济界、金融界、产业界、实业界组成的大资本家团体，它包括政治、经济两个方面。在经济方面，财界掌握着日本经济的中枢，就政治而言，财界与政府关系密切，是可以左右日本内外政策的政治集团。它作为巨额政治资金的提供者，能够从更高层次影响政治，甚至可称之为第二政府，[①] 由此确定了涩泽荣一在日本对华关系中的地位。在此基础上，该书具体地考察了涩泽荣一在中国问题上的具体主张，分析了涩泽荣一所主张的"支那保全论"和"日本东洋盟主论"；研究考察了辛亥革命后涩泽荣一接受孙中山委托帮助建立

---

① 李廷江：《日本财界与辛亥革命》，中国社会科学出版社，1994，第 327 页。

中华民国中央银行和策划成立第一家中日合办企业中国兴业公司的过程，等等。而通过这些问题的研究，该书得出结论认为，日本财界在日本帝国主义形成过程中占据着极为重要的地位，在推动"大陆政策"方面发挥了不可低估的作用。他们的对华活动与军部赤裸裸的高压政策、大陆浪人的基层点火的运动方式相比，更注重于谋取经济实惠，不拘形式。三者相互作用，构成了中日关系的多面性与复杂性。他指出，"以涩泽荣一、阪谷芳郎等为代表的日本财界领袖，所推行的对华经济扩张的计划，如参加南京临时政府中央银行的设立，中国兴业公司的成立和改组，涩泽荣一访华之行与原始开会谈所提出的经济合作项目，无一不反映了日本财阀集团，开拓海外市场，掠夺和确保原料产地，加强对外经济扩张的要求"。① 片桐庸夫的《涩泽荣一与中国——以其对华态度为中心》在《涩泽研究》上分两次发表。该文把涩泽荣一与中国的关系置于国际视角之下，重点探讨了东亚兴业公司和中国兴业公司（中日实业公司）以及日华实业协会。通过对这些与涩泽荣一有密切关系的公司和团体的考察，作者认为，涩泽荣一主要是想与中国在"论语与算盘合一说"的基础上构筑共存共荣的关系。他的中国认识包括两个方面：一个是拥有悠久历史、孔子的诞生地以及具有"同文同种"关系的邻国，另一个是在西力东渐时代需要共同连携，且拥有丰富资源和巨大市场的国度，从而日本的实业界应该更为积极地和中国进行贸易，但是日中关系并没有向着他自己所设想的那样发展下去。

第五，注重社会和经济发展的现实需要。进入 20 世纪 90 年代后，涩泽荣一研究之所以能取得较大的收获，其中一个重要的原因就是日本涩泽研究会和涩泽史料馆在 1990 年创办发行了有关涩泽荣一研究的专门刊物《涩泽研究》。该杂志为不定期刊物，至今已出版发行了 25 期。从这部刊物所登载发表的文章来看，涉及的问题也相当广泛。如对涩泽荣一处理劳资关系思想和经营伦理的专题研究、对涩泽荣一从事民间经济外交活动和思想的研究、对涩泽荣一企业家活动方式的研究、对涩泽荣一对中国的认识和态度的研究、对涩泽荣一在东亚近代化过程中的作用的

---

① 李廷江：《日本财界与辛亥革命》，中国社会科学出版社，1994，第 330 页。

研究、对涩泽荣一人伦思想的研究、对涩泽荣一近代日本商业教育发展史上的地位和作用的研究、对涩泽荣一慈善事业的研究，等等。以这些成果为基础，1999 年涩泽研究会编写出版了《公益的追求者——涩泽荣一》一书。从涉及的内容来看，该书虽然没有超越以往研究的范围和框架，但有一点却是值得注目的，就是注重涩泽荣一研究与日本经济发展的现实需要的结合，代表了近些年来涩泽荣一研究中出现的一个新动向。众所周知，在经历了战后长期的高速增长之后，进入 20 世纪 90 年代后，日本经济遇到了前所未有的挫折，迟迟不能从旷日持久的衰退中振兴起来，不仅使人们看到了日本政府景气对策的局限性，也使许多学者意识到，在日本政府推行的过度保护政策影响和妨碍了战后日本企业家挑战和创新精神的形成，因此面对国内外经济环境迅速变化时缺乏应对困难的能力和精神力量，而要改变这种状态，就必须重新回顾和总结近代以来经济发展的历史经验，从前人那里吸取智慧和力量，继承和发扬日本近代企业家的创新传统。在这样的背景下，学界对于涩泽荣一的研究也比以往更加注意强调它的现实意义。《公益的追求者——涩泽荣一》一书首先提出的问题就是如何看待涩泽荣一研究的现实意义。该书指出，日本正面临着一个前所没有经历的历史性变革时期，必须应对各种新的课题。然而，经济自立、经济大国这一战后日本确立的国家发展目标的实现以及富裕生活的取得，使得政界、财界和官僚置公共责任和任务于不顾，在公益的幌子之下追求私利，官僚要求企业为他们提供金钱和其他方面的好处，以至由于政界、财界和官僚的相互勾结而不断发生不祥之事，进而丧失了应对新时代的能力。而在企业方面，正像一手导演泡沫经济的金融机构所代表的那样，诸多企业在追求利润的同时，忘记了公益和社会利益的存在，企业伦理令人担忧，个人层次上的思想觉悟也出现了同样的现象。……而涩泽荣一这位历史著名人物在诸多方面，特别是在提倡公益和企业伦理方面为现在的企业家做出了榜样，挖掘他的思想财富，可以得到克服困难的智慧和力量。① 2005 年 9 月 21 日，日本经

---

① 渋沢研究会『公益の追求者——渋沢栄一』、山川出版社、1999、第 4 页。

济评论家田中直毅在《日本经济新闻》上发表连载文章，从追求制度性创新、提倡公共精神、追求行动的合理性、《论语》与经济道德等方面，结合时代的变化和日本所面临的实际，强调了研究涩泽荣一这一历史人物的现实意义，认为涩泽荣一的经济思想和企业家创新精神，对当今日本的企业家、经济界乃至整个日本社会都具有重要的启发作用。[①]

二　中国学界对涩泽荣一的研究

涩泽荣一生前作为日本工商界和经济界的首脑人物在明治维新以后曾三次访问过中国。特别是第三次的访问时间较长，先后访问了上海、南京、武汉、北京等城市，并受到中国政府的重视和隆重接待，与政界和工商界均有接触。因此，这次访问在中国引起了广泛的关注，当时中国最有影响的《申报》曾对涩泽荣一在华访问活动做过追踪性的连续报道，并对涩泽荣一所做讲演的主要内容也做过介绍。而曾陪同孙中山访日并担任翻译工作的戴季陶，在他所著《日本论》一书中也提及涩泽荣一，并大段引用了涩泽荣一对封建时代商人性格所做的论述。因此可以说，中国从那时起就已经对于涩泽荣一这个人物有所知晓，并非十分陌生。但是从目前所收集到的历史资料和相关研究成果来看，把涩泽荣一作为一个重要历史人物来进行专门研究的时间则较短，是在20世纪80年代以后才起步的。而伴随着改革开放的迅速发展，对日本问题的研究越来越受重视，在这样的背景下，与涩泽荣一相关的研究也取得了较快的进展，至今经过30余年的努力，已经积累了一定数量的研究成果，并引起了日本相关学界的重视，而且在一些问题的研究上得到了较高学术评价。

（一）对涩泽荣一的概括性介绍和评价

进入20世纪80年代以后，涩泽荣一的名字开始在日本近代史和经济

---

① 『日本经济新闻』2005 年 9 月 21 日、22 日、23 日、26 日、27 日、28 日、29 日、30
日。

史方面的书籍中相继出现。例如，1987 年出版的《日本历史人物传》对涩泽荣一的人生经历做了概括性的介绍。该书肯定了涩泽荣一在近代日本资本主义制度的变革中所做出的贡献，指出涩泽荣一一方面宣传了欧美资产阶级私有财产神圣不可侵犯和自由经营的观念，另一方面为日本新兴的资产阶级壮大声势，抬高其社会地位，鼓吹官商合一，从而对扫除传统习惯势力的阻碍，为在日本推广资本主义经济制度和经营方式制造舆论方面发挥了积极作用。① 此外，在杨海军主编的《世界著名商人传》和朱庭光主编的《外国历史名人传》中，也分别以《日本近代第一大政商——涩泽荣一》和《涩泽财阀的创始人——涩泽荣一》为题，对涩泽荣一做了专门的介绍。特别是万峰在其所著《日本资本主义史研究》中，不仅对涩泽荣一有所论述，而且给予了很高的评价。他指出：在日本通过移植建立近代资本主义制度的历史过程中，有三个人物是最有影响的在野的指导者。他们甚至被誉为日本近代资本主义的创立者，这就是福泽谕吉、涩泽荣一和五代友厚。福泽谕吉在移植资本主义经济制度方面做了一些工作，但他主要是一位著名的启蒙思想家和教育家。五代友厚去世较早，事业上的成就不多。三个人之中只有涩泽荣一最突出，他创办了很多企业、事业，为移植资本主义做了大量工作。尤其是，他的经济思想影响巨大，成了日本近代资本主义经营的指导思想。②

（二）对涩泽荣一实业思想的介绍和研究

从这些年来发表的成果来看，中国学者对涩泽荣一的研究主要集中在对其实业思想探讨和研究方面。率先涉猎这一问题的是南开大学的王家骅先生。他在 1995 年出版的《儒家思想与日本的现代化》一书中，对涩泽荣一所主张的经济道德合一论、公益私利统一论、义利统一论以及士魂商才论所包括的主要内容做了概括和介绍，并挖掘了儒学思想方面的渊源。王家骅的研究认为：涩泽荣一实业思想的立足点在于对《论语》中的财富观念重新解释和运用，其关键在于强调取得财富的手段必须合

---

① 尹文成、汤重南、贾玉琴：《日本历史人物传》，黑龙江人民出版社，1987，第 192 页。
② 万峰：《日本资本主义史研究》，湖南人民出版社，1984，第 139 页。

乎"道"。所谓的"道"就是以国家利益为准绳来约束和规范自己的行动。他指出,"在涩泽荣一看来,个人或者企业追逐利润,增值资本,如果对增强国家的实力有益,就是光荣的,即符合大义的。涩泽荣一以国家利益为媒介把经济与道德、义与利、士魂和商才统一起来,从而把旧的贱商的利义观转变为有利于资本主义工商业发展的伦理观"。[①] 王家骅还认为,涩泽荣一的这种义利观显然有别于真正的近代伦理观,它体现的是一种社会本位主义,而不是个人本位主义,但他更易于被社会上的大多数人所接受,因此作为一种精神力量对推动日本经济的发展起到了重要作用。王家骅还肯定了涩泽荣一实业思想在某些方面所具有的跨时代意义,指出它对日本儒家资本主义和企业文化(注重建立企业与政府之间的合作关系、企业劳资双方的和谐关系和团队精神)的形成产生了深远的影响。

在介绍和研究涩泽荣一实业思想的成果中,张建立的《涩泽荣一经济思想评述》和刘岳兵主编的《明治儒学与近代日本》提出的观点也很值得关注。张建立对涩泽荣一经济思想的认识和分析与王家骅的观点有所不同。张建立认为,虽然不应否认涩泽荣一经济思想在日本近代资本主义形成和发展过程中所发挥的积极作用,但同时也应该认识到,涩泽荣一的经济思想还有被一些学者所忽视的另一方面,即他的经济思想是以日本国家主义为背景的。张建立指出,由于受水户学国体思想的影响,涩泽荣一在青年时代就已经形成了对统一的日本天皇制国家的认同与忠诚意识。他认为为国家社会谋利益,就是为国尽忠,而要做到这些,就必须以皇室为中心。这说明涩泽荣一采取的是皇国史观,肯定了日本万世一系之皇统的正当性,把近代日本经济的发展原因归结为独特的国体,其结果加强了日本国民的大和民族优越意识,从而使日本国民更容易盲从日本统治者所宣扬的国家主义,甚至盲目地加入对外侵略战争的行列。张建立的论文还指出:涩泽荣一虽然吸取了西方近代注重物质利益的思想,从人们的经济活动与道德的辩证关系的角度,较为客观地阐述了道

---

① 王家骅:《儒家思想与日本的现代化》,浙江人民出版社,1995,第157页。

德与经济合一的必要性，改变了儒家那种无条件地将利益追求视为非道德的观念，克服了被曲解的西方功利主义汲汲于私利，无视道德之弊端；但是另一方面也应该看到，经济道德合一说也有很大的虚伪性和欺骗性。因为从涩泽荣一积极参与日本对外经济侵略这一事实来看，他所主张的道德经济合一实际上是仅限于日本一国之内的道德经济合一，所说的合理之利也不过是日本的国家利益，而非中国、朝鲜等亚洲其他国家的利益。此外，张建立的论文还指出，道德经济合一说有过分夸大道德之作用的倾向，也有明显的国家主义倾向。由于过分夸大道德的作用而片面强调国家利益，反倒抑制了个人对利益的追求，不利于培养健康的功利意识。①

刘岳兵主编的《明治儒学与近代日本》一书对涩泽荣一经济思想的认识也有其与众不同之处。该书认为，涩泽荣一的经济伦理思想是他一生实践的总结，而不是读书悟道的结果。因此不可以模仿韦伯的做法，在儒教思想史中，胡乱寻找他的思想根源。义利之辨在近代日本演变成了公私之辨，除了近代日本的国家思潮的影响之外，还有一个更活生生的传统因素，就是日本社会中的"共同体主义"思维。

（三）涩泽荣一与张謇之间的比较研究

进入20世纪90时年代之后，中日两国学术界的交流越来越频繁，经常举行各种类型的研讨会，中国学者对日本学者最新研究成果的了解也比80年代快了许多。另一方面，学成归国的留日研究生和访问学者把在日本学习到的研究方法运用研究工作中来，不仅注重挖掘和探讨新的问题，同时也重视研究与两国都有密切关联的问题。在这样的背景下，对于涩泽荣一的研究也出现了值得关注的新动向。这主要表现为受日本学者中井英基研究的启发，对涩泽荣一和中国近代著名企业家张謇的比较研究受到了重视，并取得了一些具有较高学术价值的研究成果。在这方面马敏和周见的研究成果最具代表性。

① 南开大学日本研究院：《日本研究论集2004》，天津人民出版社，2004，第353页。

　　马敏所著《中国和日本的近代士商——张謇与涩泽荣一之比较观》一文发表在 1996 年第 1 期的《近代史研究》上。该文是中国学者在涩泽荣一与张謇的比较研究方面发表的第一篇学术论文,因此颇受关注和好评。该文首先分别对张謇和涩泽荣一的人生经历做了介绍,认为两者之间存在很多相似之处,因此作为比较的对象是很合适的。其一,张謇和涩泽荣一生活的时代基本相同,他们都出身于农民家庭,后来都做过政府的官僚,又都走上了弃官从商的道路,并都成就了一番事业,对推动两国的近代化做出了贡献。其二,张謇和涩泽荣一作为企业家在价值取向和思想理念上非常接近,都主张以儒家伦理为内核,辅之以西方资本主义经营之道,他们从事工商实业和企业经营的目的是一样的,而他们对于义和利之间的关系的认识也如出一辙,都赞成义利两者统一,都反对不受道德伦理的约束、不择手段地获取私利。其三,张謇和涩泽荣一都热心公益与教育,具有较为深广的社会关怀度。根据以上三个方面,马敏认为以张謇为代表的中国“士商”——亦士(绅士)亦商和涩泽荣一为代表的日本“士商”——亦士(武士)亦商在思想和性格上具有同类特征,他们不同于近代西方商人,对他们进行比较研究,对于把握东亚社会经济发展过程和厘清东亚企业精神的起源不无裨益。在对张謇和涩泽荣一身上所表现出的近代东亚士商伦理进行论证分析之后,马敏指出,值得深思的是,士商在中国和日本的历史命运极不相同,张謇的事业最终归于失败,而涩泽荣一则获得成功,这说明相同的思想理念也会导致出不同的经营效果,企业家成败的关键还在于理念之外的经济因素,即各种经济关系和社会条件,而在这方面,中日两国是不可同日而语的。①

　　应该说,日本学者中井英基和中国学者马敏发表的成果对张謇和涩泽荣一比较研究的展开起到了重要的推动作用,它的价值和意义在于它使张謇研究和涩泽荣一研究在内容得到了丰富,提出了一些值得进一步探讨的问题,并启发人们思考和提出新的问题,为后来的研究提供了广

---

① 马敏:《中国和日本的近代士商——张謇与涩泽荣一之比较观》,《近代史研究》1996 年第 1 期,第 120 ~ 139 页。

阔的空间。而在中井英基和马敏之后，标志张謇和涩泽荣一比较研究方面取得重要进展的代表性成果是周见所著《近代中日两国企业家比较研究——张謇与涩泽荣一》一书。该书通过对张謇和涩泽荣一两者人生经历、实业思想、企业活动目的、方法以及内容的系统考察和具体比较，细致地分析了不同的政治体制、经济条件、历史和社会文化背景对中日两国近代企业命运产生的影响，从一个新的视野探究了中日两国近代化过程出现巨大差异的深刻根源，并提出了一些以往研究不曾涉及的新问题。

第一，该书认为，正如马敏所指出的那样，张謇和涩泽荣一的实业思想都是以儒家伦理为内核的，从这个意义上说，所说的士商也可称之为儒商，但两者所主张的儒商思想则具有不同特征。这主要表现为涩泽荣一儒商思想的出发点在于忠君报国，而张謇的儒商思想则是以孔子主张的"百姓足，君孰与不足"这一富民为先的民本主义经济思想为主线的，它可以具体地概括为四个方面，即一切为了救民、富民、育民、护民。两者之间之所以出现这样的差异原因在于两者实业活动所面临的问题和环境很不一样，清廷当时在社会和制度性变革方面毫无作为，所以张謇必须从政府究竟应如何为民着想入手，以主张"仁者爱人"施仁政为依据来阐述他的实业思想的。而对于日本来说，制度性变革已经完成，如何鼓励人们投身工商则成了当务之急，这就决定了涩泽荣一从企业家和国民究竟应当如何为君效忠的角度阐述他的实业思想的。两者的针对性并不一样，张謇侧重回答的是政府应该怎样做的问题；而涩泽荣一侧重回答的主要是企业家应该怎样做的问题。该书还认为，张謇和涩泽荣一的儒商思想不仅形成的出发点有所不同，而且境遇也大不一样。涩泽荣一所主张的经济道德统一论和士魂商才论得到了广泛的呼应，并演变成一种企业家普遍认同的经营理念，而张謇主张的非私而私、非利而利的思想则始终没有成为大多数企业家普遍接受的信条和理念。[1]

---

[1]　周见：《近代中日两国企业家比较研究》，中国社会科学出版社，2004，第227～252页。

第二，该书认为，在近代中国和日本，对引进和普及西方先进的股份公司企业制度采取什么样的态度，是判断企业家是否具有创新精神的一个重要标准。张謇和涩泽荣一都热衷于股份公司企业制度的引进和普及，但从结局来看，股份公司企业制度在近代中日两国的普及程度大不一样，其主要原因在于中日两国政府在这一过程中所扮演的角色和作用存在巨大差别。这主要表现为政府的出发点、指导方针、干预措施以及具体做法都不一样。清政府不仅在普及股份公司企业制度知识方面毫无作为，而且出于维护封建统治的需要，一直不愿意放弃对企业活动的直接干预，不愿给民间企业从事经营活动的自由，所谓的支持和扶持，其主要办法不外乎就是给予某种特权。而这些与资本主义市场竞争原则背道而驰的做法，既不利于这些企业自身的健康发展，同时损害了其他企业的利益和发展权力。此外，该书还就官利制度问题提出了看法，认为与日本股份公司企业制度普及过程相比较，官利制度在近代中国的延续，与其说是资本积累先天不足这一客观历史条件造成的，不如说是政府在主观上缺乏近代经济管理意识和知识的反映，它的着眼点在于维护官僚资本的既得利益，而不是鼓励和调动新兴资产阶级和企业家的创业欲望。因此完全有理由认为，官利制度的长期延续意味着近代中国在引进和普及股份公司企业制度过程中走了很大的弯路。①

第三，张謇和涩泽荣一企业活动方式的一个共同性特点就是所谓的"通官商之邮"，对此马敏的研究有所提及，但并没有就此进行详细的分析和比较。而该书通过对张謇与张之洞、涩泽荣一与井上馨之间密切交往关系的考察，就"通官商之邮"问题做了比较详细的分析。该书认为，"通官商之邮"这一独特的企业活动方式清楚地说明了作为指导者型企业家的涩泽荣一和作为绅商型企业家的张謇在本质上都是官商两者结合的"产物"，但同时也应该看到，因近代中日两国政府在性质上是不同的，故此无论从哪个角度来看，张謇和涩泽荣一的"通官商之邮"活动在性质上都不相同。从"公"的角度来看，张謇所面对的清廷是个腐朽透顶

---

① 周见：《近代中日两国企业家比较研究》，中国社会科学出版社，2004，第284~304页。

的封建专制统治王朝，而涩泽荣一所面对的明治新政府则是一个"一意效仿欧美"，把保护私人企业的合法利益作为一切政策出发点的资产阶级政府。这一带有根本性的差别，决定了张謇和涩泽荣一两者"通官商之邮"活动所取得的效果必然大不相同。而从"私"的角度来看，与张謇交往密切的官僚和与涩泽荣一交往密切的官僚在思想、阶级属性、政治态度以及在政府中的地位等方面也都存在明显差异，这对张謇和涩泽荣一的"通官商之邮"活动也产生了不同影响。此外，该书还指出了，受个人经历和地位以及社会环境等主观因素的影响，张謇和涩泽荣一从事通官商之邮活动的思想意识来源存在的若干差异之处，等等。①

（四）　最近几年涩泽荣一研究的新成果

应该说，涩泽荣一与张謇比较研究的展开，为中日两国的学术交流搭建了一个新的学术交流的平台，对涩泽荣一研究在中国的持续开展起到了不小的推动作用。2005 年由中国张謇研究中心、复旦大学历史系和日本涩泽荣一纪念财团共同发起，举办了首届涩泽荣一和张謇比较研究专题讨论会，中日双方加上来自美国以及中国香港、台湾地区的学者在内，共有 60 多人参加了会议，提供论文 30 余篇。论文的内容涉及诸多方面，如近代产业的发展和社会环境问题、经济思想、经营者的经营伦理问题、社会救济事业问题、教育事业和文化出版事业问题，等等。尽管与张謇研究相比较，中国学者对涩泽荣一的研究还有很大的距离，但视野已比以前显得大为开阔，这对涩泽荣一研究的进一步发展产生了很大的影响，以至最近几年不断有新的成果问世，其中以下两个亮点颇为值得关注。

第一，从成果的内容来看，多与中国有所关联。如金东的《涩泽荣一的日美联合开发中国论及其尝试》（《历史教学》2010 年第 20 期）、《涩泽荣一与中日西征借款》（《阜阳师范学院学报》2012 年第 1 期）、《涩泽荣一对华实业思想中的"利权"》（《日本问题研究》2010 年第 4 期），梁紫苏的《试论涩泽荣一对外观的萌芽》（《湖北社会科学》2013

① 周见：《近代中日两国企业家比较研究》，中国社会科学出版社，2004，第 414～425 页。

年第 5 期），李廷江、李佩的《张謇父子与涩泽荣一的往来》，曹敏、尹
雪萍的《叶适与涩泽荣一义利观比较研究》（《大江周刊论坛》2009 年 8
月），史少博的《涩泽荣一论语与算盘的儒商之道及其启示》（《学术交
流》2010 年 3 月），等等。尤其是金东的研究已经比较深入，所涉及的日
美联合开发中国问题和中日西征借款问题在中国学界尚没有前人做过专
门的考察和论述，故此值得充分肯定。此外，金东在他的博士学位论文
《王道与霸道：涩泽荣一对华态度与交往研究》中还对涩泽荣一的对华外
交思想和早期对华经济思想做了考察和分析。

　　第二，相关史料的收集和整理取得巨大进步。作为日本财界的核心
人物，涩泽荣一直接参与日本政府对华经济扩张政策的制定和实施。他
一生中曾三次访问中国，其中 1914 年对中国进行的第三次访问，为时
长达 35 天之久，走遍了大半个中国。作为两国关系史上的一个重大事
件，这次访问在中日两国都引起了各方面的高度关注，两国新闻报刊
都做了大量的跟踪报道和评论。但是长期以来，无论在中国还是在日
本，都没有人对中国的有关报道和评论进行专门的收集、整理和汇编，
令人颇感遗憾。而《1914 涩泽荣一中国行》（华中师范大学出版社，
2013）一书的出版无疑填补了涩泽荣一研究史料中的这一空白点，对
涩泽荣一研究来说无疑是完成了一件大事。该书的内容分为三个部分：
涩泽荣一为第一部分，山座、水野之不禄为第二部分，相关报道与评
论为第三部分。该书的资料可谓丰富，编者不辞辛苦做了大量的调研，
查阅了民国时期的主要报纸及杂志和文献，从而保证了资料的完整性
和可用性，为涩泽荣一研究提供了宝贵的依据。因此，该书出版受到
来自各方面的好评，日本涩泽荣一纪念财团研究部部长木村昌人说：
该书是研究中国方面如何看待涩泽荣一访华的第一手资料。资料收录
了中国各地媒体对涩泽荣一一行程的详细报道，十分有意义。通过该书，
能够详细地考察第一次世界大战前期欧美各国和日本围绕中国市场展
开的行动。①

---

① 田彤编《1914 涩泽荣一中国行》，华中师范大学出版社，2013，第 3 页。

三　值得深入探讨的几个问题

经过长期的努力和积累，涩泽荣一研究作为企业家史这一新兴学科中的一块阵地，在日本和在中国都已得到学界的认可。尽管从以上对两国有关涩泽荣一研究的考察和概述中可以清楚地看到，除了对某些专题的研究而外，中国学界有关涩泽荣一研究的成果和水平与日本相比还存在很大差距，尚不在同一层次之上。但不能因此而否认，两国的涩泽荣一研究还存在一些需要共同面对的薄弱环节和不足之处，需要今后进一步探讨和思考问题还不少，下面不妨罗列几例。

（1）从对现有研究成果的考察中可以发现，以涩泽荣一政治立场和态度为对象的专门研究几乎处于空白状态。这种情况显然与涩泽荣一热衷于实业活动和他本人曾多次声明对政治毫无兴趣有关。但是，所言对政治毫无兴趣并不等于没有政治态度和观点，而且这一自我表白与历史事实也不相符。事实上，涩泽荣一始终都生活在内外政治的漩涡之中，他曾参加过议员竞选，对党派政治和日本的内政外交政策也有许多评论，而他作为日本财界的领袖，他所从事的所有活动都无法摆脱政治因素的制约和影响，都带有政治上的目的和意义。显然，对涩泽荣一政治立场和态度进行考察和分析有其不可否认的必要性，否则对他的认识就不能说是全面和比较透彻的。

（2）涩泽荣一是日本财界的领袖，是日本对华实行经济侵略和扩张活动的组织者；三井财阀则是这种侵略扩张活动的先锋和主力军，两者之间互为依靠，配合极为密切。关于涩泽荣一和三井财阀的关系，在中日两国学者发表的研究成果中已有一定程度的涉及，但并不丰富和系统，仍然存在一些需要进一步深入探究的问题。例如，或许是史料发掘和整理方面的原因，至今没有见到有关涩泽荣一与三井家族成员之间议事内幕方面的研究成果问世。

（3）涩泽荣一的对外经济扩张思想有其特别之处，也是涩泽荣一研究中特别值得重视的一个方面。现有研究成果虽然也曾从不同角度对此做过论述，但缺乏多视角的考察和论述。而本书的第三章虽然通过对涩泽荣一对华经济扩张思想做了多方面的分析和评述，但只能称之为抛砖引玉，有待于进一步的讨论和充实。

（4）涩泽荣一对中国进行的经济扩张活动是通过与日本政界、军界和垄断财阀的密切合作才得以实现的。在这一过程中，他与各方面的重要人物接触十分频繁，围绕经济扩张问题做了大量的磋商、讨论和交涉。显然，就这一活动过程和内容做深入和细致的了解，对弄清对华经济扩张活动的决策内幕以及各界要人的态度和在决策中所起到的作用具有重要作用。但直到目前为止，相关历史资料的调研和梳理工作似乎还没有得到学界足够的重视，有待今后得到改变。

总之，涩泽荣一研究在今后的丰富和发展取决于研究者的不懈努力，而更具学术价值和现实意义的问题还有待于进一步挖掘和探讨。特别是对中国的涩泽荣一研究来说，在思考这些问题的同时，还需要密切关注日本学界的新动向，吸取和借鉴新的研究方法，并从中国的实际需要出发，在课题的选择上有所侧重，以突出自己的特点，想必这对促进两国涩泽荣一研究的相互交流和学术水平的提高都会起到很大的作用。

附录 涩泽荣一日记摘录（与华相关活动的记载）[*]

1899 年

1 月 5 日 午前十时，岩崎弥之助氏来访，商议去年以来外务大臣邀请参加的对汉口铁厂贷款及设立商工协会之事。

1 月 13 日 午后二时，在山县总理官邸与青木外务大臣、松方大藏大臣、曾根农商大臣以及井上伯爵、和田维四郎、上中川、益田等人商议对汉口铁厂贷款事宜。

1 月 18 日 上午在商业会议所召开董事会议，商议在清国设立金融机构事宜。

1 月 21 日 上午十时，抵三井银行，列席同族会，十一时到骏河台拜访岩崎弥之助氏；会见井上伯爵，商谈对清国铁政局贷款事宜。

1 月 23 日 访三菱会社，会见岩崎久弥氏，商议清国贷款事宜。

2 月 8 日 拜访井上伯爵，商议对清国铁政局贷款事宜。

2 月 13 日 午后四时，在红叶馆为东京商业会议所书记长荻原太郎

* 本摘录出自涩泽青渊纪念财团龙门社编辑出版的《涩泽荣一传记资料》别卷第一和《涩泽荣一传记资料》别卷第二。别卷第一和别卷第二收录了涩泽荣一在 1868～1930 年的全部日记。但需要加以说明的是，1899 年之前涩泽荣一留有日记的年份很少，只在 1868 年、1869 年、1884 年、1886 年这四年有少量零散的日记，故没有查到与华有关活动情况的记载。1899 年以后，涩泽荣一的日记比较完整，但也有个别年份或月份的欠记，而本摘录对为时半个月以下的欠记没做具体日期的标明。

氏访问清国归来举行慰劳会。

4 月 8 日 添田寿一氏来访，谈台湾银行事宜。

4 月 13 日 赴外务省见林通商局长，商谈韩国银行、京仁铁道、清国银行等事宜。

4 月 22 日 午后一时，到驹入别坻拜访岩崎弥之助氏，商议在清国创办银行和汽车制造合资企业之事。

5 月 10 日 午前十时在台湾铁道会社事务所召开创立委员会议；致信总督府民政长官后藤氏。

6 月 15 日 出席在松方大藏大臣宅邸举行的台湾银行联谊会，并做讲演。

7 月 9 日 拜访儿玉台湾总督。

7 月 27 日 午后五时，在龟清楼宴请刘学询、庆宽以及同行三人。代表欢迎方致辞，刘学询答词。宾主尽兴交谈至十时结束。

8 月 4 日 本日有横滨中华商业会议所邀请出席宴会，因有不便谢绝。

8 月 26 日 午后四时，在王子别墅宴请清国客人刘学询氏。

8 月 30 日 本日有邀请通知，在红叶馆为清国刘、庆二人举行欢送会，因时间关系而致信谢绝。

10 月 19 日 福本诚氏来谈调查清国工业事宜。午后三时，到大隈伯爵宅邸，与横滨、神户的 20 几位支那商人及从事学校工作的人做了交谈。

10 月 22 日 田中荣八郎氏来谈上海造纸业的事情。

10 月 25 日 午后三时抵台湾协会，就解散台湾铁道会社之事召开会议，全场一致通过原案。

10 月 26 日 晚上给台湾银行土岐僙氏写信。

11 月 1 日 午后三时拜访伊藤侯爵，谈日清银行之事。

11 月 15 日 出席龙门社第 23 回秋季总会，会上诸井六郎氏就清国苏州的商业习俗做了讲演。

12 月 19 日 晚六时出席台湾铁道会社在山谷八百善楼举行的宴会。

1900 年

1 月 3 日　晚间收到第一银行佐佐木勇之助、台湾银行土岐燧的来信。

1 月 14 日　午后，柏原文太郎、清国人林北泉二氏来访，商议设立亚洲通商协和会事宜。

2 月 21 日　本日清国人在红叶馆举行宴会，因不能外出，致信谢绝。

2 月 13 日　午前清国商人麦少彭、梁子刚、谭笙伯、林北泉及柏原文太郎等人来访，谈设立日清银行事宜。

2 月 17 日　午后五时，和益田氏一起到永田町馆舍拜访松方伯爵，谈日清银行之事。

4 月 27 日　午前十时抵外务省，由青木大臣介绍，会见由比利时来访的沃尔德·普林戴尔氏，益田孝也参加了会见。沃尔德·普林戴尔氏说，他在比利时与德、英、法等国人一起创立了东洋公司，创立该公司的目的是为支那福州至汉口的铁路铺设提供资金。沃尔德·普林戴尔作为该公司的委员就此事要旨做了说明。与益田氏一起和沃尔德·普林戴尔氏谈了准备设立日清银行并请求提供资金的设想。他说此事不在其权限之内，表示照会本国之后再做答复。

5 月 7 日　近卫公爵来访，商谈在清国湖南经营汽船航运业事宜。

6 月 7 日　午前十一时抵银行俱乐部，商议比利时人约请加盟东洋会社事宜。益田孝、瓜生震、原六郎、高岛小金次等人出席。

6 月 14 日　下午四时抵三井会议所，商议有关加盟东洋会社事宜。比利时公使沃德尔以及益田孝、瓜生震、原六郎、高岛小金次等人出席，曾根农商大臣等二三人因有他事没有出席。

6 月 23 日　每日新闻记者来访，提问对清国问题的意见。

7 月 2 日　午前十时拜访松方大藏大臣，商谈比利时人发起的东洋公司及救济纺织业事宜。十一时拜访伊藤侯爵。比利时人沃特尔氏来访，谈东洋公司以及当下时务问题。

7 月 6 日　午前到番町馆舍拜访田中宫内大臣，详谈比利时东洋公司事宜。

7月19日 午后五时，再访松方伯爵，后访伊藤侯爵，谈东洋公司入股事宜。

7月20日 益田孝、瓜生震二氏来访，就接受东洋公司股份以及三井、岩崎两家的承受金额做了协商。

8月23日 傍晚，斋藤精一氏来访，询问了他考察清国福建省矿山的情况。

11月19日 访问支那领事馆。

11月20日 午后，支那领事来访。

11月23日 晚七时半，出席支那领事唐荣浩举行的招待宴。

12月6日 台湾银行土岐熿等氏来访。

1901年

3月18日 浅野氏来访，谈及东洋汽船事宜。

7月8日 十二时抵帝国饭店，与近藤公爵会面，商谈与支那、韩国有关的银行及贷款问题。

7月9日 午前九时，到官舍拜访曾禰大藏大臣，报告韩国借款事宜、与京仁铁道相关的借用金事宜以及自去年以来准备设立日清银行的经过。

7月26日 午后二时，在帝国饭店召开欢迎山口中将等派遣将校从清国胜利归来的大会，500余人到会，余作为发起人总代表致欢迎词。

9月3日 面会曾禰大藏大臣，谈比利时东洋公司事宜。

9月6日 午后三时，拜访清国公使馆，面会公使。

9月25日 午后，在银行俱乐部宴请清国特使那桐氏，小村、内田、阪谷、山本达雄等氏与会，出席者约70余人，余在席间做了演说。

12月31日 给在上海的白岩龙平氏写信。

1902年

1月11日 面会杉村通商局长，谈了有关对支那出口产品税金事宜。

1月26日　午前九时，白岩龙平氏来商谈清国湖南航线之事。

1月29日　同白岩龙平氏面谈。

2月1日　午后二时抵帝国饭店，应白岩龙平氏的请求，就有关在清国开设湖南航线事宜发表意见，与会者有益田、大仓、马越、园田、近藤、加藤、岩永、有地等人。

2月19日　五时抵滨町常盘屋，出席三井物产会社为清国公使举行的招待宴。

2月22日　午后一时，访桂总理大臣商谈铁路抵押的事情，之后又访小村外务大臣，谈日清银行等事宜。

2月24日　十一时半抵外务省，会见小村外务大臣，益田孝、小田切领事在座，一起谈日清银行事宜。

3月7日　与近藤、加藤、早川、园田、岩永、白岩等人商议专为开辟湖南航线创立汽船会社事宜，并就募股以及会社董事人选等事宜做了协商。

3月15日　上午宇佐氏来谈有关清国调查事宜；晚七时半，赴清国公使馆出席晚宴。

3月19日　十二时抵帝国饭店，商议成立清、韩协会事宜，十余人到会。

4月9日　午后三时，出席日本邮船董事会，商议湖南汽船会社、海事协会等事宜。

4月10日　十一时到麻布内田山庄拜访井上伯爵，商谈余出访海外之事。关于访问支那的事，伯爵建议在出访欧洲的归途中进行为好。

4月16日　十一时抵银行俱乐部，商议设立湖南汽船会社事宜。

4月26日　早八时，在官邸拜访曾祢大藏大臣，商谈设立日清银行事宜，益田孝、阪谷、松尾等氏与会。

5月14日　午后二时拜访清国公使。

7月16日　午后二时，凯思韦兹基氏来访，谈支那铁路事宜。

7月22日　午前十时，凯思韦兹基氏来访、商谈支那铁路合作事宜。约定益田氏在上海向英国辛迪加的代理人塔尔格里斯氏提交申请的书面文本。凯思韦兹基回答说，24 日召开会议，讨论日本人加入问题之后，再以答复。

7 月 28 日　午前十时，泽·凯斯韦斯克氏来访，叙久别之情，商议支那铁路之事。

7 月 29 日　午后二时，与市原盛宏一起抵三井物产会社，请其给东京益田孝氏发电报，询问井上伯爵支那行之事。

8 月 12 日　出席塔布里·凯思韦斯克宴请，此日来宾多为与日本、支那有关之人。餐后，塔布里·凯思韦斯克发表了热情洋溢的讲话，余答词致谢，并做演讲。

8 月 15 日　和凯思韦斯克会面，在午后宴会上致辞，而后谈及支那铁道事宜，凯思韦斯克的回答颇有厚意。他说，对日本资本家参与南京上海间铺设铁道并无异议。但目前英国的辛迪加财团正与支那政府商议线路的设定以及铺设方法问题，待其确定之后，将会向我方做出说明。相约他日再做交谈。

8 月 20 日　十二时，东洋公司专务理事科罗奈尔·戴斯和弗朗基二氏来访，简要介绍了该公司在清国着手的主要业务，并详谈了天津电气铁道事宜。

10 月 25 日　给上海总领事小田切氏、湖南汽船会社白岩龙平氏发信。

11 月 2 日　九时到麻布内田山邸拜访井上伯爵，见面后谈了访欧旅行情况，伯爵说了推迟支那访问的理由。

11 月 15 日　午前十时在官舍拜访小村外务大臣，说明了在英国发放京釜铁道社债的经过，并谈了与支那相关的各种计划和对韩事务。

11 月 28 日　午饭后抵日本邮船会社，召开清韩协会的商议会，商议回答外务省咨询事宜。

12 月 5 日　傍晚清韩协会宴请驻清国公使内田康哉氏，因脾胃不适没有出席。

1903 年（7 月 11～31 日欠记、11 月 22～12 月 31 日欠记）

1 月 26 日　午后三时抵台湾协会学校，为学生做讲演。

5 月 8 日 十一时抵日本邮船会社，商议湖南汽船会社有关事务。

5 月 17 日 九时半抵上野静养轩，拜会贝勒载振殿下。

5 月 20 日 五时三十分抵银行会议所，出席载振殿下招待会。

5 月 25 日 山本唯三郎及夫人来访，眼下山本正在天津做枕木生意。

8 月 1 日 出席支那使馆举行的宴会。

9 月 1 日 午后四时抵银行集会所，出席湖南汽船会社总会。晚六时，出席台湾银行招待宴会。

10 月 27 日 午后四时抵花月楼，出席清国公使送别宴会，宴会由三井、近藤、益田等人士共同举行，与会者有清国新任公使、去任公使、从属官员以及外务大臣总务长官、杉村、山座等氏。

10 月 28 日 午后五时，拜访清国公使馆。

10 月 30 日 九时抵大藏省，出席美国委员提议召开的协议会，讨论清国币制问题。

11 月 4 日 晚间抵伙伴俱乐部，听河口慧海先生的佛教讲演以及赴西藏旅行的见闻。

11 月 17 日 十时抵日本银行，听美国人森克斯氏阐述对清国币制问题的看法。

1904 年（1 月初~2 月末欠记、4 月~年末欠记）

1905 年（10 月 11 日~11 月 8 日欠记）

1 月 1 日 此日得知占领旅顺松树山炮台。

1 月 2 日 九时半东京阪谷芳郎来电话，说已接到确实的消息，旅顺港失守在即。

1 月 3 日 昨日传来攻克旅顺的消息，故东京家家户户悬挂国旗。

4 月 23 日 出席清国使馆午宴。

6 月 1 日 出席在日本俱乐部举行的海战祝捷大会，并做讲演。

8 月 18 日 菊池谦二郎来访，谈清国周馥（两江总督）招聘精通银行学人士之事。

10月2日 午后四时，佃予一氏来访，该氏从前年开始在清国任袁世凯的财政顾问，对清国之事非常通晓，故请教了许多问题。

12月1日 上午十一时许，在陆军省拜访石本次官，商议欢迎陆军凯旋事宜。

12月2日 上午十时抵东京市官厅商议欢迎陆军凯旋事宜。

12月4日 上午十时抵东京市官厅商谈欢迎陆军凯旋事宜。

12月6日 二时抵东京市官厅商谈欢迎陆军凯旋事宜。

12月7日 午后一时抵第一银行，与比利时人霍凯特会谈，他是清国卢汉铁道的董事，他说巡视了该铁路部分线路的完工情况。

12月8日 十一时抵抵帝国饭店，与大仓氏商谈事宜，后抵东京市官厅处理欢迎陆军凯旋大会事宜。

12月10日 抵陆军参谋总部，与井口少将商谈欢迎会的有关手续，二时抵东京市官厅商议欢迎会的准备事宜。

12月13日 上午十一时抵东京市官厅，处理欢迎陆军凯旋大会相关事务。

12月17日 此日，欢迎陆军凯旋大会在上野公园举行，虽连日来一直负责此事，但因病没有出席，给千家、尾崎等氏打电话通报情况。早上开始下雨，军人市民聚集一堂，大会顺利取得成功。傍晚千家、尾崎等氏来电话做了报告。

12月25日 上午十时抵东京市官厅商，召开凯旋欢迎会理事会，表决有关重要事项。

1906年（7月16日以后欠记）

1月2日 整理日记，阅读满洲要览。

1月4日 早餐后，阅读满洲要览。

1月5日 给在上海的白岩龙平氏写信。

1月6日 午前十时外出归宅后，阅读满洲要览和报纸。

1月7日 阅读满洲要览和井上伯爵的财政意见书。

1月8日 早餐后，阅读报纸和满洲要览。

1 月 10 日 午后抵日本邮船会社，出席董事会。会议结束后，就湖南汽船会社的事情做了商议。

1 月 12 日 午后二时抵日本邮船会社，先与末延氏谈海上保险会社的事，之后，出席湖南汽船会社董事会。

1 月 29 日 午后二时出席日本兴业银行股东大会。会后，抵银行集会所，出席湖南汽船会社股东大会。

1 月 30 日 午前十一时，赴大仓氏葵町宅邸，出席欢迎清国载泽殿下的宴会，伊藤侯爵也到会。

2 月 7 日 上午十时抵东京市官厅商，出席凯旋欢迎会理事会，就有关各种事宜进行表决。午后四时半抵近藤廉平氏宅邸，出席作陪宴请清国皇族。

2 月 8 日 午餐后，有加加美、林、清国人马氏来访。

2 月 15 日 上午十一时抵东京市官厅，检查欢迎陆军凯旋大会的准备情况。

2 月 16 日 午餐后抵日比谷公园出席欢迎陆军凯旋大会，天气晴朗，来会者甚多。

3 月 9 日 与西园寺总理大臣谈湖南汽船会社事宜。

3 月 14 日 午后三时抵日本邮船会社，召开湖南汽船会社董事会。

4 月 16 日 益田孝氏及水野、珍田外务次官和余详谈了汉口的自来水道事业。

6 月 14 日 到达平壤时，偶遇大阪的山边、三重斋藤以及三井物产的藤野氏，详细询问了在满洲的织布销售情况。

6 月 27 日 与水町理财局长会面，他到满洲巡视路过此地。

1907 年（4 月 18 ~ 28 日、12 月 2 ~ 29 日欠记）

1 月 21 日 午前十时抵兜町事务所，召开满洲兴业会社委员会，决定各种要务。

2 月 13 日 午后五时，在银行俱乐部与内田船管局长等协商清国长江航道汽船会社事宜。

2 月 14 日　在银行集会所召开东洋纺织会社发起人大会,指定创立委员,商议有关的创立事务。

2 月 27 日　午前十时抵兜町事务所,召开满洲兴业会社创立委员会。

3 月 14 日　午前十时抵兜町事务所,召开满洲兴业会社以及日清火灾保险会社创立委员会,表决各种要务。

3 月 17 日　出席孔子祭协议会。

3 月 21 日　午后一时抵日本邮船会社,召开日清汽船会社成立总会。

3 月 26 日　午后三时抵日本邮船会社出席董事会,接着又召开日清汽船董事会。

4 月 5 日　十二时抵外务大臣官邸,谈清国相关事宜。

4 月 10 日　午后三时,抵日本邮船会社出席董事会,议事结束后又召开日清汽船理董事会。

4 月 15 日　午后二时抵伙伴俱乐部,出席日清保险会社发起人大会。

4 月 16 日　起床后,日清汽船社长石渡氏来访,商谈要务。

5 月 7 日　抵日本邮船会社,商议日清汽船事宜。

5 月 24 日　午餐后抵银行集会所,出席湖南汽船会社股东大会。

6 月 24 日　十时抵满洲兴业会社,听日下义雄氏访问满洲报告。

6 月 28 日　出席日清汽船会社董事会。近藤、中桥等氏与会,决定各种要事。

8 月 9 日　小野金六、渡边嘉一二氏来谈满洲兴业会社事宜。

8 月 12 日　十一时抵兜町事务所,出席满洲兴业会社董事会。

9 月 14 日　十时出席满洲兴业会社董事会,与马越等人谈该社事宜。

9 月 17 日　抵三井集会所出席日清企业调查会,与原田要等人协商清国铁道工程事宜。

9 月 26 日　午后五时抵东洋协会出席临时会议,商议设立东洋拓殖会社事宜。

10 月 4 日　九时抵幸俱乐部,商议设立东洋拓殖会社的有关事项。

10 月 17 日　晚七时抵葵町大仓宅邸,出席招待清国公使宴会。

10 月 21 日　午后三时抵日清汽船会社,出席董事会,决定各种重要事项。

10 月 22 日 十一时抵皆乐园，出席满洲兴业会社董事会。

10 月 26 日 午后五时抵银行俱乐部，出席晚餐会，陆军将校与会，曾田少佐讲了奉天大会战经过。

11 月 4 日 午后二时抵日清汽船会社，出席董事会。

11 月 7 日 十一时抵皆乐园，出席满洲兴业会社董事会。

11 月 8 日 出席满洲兴业会社股东协议会。

11 月 15 日 午餐后抵日清汽船会社，出席董事会，决定各重要事项。

1908 年

2 月 8 日 早餐后，白岩龙平氏来访，谈日清汽船会社的事情。

2 月 17 日 在日本桥俱乐部举行大江卓氏访问清国送行会，因病未出席。

3 月 7 日 因病未能出席帝国商业银行新董事会议和日清汽船董事会，请八十岛亲德出席这两个会议转达意见。

3 月 19 日 午后三时抵三京集会所，出席日清起业调查会，与小河氏会面，他报告了有关北京马车铁路的情况。

3 月 24 日 二时抵日本桥俱乐部，会见东洋汽船会社董事，协商优先增资的事宜。晚上出席德川公爵举行的宴会，与会者数十人，其中多为欧洲人和支那人。

4 月 11 日 早餐后石渡邦之承氏来访，谈日清汽船会社要务。午前十时抵日清汽船会社出席董事会。

4 月 22 日 午后浏览孔子祭相关文件。

4 月 26 日 九时抵昌平坂圣庙，出席孔子祭典会。并做了一场题为实业界看孔夫子的讲演。

5 月 9 日 午前十时，出席日清汽船董事会，表决要务。

5 月 14 日 早餐后东敬治氏来访，谈 17 日王阳明学会集会的事情。

5 月 17 日 午后一时，抵本乡麟祥院，出席王阳明学会集会，应东敬治氏邀请发表意见。

6 月 13 日 日清汽船会社竹内直哉氏来访。

6 月 19 日 午前十时出席清汽船会社董事会，与中桥、竹内、土佐等氏商议要务。

7 月 4 日 就日清汽船会社相关事宜与竹内、土佐二氏进行交谈。

7 月 6 日 午后一时，与竹内、土佐二氏一同到递信省，面见仲小路次官，拜托日清船会社有关事宜。

7 月 16 日 塚原氏来谈有关东洋汽船会社事宜。

7 月 19 日 塚原氏来谈东洋汽船会社借入款事宜。

8 月 10 日 塚原氏来谈东洋汽船会社社债事宜。

9 月 21 日 午前十时抵日清汽船会社，出席董事会。会后赴总理大臣官邸，商议设立东洋拓殖会社相关重要事宜。午餐后，抵大藏大臣官邸，召开该会社设立委员会。

9 月 25 日 出席东洋拓殖会社创立委员会。

10 月 2 日 出席介绍清国人盛宣怀氏的招待宴会。

10 月 13 日 出席递信大臣后藤氏为清国人唐绍仪氏举行的宴会。

10 月 29 日 东敬治氏来谈王阳明学会的事情。

11 月 4 日 午前十时抵帝国饭店，会见美国人托尔曼氏，谈及东洋汽船会社事宜。

11 月 12 日 十一时抵日清汽船会社，与石渡氏商谈会社事务。

12 月 9 日 浅野总一郎氏来谈东洋汽船会社事宜。

12 月 28 日 午后一时抵商业会议所，出席东洋拓殖会社创立大会。

1909 年（3 月 20 日～4 月 30 日、10 月 6 日～12 月 31 日欠记）

1 月 17 日 植村澄三郎氏来访，谈了台湾制糖等事情。

1 月 25 日 出席东洋拓殖会社晚餐会。

1 月 26 日 与浅野、佐佐木二氏交谈东洋汽船会社事宜。

5 月 5 日 中桥德五郎氏来谈日清汽船会社事宜。

5 月 7 日 午前九时抵日清汽船会社出席董事会，决定重要事项。十二时抵帝国饭店，出席日清企业调查会会议，和近藤、大仓、白岩、成田等氏一起听小田切氏介绍在北京与伊集院公使协商的经过，以及英国人、德国人在清国的铁路经营情况和清国政务近况。

5 月 20 日 东洋拓殖会社井上理事来谈。

5 月 27 日 午餐后抵银行集会所，出席日清汽船会社股东大会。

6 月 3 日 午后二时抵帝国饭店，出席日清企业调查会会议。石井外务次官、益田、大仓、近藤等氏与会。

6 月 5 日 与东洋汽船会社董事交谈金融方面的事情。

6 月 11 日 历访日本兴业银行、日本邮船会社、日清汽船会社等。

6 月 15 日 白岩龙平氏来谈日清汽船会社的事。

6 月 22 日 十二时抵三井集会所，出席日清企业调查会会议，石井外务次官、益田、大仓、近藤等氏与会。

7 月 13 日 出席由桂、小村两位大臣召集的有关成立日清兴业会社的会议。

7 月 14 日 午餐后抵三井集会所，出席日清兴业会社章程及文件调查委员会。

7 月 15 日 午前九时，抵官厅会见小村外务大臣，谈关于成立日清兴业会社的事情。

7 月 16 日 午前九时，抵银行集会所，商议有关成立日清兴业会社的事情，大仓、铃木、近藤、原、大谷等氏与会。

7 月 20 日 到三田私邸拜访桂侯爵，谈有关汽车制造会社以及创立日清兴业会社相关手续。

7 月 21 日 商谈创办东亚兴业会社有关事宜。

7 月 22 日 与东洋汽船会社董事浅野、塚原、白石、天野等氏就该社的将来做了广泛交谈。

8 月 4 日 午前九时抵官厅会见小村外务大臣，谈创立东亚兴业会社事宜。

8 月 12 日 午前八时半，到三田私邸拜访桂总理大臣，同益田氏一起向他谈了创立东亚兴业会社的事情，小村外务大臣与会。

8 月 13 日　午前八时半，抵官厅会见小村外务大臣，同益田、古田氏一起和他谈了东亚兴业会社事宜

8 月 14 日　核阅创立东亚兴业会社的文件，盖章后送白岩氏。

8 月 18 日　午餐后抵银行集会所，议决召开东亚兴业会社创立大会事宜。

1910 年（7 月 17～31 日、11 月 10 日～12 月末欠记）

1 月 28 日　大川平三郎氏来谈东洋汽船会社事宜。

2 月 14 日　浅野总一郎氏来谈东洋汽船会社事宜。

2 月 16 日　午后二时，到递信省访内田氏，商议东洋汽船会社事宜。

3 月 3 日　佐佐木、大川二氏来谈东洋汽船会社事宜。

3 月 19 日　午后二时，到递信省会见内田船管局长，谈东洋汽船会社事宜。

3 月 27 日　浅野总一郎氏来访，谈东洋汽船会社事宜。

5 月 6 日　午后六时抵滨町常盘屋出席台湾银行举行的宴会。

5 月 12 日　午后二时抵银行集会所，为适应东亚兴业会社的需要，会同六家银行商议对清国盐商贷款事宜。面会浅野、大川二氏，谈东洋汽船会社事宜。

5 月 16 日　午前十时抵银行会议所，为东亚兴业会社召开协议会。

5 月 18 日　午前十时抵银行会议所，与同行业者协商有关东亚兴业会社事宜。

5 月 20 日　午前十时抵递信省船管局，会见内田氏，谈东洋汽船会社董事人选事宜。

5 月 22 日　参观旅顺海战模拟展览馆。

5 月 24 日　午后二时前川太兵卫氏来谈东洋汽船会社事宜。

6 月 1 日　午前十时抵递信省船管局，会见内田氏，谈东洋汽船会社董事之事。

6 月 6 日　递信省船管局伊东佑民氏来谈东洋汽船会社事宜。

6 月 7 日　正午抵银行俱乐部，与大仓氏、丰川氏共进午餐，谈东洋

汽船会社事宜。

6月8日　伊东佑民氏来谈东洋汽船会社事宜。

6月11日　出席王阳明学会恳谈会。

6月18日　正午抵银行俱乐部，与大仓、丰川、佐佐木等氏谈东洋汽船会社董事选举事宜。

6月19日　12时半抵日本桥俱乐部，出席东洋汽船会社股东大会，作为董事选举提名者，并代表丰川、大仓二氏在会上做了讲演。

6月30日　九时抵银行俱乐部，与大仓、丰川二氏一起出席东洋汽船会社董事会。

8月22日　午后一时抵南满铁路会社，会见清野氏，拜托捐助之事。

8月24日　南满铁路会社清野氏来电话，商议为水灾善后会捐助之事。

8月27日　横山德次郎氏来访，写信介绍他去拜访日比谷氏，因日比谷氏曾谈过创立日清制棉会社的想法。

9月28日　浅野总一郎氏来谈东洋汽船会社事宜。

11月7日　召开银行组合集会，议决台湾银行入会事宜。

1911 年

1月8日　古市公威氏来访，报告有关东亚兴业会社的事情。

2月18日　接待渡边六尺氏来访，谈论语。

3月10日　访问清国使馆。

3月31日　抵日本银行，协商有关清国公债募集事宜。

4月20日　接见万朝报及日本报的记者，就清国公债广告的事做了详细说明。

4月22日　清国公使馆发来晚宴约请，因为时已晚，没有出席。

6月2日　午前十时，在东京商业会议所举行小型会议，商议招待清国人之事，出席并发表意见。

6月13日　午后二时抵事务所，有清国人陈氏来访。

6月16日　读《论语》。

6 月 17 日 读《论语》和《孟子》等书籍。

7 月 1 日 大川平三郎、伊东忠二氏来谈东洋汽船会社事宜。

7 月 27 日 早餐后，古市公威、山本条太郎二氏来访，谈东亚兴业会社事宜。

8 月 8 日 晚餐后，读新论语。

8 月 20 日 早餐后，浅野总一郎氏来访，谈了东洋汽船会社董事之间的事。

8 月 24 日 大川平三郎氏来谈有关中央制纸、木曾兴业两会社及东洋汽船会社的事。

8 月 27 日 浅野总一郎氏来谈东洋汽船会社事宜。

8 月 28 日 午前十时抵事务所，和大仓喜八郎、前川太兵卫二氏谈东洋汽船会社事宜。

9 月 12 日 浅野总一郎氏来谈东洋汽船会社的事。

9 月 13 日 十一时半抵递信省，与汤川船管局长谈东洋汽船会社的事。

9 月 18 日 早餐后，中井三之助、泅长三郎二氏来访，报告了关闭中井上海分公司以及由泅长三郎氏继承之事。

10 月 6 日 大川平三郎氏来谈东洋汽船会社的事。

10 月 14 日 晚六时抵农商大臣官邸，商议接待清国人来日接待程序事宜。

10 月 17 日 浅野总一郎氏来谈有关大川的财产及东洋汽船会社的事。

10 月 18 日 白石元治郎氏来访，谈浅野、大川二氏的财产及东洋汽船会社等事宜。

10 月 20 日 大川平三郎氏来谈东洋汽船会社事宜。

10 月 26 日 五时抵外务省，与石井氏商议东洋情报会等事宜。

11 月 13 日 矢野由太郎来访，就支那变乱之事谈了看法。

11 月 22 日 五时抵日本俱乐部，出席东洋汽船会社举行的宴会。

11 月 30 日 午餐后出席东洋汽船会社董事会，并做训示。

12 月 15 日　到外务省会见内田大臣，阐述关于清国的意见。午后山本条太郎氏来商谈清国留学生费用补助问题。

12 月 19 日　早餐后，安达宪忠氏来后，与其同行去新桥车站，为水野幸吉氏访问清国送行。

12 月 23 日　上午有救助支那学生方面的会议，没有出席。

12 月 25 日　抵银行集会所，与白岩氏商谈清国留学生贷款问题。

1912 年（5 月 31 日 ~ 6 月 11 日、7 月 3 日 ~ 12 月 31 日欠记）

1 月 2 日　午后三时抵帝国饭店，出席企业家新年庆祝会，席上阪谷男爵做了关于支那问题的讲演。

1 月 6 日　大仓喜八郎氏来谈有关对支那铁路贷款事宜。

1 月 8 日　午后抵事务所，为牛岛氏美国行、垣内氏上海行写介绍信件。大仓喜八郎氏来谈有关对支那铁路贷款事宜。

1 月 10 日　午后二时抵外务大臣官邸，商议有关对支那铁路贷款事宜。

1 月 12 日　阪谷芳郎男爵来谈有关设立支那银行的事情。

1 月 15 日　午后四时抵事务所，大仓、门野二氏来谈有关对支那铁路贷款事宜。和阪谷芳郎男爵商议设立支那银行的事情。

1 月 16 日　阪谷氏来电话谈受支那拜托设立银行的事情。

1 月 17 日　午前九时半，抵三田私邸拜访桂公爵，谈设立支那银行的事情。

1 月 27 日　十时拜访井上侯爵，高桥是清、山本条太郎、益田孝等氏与会，讨论支那相关事宜，谈及东亚兴业会社，但未得要领就散会了。

1 月 29 日　午后一时抵事务所，接待原口博士、金子弥平氏来访，谈有关支那方面的事情；访桂太郎，商谈支那方面的事情；出席岛田氏欢迎会，席上与阪谷芳郎男爵商谈有关支那方面的事情。

1 月 30 日　与山本氏交谈与有关支那方面的事情。

2 月 11 日　午后三时半拜访井上侯爵，与高桥、水町、添田等氏一起商议日法银行设立事宜，同时还商议了支那问题。

2 月 15 日 浅野总一郎氏来谈东洋汽船会社社债的事情，正午抵帝国宾馆，与大仓喜八郎、内田嘉吉谈东洋汽船会社的事情

2 月 17 日 午餐后，与浅野总一郎氏谈东洋汽船会社的事情。

2 月 27 日 十二时半抵银行俱乐部，出席台湾银行午餐会。内田台湾民政长官用影像资料详细地说明了台湾工农业以及讨伐未开化地区的景况。

3 月 19 日 大川平八郎氏来访，谈钢管会社和东洋汽船会社的事情。

4 月 30 日 晚六时抵敬三的学生宿舍吃了晚餐，而后作了论语讲义。

5 月 12 日 在休养团春季大会上，以处世十训为题做了演说，博引《论语》《孟子》《中庸》等对青年做了训诫。

5 月 18 日 晚餐后，集体阅读讨论《论语》，一阅朱注，就新《论语》以及两者的异同讲了个人见解，讲至《学而》篇结束。

5 月 26 日 午后一时召开龙门社春季大会，参会者达五百余人，会上濑川总领事讲了与广东和支那革命有关的见闻。

6 月 20 日 满铁总裁中村是公氏来访，请余担任满铁监事，谢绝；马越恭平氏来谈满洲铁道会社事宜。

6 月 21 日 台湾银行柳生一义氏来访，就支那事业的投资事宜进行交谈；清野长太郎氏来谈南满铁道会社监事的推荐事宜。

6 月 23 日 十时抵永田町官邸拜访山本大藏大臣，详细阐述对当前财政经济的意见，并就日法银行事宜、东亚兴业会社事宜以及减债基金等问题说明了想法。午后五时抵曙町学寮做《论语》讲义。

1913 年（3 月 12 日～12 月 31 欠记）

1 月 17 日 白岩龙平氏来访，谈东亚兴业会社事宜。

1 月 18 日 三时抵事务所，接待横山一平氏、川田鹰氏、休养团员林平马氏等数人来访，就与支那学生建立亲睦关系之事发表了各自的意见。余希望他们应多加注意和思考。

1 月 19 日 土肥修策氏来报告清国旅行之经过。

1 月 20 日 东敬治氏来谈阳明学会事宜。

1 月 21 日　出席东洋汽船会社举行的宴会。

1 月 26 日　午后五时，宇野哲人氏来做《论语》讲义，与会者十七八人。晚餐后，做了三个小时的讲义和讨论，十一时散会。

1 月 28 日　十二时抵日本银行，出席招待支那人胡瑛的宴会。

1 月 31 日　早餐后，接待浅野总一郎氏来访，谈到东洋汽船会社将来的事。

2 月 4 日　晚六时，出席支那公使馆晚餐会，与汪大使和胡瑛等氏就密切日华两国工商者关系以及银行、币制改革等问题做了交谈。

2 月 8 日　去支那公使馆，与翻译官会面，谈了币制改革事宜。

2 月 9 日　五时抵筑地瓢屋，出席东亚兴业会社的宴会。

2 月 14 日　晚餐后，和中野氏同行抵新桥车站，迎接孙逸仙氏到达东京。

2 月 15 日　午后五时抵华族馆，出席东亚同文会为孙文氏来日举行的欢迎宴会，与会者达一百五十余人，清浦子爵为司会，致欢迎词，孙氏致答谢词。宴会后，孙氏做了讲演，主旨是期盼中日两国亲善，主张维持东洋和平与东西方均衡，反复强调寄期待于日支两国间的提携。感到他的言辞由衷意切。

2 月 17 日　午前十时抵帝国饭店，拜访孙文，何天炯为翻译，谈及时事和经济问题。后有山本条太郎来谈与孙氏会谈之事。晚六时半，出席支那公使馆举行的宴会，席上公使和孙氏做了讲演，余做答词讲演。

2 月 18 日　出席由日本邮船举行的欢迎孙逸仙宴会，席上加藤正义氏致欢迎词，孙氏致答谢词，大隈伯爵做了演说。

2 月 19 日　午前十时抵大藏省，会见胜田次官，商议与孙文氏会谈事宜。而后去日本银行与高桥是清氏商议日支合办企业之事。

2 月 20 日　与山本条太郎通电话商议明天会见孙文的事。午后六时，出席由三井物产会社举行的欢迎孙逸仙宴会。

2 月 21 日　十二时，孙文氏来访，戴天仇、山本条太郎也来了；孙文氏原定十时来访，因访问陆军学校而来迟。和益田孝、山本条太郎氏一起，同孙文氏就日华合办事业交换意见。一时共进午餐。饭后又做进一步商议，制定了备忘录，相约再做进一步商议。晚五时抵保险协会，出席实业家为欢迎孙文氏举行的联合宴会。席上，余做了讲演，孙文氏及汪公使、胡瑛氏都做了讲演。

2月23日　午餐后抵青年会馆，出席孙文氏欢迎会。

2月25日　午后一时抵大藏省会见胜田次官，递交日华合办企业计划书草案。二时到大隈伯爵宅邸出席他为孙文氏举行的欢迎会，大隈伯爵和孙文氏发表演说。午后五时抵红叶馆，晚出席东京市为孙氏举行的宴会。

2月26日　傍晚有论语会，宇野哲人氏来做讲义，会员十余人与会。

3月1日　十时抵三井集会所，就设立日华合办会社方案，与诸位做了商议，均对原案表示赞成。

3月3日　与孙文氏就设立合办企业之事进行协议，围绕协议书草案逐条逐句进行谈判，益田孝、大仓喜八郎、山本条太郎等与会。

3月4日　午前九时抵三井集会所，与孙文氏就支那货币制度及银行组织等进行交谈。晚六时抵帝国饭店，出席孙文氏送别会，六十余人与会，气氛热烈，席上孙文氏和清浦氏做了讲演。

3月5日　午前十时抵新桥车站，欢送孙文氏回国。

3月10日　十二时抵皆乐园，与浅野、木下、冲、伊藤、八十岛等氏商议在支那开设电话事业之事。

1914年（3月19日~4月27日、6月15日~12月31日欠记）

1月11日　北京驻在记者龟井陆郎来访，就支那总体形势谈了看法。

1月16日　访支那公使馆，与翻译官会晤，谈刘氏来日访问事宜。

1月24日　午后五时抵田中屋，出席中国兴业会社的宴会，平井晴次郎氏以及三井物产会社、三菱会社等会社干部十余人与会，席间就支那事情作了广泛交谈。

1月26日　午后五时抵曙町学寮，出席《论语》讲义会。

1月30日　十二时抵帝国饭店，出席正金银行井上氏主持的龟井陆郎氏支那问题讲演会，午餐后龟井陆郎氏详细说明了他的意见。

1月31日 与井上侯爵谈了与支那有关的经济措施。

2月6日 森恪氏来谈，他傍晚启程赴支那。

2月27日 晚七时抵曙町学寮，出席论语讲义会。

2月28日 中国兴业会社仓知氏来访交谈。

3月1日 早餐后接待浅野、大川、白石三氏来访，谈东洋汽船会社航线事宜。

3月2日 抵贵族院会见大藏大臣高桥氏，谈有关支那事业经营问题。

3月17日 午后五时抵三井集会所，出席支那公使招待会。席间，与外务次官伊集院氏就支那有关问题做了商议。

4月28日 早餐后，为民国数名来日者的到访做准备，中午十二时，陆公使、孙多森、周朱二氏都来了，银行会社也来了很多人，在院庭里散步。下午一时，宴会开始，餐后有雅兴者作画，三时宴会结束，五时召开同族会，余就支那访问和其他事宜做了训示。

5月1日 午前八时半抵早稻田宅邸拜访大隈伯爵，和仓知氏一同汇报中日实业会社等事宜。

5月2日 早餐后，整理行装，准备启程漫游支那。七时半乘车出发，到新桥车站，前来送行者甚多，以至似无立锥之地。送行者中有大臣、军队将官、学者、实业家、学生等。午前八时半发车，途经静冈、名古屋、京都、大阪等车站，诸地均有许多赶来送行的人。

5月4日 顺访长崎支那领事馆。

5月5日 在甲板上散步，与随行者一起研究在支那长江航线上的行程。野口氏按长江地图做了详细说明。早八时半吃早餐，而后在图书室展开地图询问了各地的古迹。从上海到姑苏、南京、九江、武昌、汉口，再到湖南，野口氏的解说颇为详细。晚上浏览名为上海的书籍。

5月6日 午前六时起床，船停靠在吴淞口。从上海来迎接的人很多，在船上会面，商议在上海停留期间和到江苏、杭州等地游览的日程。上午十时抵上海登陆，入住阿斯特尔宾馆，来迎者甚多。午餐后，访领事馆。之后拜访盛宣怀氏，做了种种交谈。晚上出席上海日本人俱乐部举行的欢迎宴会，日本、支那诸多有名人士者到会。席上余致辞讲演，宴会结束后与唐绍仪、伍廷芳等氏做了交谈。

5月7日　早七时出发去杭州，十二时抵到杭州府，受到深泽领事和很多日本人以及很多支那官员的迎接。午餐后，由深泽领事陪同游览西湖，而后访问都督府和民政局，与都督府长官做了交谈，之后出席晚餐会，席上致辞答谢。

5月8日　早七时，朱总督及民政局长来访。八时出发，在领事以及总督府官员的陪同下参观祭奠岳飞墓，参观灵隐禅寺，而后登上吴山也就是唐诗中所谓的立马吴山第一峰，俯瞰杭州全景。午后一时，访问杭州总务商会，出席商会会员举行的午餐会，致辞感谢。餐后，应朱辅基氏的邀请，参观祭奠朱舜水先生墓地。盐务公司的官员来访。下午四时，乘船出发去苏州，与深泽领事告别，专署租借地内有民间人士燃放焰火送别。

5月9日　抵苏州，黑泽礼吉氏来迎接，上陆后先在其家稍做休息，后乘小船抵寒山寺，一览后又到一寺院参观巨龟。从寺院徒步出席苏州镇守使举行的宴会，会场在盛宣怀别墅，别墅颇为壮观华丽。宴会席上余致答谢词。下午一时乘火车回上海。到后在阿斯特尔宾馆暂作休息，其间来访者甚多。晚五时半出席当地工商总会举行的宴会，席间沈仲礼氏代表盛宣怀致辞，另有周氏、孙氏两位发表演讲，余致辞答谢。

5月10日　早餐后，黑泽氏来后与其一同拜访支那总税务司英国人阿格伦氏，与他就当前支那关税改革之事做了广泛交谈。十时，抵日本人俱乐部，为同文学院学生做了一场训示讲演。十一时抵领事馆，出席茶话会，与支那实力人物唐绍仪、伍廷芳等人交谈。十二时半又回到俱乐部，出席实业协会举行的宴会，席上余做讲演。会后，参观六三公园和上海小学。晚出席支那官员举行的晚餐会，席上主持人郑如成做了讲演，余致答谢词。

5月11日　午前五时许乘火车抵镇江，未下车，八时抵南京。打田代理领事及其他十余人来迎，总督及警察署派乐队奏乐欢迎，另有马队护卫，接待极为隆重热烈。早餐后，参观朝天官、碧血碑、孝陵、旧科举考场、秦淮、北极阁、鸡鸣寺等处。之后，访问总督衙门及民政长官厅等，出席总督举行的午餐会，席上主持人致欢迎辞，余致答谢辞。晚六时回领事馆，有民政长官等数名官员来访，晚七时出席领事馆举行的晚餐会。

5月12日 早六时半从领事馆出发，七时抵下关，乘小汽船渡长江，参观了浦口江岸的新火车站和正在铺设的津浦铁路。同时察看了中日实业会社与其他几个会社购买的土地，以为将来事业发展之所用。尔后，搭乘襄阳号九时启程，有南京警察署派乐队奏乐雨中送行。

5月13日 在船上无特别事宜，瞭望两岸村落，或读书、看下围棋。晚间查阅文件。

5月14日 午前八时抵大冶，有很多居住此地的日本人和支那人来迎接。而后吃早餐稍歇片刻，乘车参观大冶。可谓罕见之大矿山，感觉比在美国比尤特所见矿山的规模更为宏大，只是采掘方法及运输设备很不完备。乘矿览车下至采掘现场参观，回途参观了旧采掘遗址。晚间出席了日支共同晚餐会，会上致答谢词。

5月15日 十时到达汉口码头，来迎接的日本人和支那人很多。换乘小汽船逆汉水而上至汉阳钢厂。事务主任吴氏及数位支那人士出来迎接，随即带领参观工厂。工厂规模很大，且有新式设备，但工人工作状态涣散，厂内零乱，极不规整。最后参观了大高炉，据讲是最新式的。参观完毕，主人在场内举行午餐会，席上互相致辞。离开该厂之后，出席实业同志会举行的欢迎会，余做了训示演说。晚七时出席领事馆举行的晚餐会，席上做了讲话。

5月16日 早餐后，受雇于汉口海关的日本人松永义爱氏来访。十时，高桥领事来了，一同乘小蒸汽船渡长江至武昌到总督府访问。江边巡查很多，警备森严。段志贵都督及师团长以及下属武官数人陪同出席，民政局长列席，有日本陆海军军官与会。与都督会面交谈后出席午餐会。午餐会结束后，离开都督府抵官钱局，与高如松氏会谈。高如松氏八年前访问日本时曾多次与余交谈，提了许多有关银行业务方面的问题。会谈后，游览黄鹤楼，乘小蒸汽船渡长江回领事馆休息。午后五时，都督、

民政局长等乘军舰来拜访我方。晚上出席当地商务总会举行的晚餐会，
席上致答谢辞。

5月17日 午前九时乘船去东亚制粉会社，田村主任出迎，随即参
观工厂，田村氏依次就工厂的原料供应、加工过程、销售方法等做了讲
解说明。午后出席商业学校毕业生同窗会，发表讲话。后接待高如松氏
来访。晚七时日本人俱乐部举行的欢迎会，与会者多达百人以上，席上
会长致欢迎辞，余做了讲演。

5月18日 早餐后，抵京汉铁路火车站，来送行的日本人、支那人
很多。九时发车。专程从北京来迎接的梁兆元氏百般照顾，乘车费用由
支那政府支付，车上饮食是杨士琦氏安排的。车外的景色渺茫，只能看
到麦田，左右两边时有小山丘出现。

5月19日 午后五时列车到达北京。来车站迎接的人很多，山座公
使、水野参赞还有其他驻华公使馆官员、日本商社人员，支那政府官员
也来了多人，都对余的顺利到达表示祝贺。乘车到北京纳尔格兰特饭店
入住。山座公使、水野参赞、曹副外长、孙多森氏等多人陪同到饭店。
晚六时杨士琦氏来访。稍作休息之后，有向氏等多位支那人来访。晚七
时抵公使馆，出席山座公使举行的晚餐会，其间和山座公使详细谈了出
访前与各方面商谈的经过以及访问支那的事情。

5月20日 中午由正金银行小切田氏陪同到其府上出席午餐会，民
国官方和民间诸多实力者与会，席上余致辞演说，表达谢意。会后，由
山座公使陪同拜访官府民间各个方面人士，主要包括国务卿（总理）、外
交总长等，和他们就日支实业往来事宜交换了意见。午后六时，出席日
本侨民举行的晚餐会，席间，时报社长龟井顺三氏致辞，余致辞答谢。

5月21日 午前九时起，和山座公使一起拜访昨天未做拜访的当地
官员，说明这次旅行的宗旨。中午，由一位早稻田大学毕业的民国人带
路出席校友会，会场在名为畿辅学院的院内。会上，林氏代表主办方致
辞，余致答谢词。二时半回寓所更衣，由山座公使陪同抵达位于皇城中
南海一侧的袁大总统居所。大总统的拜见仪式极为简单，握手，落座交
谈，其态度颇为诚恳。表示愿意加强两国实业方面的联系和设立中日实

业会社的意愿，期望余能为之尽力。会谈大约为三十分钟，结束后，到
杨士琦氏的办公室与杨士琦氏会谈，但未协商完毕，约明后天再谈。晚
七时，出席孙宝琦氏举行的宴会，洋式支那菜肴，颇为正宗，席上余致
辞演说。

　　5月22日　午前九时游览万寿山，乘船渡湖登上中心岛，途经石桥
观览，桥体宏大美观，只是让人有荒废缺乏修葺之感，实为可惜。午后
一时抵植物园，随章宗祥总长到园中新建寓所进餐，与会者有五六十位，
席上余致辞演说。午后五时，由郑氏陪同拜访熊希龄氏，就政事和实业
方面的事情做了广泛交谈。其间，孙宝琦也来了。晚七时出席徐国务卿
（总理）举行的晚宴，宾主共九人，家庭式的小型宴会，接待以及料理、
餐具都尽显刻意。餐后，与孙宝琦氏一同和徐总理谈了有关中日会社
事宜。

　　5月23日　七时半，登上北京城墙，瞭望四方。与尾崎氏商议中日
实业会社事宜；后与山座公使会谈。九时后，参观故宫，实为宏伟精致，
但有年久失修荒破之感，甚为可惜。午后一时，出席熊希龄、汪大燮、
梁启超举行的招待宴会。席上熊希龄氏做了长篇致辞，余致答谢词。午
后五时抵中日会社事务所，与杨氏会谈，有尾崎氏陪同，提交备忘录，
并就其要项做了详细交谈。

　　5月24日　是日为皇太后陛下大葬之日，故谢绝宴会邀请。午前，
先后有外交总长孙宝琦氏、正金银行支店长小切田氏、汤化龙、林长民
氏、外务次长曹汝霖氏来访。

　　5月25日　早八时由北京车站出发，去游览十三陵和八达岭长城。
十一时抵南口车站，入住南口旅馆，午餐后乘竹抬椅去十三陵，道路狭
隘险恶，用了三个小时才到第一牌楼。十三陵道路两旁立有很多石马、
石人，颇有古色之感，其石体巨大。行至成祖文皇帝大庙，石柱及其他
建筑规模宏大，旁边田地里有很多果树，但大庙和石人等建筑物皆显荒
废，实为可惜。一览后，踏上归程，午后七时许回到南口，在南口旅馆
夜宿。

　　5月26日　早八时抵青龙桥车站，乘竹抬椅到达刻有北门锁钥四个

字的城门处，徒步登上长城，瞭望长城内外景色。午后二时回到北京后，由郑氏陪同乘车访问政府官员作离京告别。后到公使馆拜访山座公使，交谈公务，并对其关照表示感谢。此日，接受支那政府授予的勋章，但因需暂时保密而没致辞表示感谢。晚间，森恪、尾崎二氏来访，商议中日实业会社以后的经营事宜，和二位谈了余的意见。此外，会见各报社人员，就日本报纸对支那的态度谈了意见。

5月27日 早八时抵去天津的车站，来送行的人非常多，山座公使及其他公使馆人员，支那官员中有各部总长、次官以及代理官员。八时半发车，有森恪、尾崎二氏陪同访津。十一时到达天津。在天津前一站有驻军司令官前来迎接，在天津站，受到总领事及领事馆员、各商店主任、支那官方人士、商务总会的干部等诸多人士的迎接。午餐后，由窪田总领事陪同到督府访问朱都督，进行了交谈。而后，访问了警察署长。在回途中，感到身体不适，到旅馆后在房间内休息。

5月28日 从昨晚起发烧，感到非常疲倦，早起床洗漱后，卧床静养。早餐后，马越、尾高、明石等氏来探望，建议修改日程，取消去曲阜的旅行，由天津乘船直接去大连，然后搭乘日清汽船的邮船经门司回国。此行，主要目的之一是去曲阜参拜，故不忍改变这一日程，但万一在去济南和曲阜途中病情加重，可能会因交通不便而陷入困境，故从诸氏忠告，同意更改旅程。给家里及支那、日本等各方面发电报说明情况。

5月29日 早起床洗漱后，卧床静养。给北京和曲阜有关方面发电报告知取消曲阜之行。派明石、增田二氏代余向当地都督和商务总会说明没有应邀出席欢迎会的原因，表示歉意和感谢之意。得知山座公使昨晚突然去世，惊愕至极。

5月30日 午前八时乘车抵码头，向来欢送的内外人士致谢，此地警察署长率乐队前来送行，送行的人很多，支那人中有政府官员、商务总会的人等等，日本人中有领事馆的官员和商社人员等。九时开船启航。

5月31日 十二时午餐之后船抵大连。来码头迎接的人很多，乘车到辽东宾馆下榻。后有来访者多人。谢绝宴请，在室内静养。

6月1日 九时出发赴旅顺，白仁长官特派秘书官来做陪同向导，一行乘特别列车十时过后到达旅顺，长官前来迎接。随后，乘马车赴工业学校参观，沿途经过之处，曾为日俄战场，陪同讲了当时的情况。午后参观游览了海军水交分所、陆军陈列所和白玉山。四时乘车回大连，应满洲铁路会社干部之邀请在星之屋进餐。

6月2日 本日乘大阪商船会社的邮船嘉义丸离大连取道门司回国。来旅馆告别的人很多。后乘车略览市容之后登船，船上到处挤满了来送别的人，商业学校学生列队来送行。十时开船。

6月3日 早餐后在甲板上散步，瞭看朝鲜的岛屿。后在船室内读书。午饭餐后，在船舷右侧看到了济州岛，左侧看到巨人岛，船行平稳，船中无事。

6月4日 上午九时，船抵马关，换乘小汽船登陆。在春帆楼投宿，与诸多来迎者见面。午餐后，抵商业学校为学生讲演，晚出席银行业者举行的欢迎会，就支那出访做了讲演。

6月10日 午后，应邀为中津町民众和地方经济会做了访问支那讲演。

6月11日 午后六时抵公会堂，做访问支那讲演，与会者达千人之多，似无立锥之地。

6月12日 十二时抵御门饭店，出席神户有志者举行的欢迎会，做访问支那讲演。晚六时，出席在大阪饭店举行的经济会，餐后做了访问支那讲演。听众达几百人，可谓盛会，大久保知事、池上市长、村山、山本等实力人物与会。

6月13日 午餐后抵同志社大学，应原田校长之邀，为学生做了访问支那讲演。午后五时后，应邀出席当地银行业者举行的宴会，就访问支那以及日支实业往来的必要性做了报告和讲解。

1915 年

1月1日 大仓鹤彦翁明日赴满洲旅行，来访辞别，向其拜托中日实业会社要事。

1月19日 早餐后有中央公论记者岛中氏来访，对其阐述了对支经济政策问题的意见。午后七时抵支那公使馆出席晚餐会。

1 月 23 日 赴支那公使馆，与陆公使会面交谈。

1 月 28 日 午后四时抵帝国饭店，出席庆祝陆海军将校出征青岛凯旋大会，出席宴会者达数百人，席上朗读欢迎辞。

1 月 30 日 纯水馆小山久右卫门之子邦之助氏来访，他将赴支那访问，请余写介绍信件。

2 月 6 日 午餐后三时抵达藏省，面见若槻大臣，谈支那贷款问题。仓知铁吉氏来访，谈中日实业会社之事。

2 月 15 日 午前十时，支那人金邦平氏来访。小山邦太郎氏来访，其近日将赴支那旅行，交其写给青岛的神尾将军、苏州的黑泽礼吉氏、上海的白岩龙平等人的介绍信，并委托其研究蚕丝业之事。

2 月 16 日 和田瑞氏来访，请求对孙文氏的困境给予帮助。

2 月 24 日 五时半抵曙町寄宿寮出席论语会。

3 月 1 日 午餐后，抵兜町事务所，接待支那人戴天仇氏来访。他受孙文氏委托，请求帮助，详谈了目前的情况。余答应将做考虑，请其暂且回府。而后，仓知铁吉氏来访，与其就孙文的请求做了商议。

3 月 9 日 午前十一时半抵帝国饭店，由东亚兴业会社古市氏陪同出席午餐会，有五家银行的主任与会，古市氏就汉口自来水道和电气照明发表意见。

3 月 10 日 中日实业会社尾崎敬义氏来访，谈及北京旅行之事。

3 月 15 日 午前十一时过后抵达帝国饭店，出席中日实业会社顾问会议。

3 月 16 日 午后三时，陈其美氏来访，为孙文氏拜托之事，约定再来。

3 月 21 日 傍晚抵兜町事务所，孙逸仙、陈其美、廖某等来访，共进晚餐，交谈时事。孙文氏就赠予金之事同余做了诚恳的交谈，余按商定的金额交给了他，夜十时归宅。

3 月 29 日 早餐后，森恪氏来访，谈中日实业会社有关事宜。

3 月 30 日 支那人李士伟及孙氏来访，谈中日实业会社有关事宜。

午后五时抵帝国饭店，出席中日实业会社晚餐会，李氏以及日方董事、顾问一同与会，报告了开业以来的经营状况，余作为顾问发表了意见。

3月31日　午前十一时半，宴请由支那来访的中日实业会社董事李士伟及另外一人。陆宗舆、刘崇杰、郭左淇以及中日实业会社董事、顾问共二十余人与会，相互之间做了广泛交谈。午宴一时开始，三时散会。尔后，与李氏及中日实业会社董事就后任董事长以及其他重要事宜做了商议。

4月23日　早餐后，小山邦太郎氏来访，余对其支那旅行之事提了建议。

4月29日　横崛博师、尾崎敬义氏来访，谈支那铁矿的事情。

5月3日　午前十一时抵事务所，接待美国人鲍尔斯氏来访。阪谷、添田、宫崎等人到会。就鲍尔斯氏询问有关日支谈判问题的信件进行了讨论，鲍尔斯氏也深感我方诚意。闲谈诸多，共进午餐。

5月9日　万朝新闻记者来访，就日支谈判问题做了采访。

5月11日　晚间召开论语会。

5月14日　出席明治圣德纪念会，做讲演。以孔孟之教义为题，谈了对孔子教的平生感悟。

5月15日　午后一时半，岗熙氏、仓知铁吉氏来访，商议在支那准备经营的事业。

5月18日　正午抵帝国饭店，出席中日实业会社顾问会议，仓知氏报告了访支期间所从要务。

5月22日　在台湾银行出席股东恳谈会，会餐后作了一场演说。

5月23日　早餐后，田中良重氏与支那人一起来访。

6月8日　午前十时抵事务所处理事务，支那人徐锡骥氏来访，由中日实业会社的野口氏陪同，做了广泛交谈。

6月12日　十时半抵帝国饭店，商谈设立满蒙土地调查会事宜。午后二时抵农商务省，会见大臣、次官，商议蚕丝会社以及支那抵制日货等问题。

6月14日　由仓知铁吉氏发表有关在支那开展实业的意见。

6月15日 五时归京，抵曙町学寮召开论语会。

6月23日 高木陆郎氏来访，带来孙宝琦氏有关汉冶萍社会事宜的口信，并就排日问题做了商议。四时到麻布拜访井上侯爵。后抵中日实业会社，与仓知氏就日支关系问题做了交谈。

6月26日 午前十二时抵帝国饭店，听藤濑政次郎讲支那抵制日货的近况，白岩龙平讲日清汽船会社经营状况，数位中日实业会社董事、顾问与会。

6月27日 森恪氏由北京归来，来访，带来北京的消息及杨、李、孙等人的口信。

7月2日 午后六时抵瓢屋，出席中日实业会社招待宴会，支那公使、刘参赞与会，叙久别之情，并就今后日支实业的发展交换了意见。

7月3日 抵中日实业会社，与尾崎敬义氏一同听横崛博士讲述考察支那铁矿的情况。

7月6日 接待小山久右卫门父子来访，谈有关支那养蚕制丝事宜。后有青柳有美氏来访，谈《论语》处世。

7月10日 早餐后，贺长雄博士来访。他详细说明了接受支那政府委托的事情经过。

7月13日 午后二时抵东京商业会议所，与东洋汽船会社董事及股东就该社事宜进行会谈。

7月15日 六时抵浜町常盘屋，出席支那公使举行的招待宴，席间公使致辞，余致答谢词。

7月16日 午前十一时抵事务所，接待高木陆郎氏来访，委托其与孙宝琦氏通信联系。

7月17日 拜访大隈伯爵，谈支那经营事宜。

7月22日 午前十时抵帝国饭店，和与支那有关人士协商为广东水灾赠送捐款事宜。

7月24日 与大泽氏商议其支那行所带公文。

7月26日 午餐后抵事务所，高木陆郎氏来访，谈给孙宝琦写信之事。大泽氏来访，给孙宝琦及杨士琦氏发信，倡议设立日支实业协会。

8月1日　给大冶铁矿西泽公雄氏写回信。

8月2日　支那人戴传贤氏来访，其为孙文氏同行。

8月3日　早餐后，孙文氏等来访，同在此地避暑，交谈颇有怀旧之感，从两年前的会面谈起直至当前两国之事。

8月5日　收到东京增田的来信，说关广东水灾救助捐款等事情。

8月7日　中日实业会社上海支店主任和田正世来面谈事宜。

8月8日　就广东水灾救助捐款之事给中日会社仓知氏及各方面写信。

8月9日　中日实业会社上海支店主任和田氏回东京前来访，委托其把信带给东京的仓知氏和事务所的增田氏。

8月10日　收到中日会社仓知氏来信，报告广东水灾救助捐款的事宜。

8月12日　三时回到事务所，处理不在期间的种种事务以及募集广东水灾救助捐款的事宜。

8月19日　早饭后，西原龟三氏来访，他在南满从事贸易，是由市原宏盛氏介绍来的。他从日支邦交的得失谈起，认为南满需要统一币制。谈话达三小时，向余提交了一份意见书。

8月22日　晚饭后森恪氏来谈。其近日将动身赴北京着任，托其给孙宝琦、杨士琦及其他支那相识带话，并说明今后日支实业关系、特别是中日实业会社应该注意和尽力的事情，勉励他为之努力。

8月25日　下午，朝鲜银行总裁市原盛宏氏来访，就满蒙经营事宜讲了许多意见。

8月29日　成功杂志记者多田氏来采访有关支那实业的意见，余就设立中日实业会社的宗旨及以往付出的努力做了概括说明，并表示了对支那人的期望。

9月16日　新支那新闻社的安藤万吉氏来访。清柳有美氏做《论语》处世谈。和安川氏父子谈支那事业。

9月17日　出席藤山雷太氏的招待宴会，为其赴支那送行。有支那公使及下属官员与会，有日置、伊集院二氏及多位实业界名人与会，主持人致辞，余做了讲演。

10 月 15 日 午后四时，阪西大佐来访，谈了支那政局近况。

10 月 17 日 午后五时抵帝过饭店，出席中日实业会社的送别宴会。

11 月 29 日 午前十一时，访艾利奥特博士宅邸，谈了对欧洲战乱的看法以及日美在支那进行友好合作的事。

12 月 3 日 出席东西通讯社举行的宴会，席上余就与日美国交相关的加州问题以及将来在支那的经营问题做了讲演，指出日美同业者之间如没有相互忍让的意识最终将导致争夺和冲突。

12 月 4 日 午前十一时半，访问韦德利斯普宅邸，出席午餐会，协议日美在对支那事业上的共同意见。

12 月 24 日 出席日美共同举行的欢迎会，与会者五六十人。余致辞，讲了访美的感想以及日美友好应注意的事情，强调两国合作开发支那的重要性。

1916 年 （1 月 4 日至年底欠记）

1917 年 （3 月 23 日～12 月 31 日欠记）

1 月 1 日 与阪谷氏交谈日美关系及支那经济问题。

1 月 7 日 午前十一时抵银行俱乐部，与益田孝氏及三井物产会社董事还有丝业者共同聚会，商议有关支那制丝业的事情，由上海回东京的新居氏（三井物产会社干部）详细介绍了上海支那人经营制丝业的情况。

1 月 8 日 午前十一时，仓知氏就中日实业会社的事务做了报告。吉池庆正氏来访，提出一份有关在上海兴办制丝业的方案，而后商议如何开展实施事宜。

1 月 9 日 片仓组今井五介氏以及茂木总兵卫、涩泽义一二氏来谈支那制丝业的事情。

1 月 21 日 拜访支那公使馆，但公使没在。

1 月 24 日 午前十一时拜访支那公使馆，会见章公使。晚九时，出席美国人弗莱舍的宴会。美国人德希斯、韦利亚姆斯等与会。席上，韦利亚姆斯和余谈了在俄国和支那经营事业的缘由以及在支那从事的工商业。

2 月 2 日　十二时抵银行俱乐部，与平井、高峰、古市、仓知、尾崎、白岩六位谈支那铁道事宜，商议日美资本合作的方法。之后，到官邸拜访外务大臣，谈日美、日支友好以及日美资本合作开发支那事宜。

2 月 5 日　午前九时抵永田町官邸拜访寺内总理大臣，同中野武营氏一起就东洋制铁会社的事情做了说明，陈述了该会社将向政府提出的请求。而后，就日美开展资本合开发支那问题，说明了余的一贯主张。

2 月 7 日　午饭后大藏大臣胜田来访，谈今早来访日本的陆宗兴氏的事；而后余向他详细陈述通过日美资本合作进行支那币制改革及设立中央银行等事宜。

2 月 8 日　午前十一时白岩龙平氏来访，余因不能出席今天召开的日支协会会议，委托他代余发表意见。

2 月 9 日　仓知铁吉氏来谈有关中日实业会社经营的重要事宜。

2 月 28 日　正午抵帝国饭店，出席台湾银行举行的午餐会。

3 月 9 日　竹内纲氏来访，谈其对支那事业的意见。

1918 年（4 月 14 日～12 月 31 日欠记）

1 月 1 日　查阅田中中将的支那经济意见书。

1 月 10 日　海老名弹正氏来访，谈在支那设立学校事宜。

1 月 12 日　仓知氏来访，报告有关中日实业会社经营事宜。

1 月 15 日　十二时半抵银行俱乐部，出席为林公使举行的午宴。餐后，就有关支那经济财政方面的要事做了交谈。

1 月 17 日　到永田町拜访胜田大藏大臣，商议东亚兴业会社主任人选事宜及支那相关事业。

2 月 1 日　今井、吉池二氏来访，商议支那蚕丝业的事情。

2 月 2 日　井上准之助氏来访，就支那蚕丝业询问了他的意见。

2 月 4 日　仓知氏来谈有关俄国人的事情以及有关支那炼铁法制方面的事情。门野、白岩二氏来商议东亚兴业会社事宜。

2 月 6 日 出席东亚兴业会社招待宴，古市公威氏讲述该会社增资的经过。

2 月 8 日 到官邸拜访胜田大藏大臣，谈东亚兴业会社事宜。

2 月 11 日 江本仁一氏来访，谈有关北京的支那学生校舍事宜。

2 月 15 日 白岩氏来访，商议东亚兴业会社事宜。

2 月 16 日 到番町拜访林权助氏，就其近日赴支那访问之事做了交谈。

2 月 22 日 午餐后，吉池庆正氏来访，商谈东北振兴会和支那蚕丝业事宜。

2 月 26 日 仓知铁吉氏来谈中日实业会社事宜。

2 月 27 日 正金银行社长井上氏来访，商议支那蚕丝业相关事宜。

3 月 2 日 吉池庆正氏来谈支那蚕丝业和东北振兴会事宜。

3 月 4 日 五时，拜访胜田大藏大臣，商议东亚兴业会社事宜。

3 月 5 日 午前，访支那使馆，与章公使会谈。午餐后，中午十二时抵帝国饭店，就日支协会事宜与白岩、小田切、藤濑、江口等人进行会谈。午饭后，抵保险协会，出席东亚兴业会社股东大会。

3 月 6 日 柳生一义氏来访，商议东亚兴业会社事宜。

3 月 9 日 青柳氏来谈《论语》处世。

3 月 13 日 江本仁一氏来访，商谈维持北京民国大学的事宜。

3 月 18 日 午前十时半，到贵族院拜访古市公威氏，商谈东亚兴业会社事宜。

3 月 22 日 午前八时半抵中央车站，为阪谷氏访问支那送行。晚间召开孟子会，且为林、诸桥二氏访问支那开送行会。

4 月 25 日 出席正金银行井上氏举行的招待宴，会见支那人唐绍仪氏，并在席上致辞讲演。

4 月 26 日 午后三时抵事务所，印度人塔塔氏的来访，和他讲了中野氏及推荐东亚兴业会社董事之事。

1919 年（8 月 21 日~12 月 31 日欠记）

1 月 2 日 午后二时抵外务省，会见内田大臣，陈述对美关系的看法和以往对支那币制、财政的意见。

1月7日　午前十时半，抵帝国饭店，拜访支那人叶恭绰氏，因其不在未能会面。

1月8日　六时抵银行俱乐部，出席东亚兴业会社为支那人叶恭绰氏举行的招待宴会。

1月11日　晚六时抵帝国饭店，宴请支那人叶恭绰氏一行。席上，余致欢迎词，叶恭绰氏答词表示谢意。

1月13日　十二时，叶恭绰氏一行来访，设宴招待，并商谈要务。

1月15日　小川爱次郎氏来访，商谈支那蚕丝业事宜。

1月18日　吉池、今井、新居、铃木四氏来访，商谈支那蚕丝业经营事宜。

1月28日　刘展超氏来访，拜托他带口信给梁士怡氏。

1月29日　午前十时访阪谷氏宅邸，就其访问支那等事宜进行交谈。

1月31日　吉池庆正氏来谈支那蚕丝业事宜。

2月3日　吉池庆正、铃木氏同行来访，谈支那蚕丝和东北振兴会的事情。

2月4日　十一时，仓知、小松二氏来商议中日实业会社相关事业。

2月6日　午后二时，抵永田町首相官邸，面见原总理大臣，谈了东北振兴会社设立开垦会社事宜、支那相关要务、币制改革以及与梁士怡氏谈判等事情的沿革过程。

2月7日　吉池庆正、今井五介、藤村氏等一同来谈支那蚕丝业的事情。

2月10日　出席小野英二氏招待美国人的宴会，与美国人阿波特氏交谈了日美合作以及开发支那的事情。

2月12日　十一时，美国人阿波特氏和小野英二氏来访，就支那经营问题做了交谈。午餐后，柿内氏来访，谈支那银行事宜。

2月13日　高田早苗、渡边亨、小川爱次郎等氏来商议创立日华蚕丝会社事宜，对余多有拜托。

2月14日　午餐后，阪谷芳郎来谈支那币制等事宜。

2月19日　午前十时，支那人曹锡庚、谢燮来访，商谈请求为上海建青年会馆募集捐款事宜。吉池氏来商议东北振兴会和东亚丝业会社事宜。

2月26日 午后四时半抵贵族院，拜访高桥藏相，商议蚕丝业会社和梁士怡提议之事。之后，赴外务省会见币原次官，谈上海青年会馆捐款事宜。

2月27日 吉池氏来谈东亚蚕丝会社事宜。

5月9日 白岩龙平氏来谈东亚兴业会社近况及有关支那的情报。

5月10日 观看支那演员梅兰芳的京剧演出，不懂言语，故只能观赏其表情和美貌。

5月11日 给三菱木村久弥太打电话，拜托上海基督青年会馆赞助事宜。给白岩龙平氏打电话，对日华学会暂停举办支那学生游园会一事表示同意。

5月15日 午前九时在青山墓地参加三岛中洲葬礼，余在墓前致悼词，阐述道德经济合一论和论语算盘说，回顾与逝者生前交往的往事。晚六时过后抵大仓氏别邸，出席为支那京剧演员梅兰芳一行举行的招待宴会，席上余做了讲演。

5月17日 小野英二郎、前原严太郎等氏来访，商谈有关南满会社社债的事情。

6月2日 出席日华学会理事会。

6月21日 支那人郑文轩氏来访。

6月24日 午餐后抵日华学会，与小松原、内藤、白岩、滨野等氏谈话。

6月28日 宴请支那人郑文轩、江庸二氏，阪谷男爵以及熟人十余人出席。

7月2日 早餐后，诸桥辙次氏来访，谈支那旅行的事情。

7月5日 与斯文会诸位一同参拜孔庙。

8月5日 午后三时抵官邸访原总理大臣，就日美、日支邦交之事交换了意见。

8月20日 午前十时阪谷氏带二松学舍池田氏的介绍信来访，谈出版《汉学讲义录》之事。

1920 年（3 月 15 日～12 月 31 日欠记）

1 月 7 日 内藤久宽氏来谈日华学会事宜。

1 月 8 日 白岩龙平氏来谈支那关系事宜。

1 月 9 日 后藤氏来做实验《论语》讲义。

1 月 12 日 午前十一时半抵如水会，召开关于日支邦交问题的协议会。

1 月 15 日 午后三时抵事务所，白岩龙平氏来访，谈解决支那山东问题的内幕。

1 月 19 日 午前十时白岩龙平氏来访，报告了在如水会内部商议时与牧野氏交谈日支谈判问题的情况。

1 月 25 日 午前十时，拜访近藤廉平氏，协商支那问题，白岩龙平氏到会。最终商定，紧急求见原总理大臣，在听取其意见之后，再决定照会支那人的事情。

1 月 27 日 晚六时在事务所，晚餐后，与近藤廉平氏一起拜访原总理大臣，商谈有关支那邦交的事情。

1 月 29 日 白岩龙平、橘三郎二氏来谈给梁、周等支那人发送书信事宜。

1 月 31 日 白岩龙平、橘三郎二氏来访，将写给梁、周、曹、章四位人士的重要信件托付给橘氏。

2 月 1 日 犬丸铁太郎氏来访，他将去支那访问，请余给梁士诒写信介绍。

2 月 14 日 仓知铁吉氏来谈成立满洲劝业会社事宜。抵外务省拜会外务大臣、次官，谈对支那和美国的关系问题。

2 月 15 日 后藤登喜男氏来做实验《论语》讲演。

2 月 20 日 白岩龙平氏来信，报告有关橘氏访问支那的消息。

3 月 2 日 午前十时抵事务所，接待英国人勃兰特氏来访，与其就日英邦交以及支那关系做了广泛交谈。

3 月 3 日 午前十时抵事务所，山本唯三郎、田代某氏来访，商谈在支那设立医院之事。内藤久宽氏来访，报告昨天日华学会召开会议的主要内容。

3月4日 早餐后接待上海公论记者来访，就日支邦交问题发表意见。

3月5日 白岩龙平、内藤久宽氏来谈日华学会的事。

3月13日 午后四时抵银行俱乐部，东京商业会议所杉原氏及伊藤、白岩等氏请求余出任日支实协会会长。

1921 年（4 月 10 日 ~ 10 月 12 日缺记）

1月6日 正午抵日华实业协会，商议支那饥荒救助捐款的分配事宜。与白岩氏商议接待满洲来日旅游学生事宜。

1月7日 晚间阅读各类杂志以及小川氏的支那制丝意见书。

1月9日 早餐后，浏览北京在住日本人的来信，一是诸桥辙次氏的来信，一是田村治平氏有关救济支那难民的意见书。午后白岩氏从东京来电，请余出席十二日在上野举行的支那学生招待会，回电答复同意出席。

1月12日 下午五时半抵上野精养轩，出席为支那教育参观团三十余人举行的欢迎会，由日华学会主持，内藤久宽、江口定条、白岩龙平、浜野虎次等诸氏与会。余在席上做了演说，团长侯氏答词致谢。余在演说中，从以往的日支邦交说起，极力主张道德经济一致之必要性，与会者皆有钦佩之感。

1月13日 十二时半抵事务所，午餐后给东洋纺织会社斋藤恒三氏写信，介绍支那教育参观团参观东洋纺织会社。

1月18日 十二时抵日华实业协会，商议对支那饥民的抚恤救助办法，决定在北京、天津、济南三市采取日方直接进行抚恤救助的方式。

1月29日 五时半东亚兴业会有招待宴会，身体不适谢绝出席。

1月31日 有关日华实业协会主持的支那饥民抚恤救助事宜，给北京及天津方面写信。明天由工藤氏带给公使和平井氏。

2月1日 日华实业协会书记油谷氏来访，拜托他带信到北京、天津。

2 月 10 日　小川爱次郎氏来谈支那制丝业事宜。

2 月 15 日　小川爱次郎氏来访，就在支那设立制丝工厂之事发表了意见。

3 月 4 日　正午抵日华实业协会，奥村氏由支那回来，报告了支那饥民的现状。

3 月 5 日　与原首相、内田外相谈招请美国人之事；与原首相交谈理化学研究所、国际联盟协会、日华学会以及其他要事。

3 月 7 日　日华实业协会书记来谈饥民救助的实施情况。

3 月 9 日　阅读山根绰三送来的小册子，谈的是对支那饥民救济的意见。

3 月 15 日　早餐后石丸格正氏及支那人许冀公氏来访，谈了许多有关南洋华侨的事情。

3 月 17 日　井上雅二氏来谈南洋华侨以及在泰国设立株式会社事宜。

3 月 23 日　拜访美国人赫邦氏，其近日将访问支那，告知须注意之处。

10 月 24 日　一读孔子传（远藤隆吉著），而后读陶渊明全集。

1922 年（1 月 23 日 ~ 12 月 31 日空缺）

1923 年（3 月 7 日 ~ 12 月 31 日缺记）

1 月 5 日　本日设宴招待民国人颜世清及代理公使等人，早起后忙于准备。十二时起，内外宾客十余人陆续而来，在洋房客厅做了接待。十二时半带客人就餐，内外来宾共十五人，席间进行了各种交谈。饭后请来宾到洋房书斋观赏书画及屏风、画帖。接着到庭院内散步，而后在晚香炉休息，余向来宾说述对论语的看法。午后三时散会。

1 月 9 日　阅读昨天收到的各种信件，其中冈崎邦辅氏的来信详细介绍了大谷光瑞氏关注支那文化一文。

1 月 13 日　高木陆郎氏来谈中日实业会社事宜。

1 月 17 日　收到日华实业协会书记长工藤铁男氏来函。

1 月 31 日　十二时抵日华实业协会，就在青岛设立商科大学之事，请佐野博士来会，与协会干部就有关事宜做了商议。午餐后，委托博士负责预案制定之事。

2 月 17 日　高木陆郎、饭田延太郎二氏来谈支那相关事业。十二时抵日华学会，列席理事会，听取会务现状报告，山野氏做了详细说明。

2 月 2 日　住在朝鲜的宇都宫氏赠送余一部古本论语，为表示感谢，将三岛中洲翁为恭贺余七十岁所书论语算盘说几字抄写下来，以做答谢之用，今天将其做成绢本。

2 月 24 日　高木陆郎氏来谈中日实业会社要务。

2 月 25 日　尾立维孝氏来谈二松舍编辑和出版发行论语讲义之事。

2 月 26 日　午后六时抵峰龙，出席中日实业会社招待宴会，向与会者讲述了该会社的沿革、现状，对其今后的发展发表了意见。

1924 年（空缺）

1925 年（4 月 11 日～12 月 31 日缺记）

1 月 21 日　阪谷希一氏来谈有关满洲地方银行和铁道会社的事宜。

1 月 29 日　鄕男爵来访，就有关日本邮船和东洋汽船合并、制钢联合问题交换了意见。

2 月 2 日　与鄕男爵、井上准之助、大桥新太郎等氏谈日本邮船会社和东洋汽船会社合并之事。

2 月 13 日　上午九时，支那人刘石荪及安东义乔、油谷恭一等氏来访，安东氏就在张謇势力范围之地南通开垦新土地搞棉花种植之事做了详细介绍。相约鼓动京阪两地纺织业者参与此事，如得响应，将扩大该项事业。

2 月 21 日　持田氏来访，说了安东义乔氏对在南通种植棉花的意见，建议会见安东义乔氏。

2 月 24 日　白岩龙平石来谈东亚兴业会社事宜。

2 月 26 日　安东义乔氏来访，谈南通种植棉花之事，请求余给大阪的菊池恭三氏写信介绍。另就南通开垦事业，请求余向张謇做以介绍。余应允，下午在事务所写信，寄给安东氏。

2月27日　正午抵工业俱乐部，出席在日华实业协会举行的亚洲局长招待宴会，席上余略述了日华实业协会的沿革和宗旨目的，局长就日支关系、实业家应注意的问题以及其希望做了演讲，宾主之间充分地交换了意见。

3月1日　接待高木陆郎氏来访，向其询问了支那政界和经济界的现状。

3月14日　午前浅野总一郎来谈东洋汽船会社的营业状况及其对今后发展的意见。

3月23日　接待浅野总一郎氏来访，他报告了与汽船会社合同事宜有关的内部情报。

1926年（4月4日～12月31日缺记）

1月12日　时事新报社干部来访，就日本邮船和东洋汽船两社的合并问题做了提问。

1月14日　早餐后，民国人夏继泉氏父子、翻译王大桢以及实相寺、油谷等氏来访。夏氏为东鲁学校主任，谈了准备在山东省曲阜设立大学之事，并就民国的学校教育发表了看法。因今日另有其他约会，故约定十六日再会。

1月16日　民国人夏继泉氏一行及日华实业协会诸氏来访，夏继泉氏为东鲁学校校长，期待以后能成立曲阜大学，他以古代圣贤为缘由讲了很多意见。午餐后，双方就日支两国邦交问题充分地交换了意见。

1月18日　午前十时半抵银行俱乐部，与乡男爵、井上准之助二氏一同协商日本邮船会社、东洋汽船会社合并之事。

1月20日　早餐后安田银行主任结城丰太郎氏来访，谈东洋汽船会社金融整理事宜。

1月21日　太刀川八郎氏来访，谈邮船与东洋汽船合并之事。

1月22日　高木陆郎氏来访，详细谈了中日会社的现状以及支那政局现状。

1月23日 午后三时抵银行俱乐部，就日本邮船会社、东洋汽船会社合并之事，会同乡、井上二氏一起与两会社董事进行谈话。

2月1日 午后三时抵银行俱乐部，出席日华实业协会主持召开的与佐分利通商局长的商议会，儿玉副会长及其下属干事、评议员等十数名支那关系方面的有力人士出席会议，儿玉副会长谈了支那政局。

2月19日 早餐后日华实业协会油谷恭一氏来访，带来该会向外务大臣提出的支那税制问题意见书，看过表示同意。

3月3日 秋月左都夫氏来访，他认为现今要发展工业，就必须想办法降低煤炭价格，并就南满铁道经营的抚顺煤矿提出了许多意见。

3月4日 日华实业协会油谷恭一氏来访。

3月5日 中日实业会社高木陆郎氏、春田茂躬二氏来访，详谈该社事业状况。

3月30日 十二时抵日华实业协会，听角田隆郎氏出访支那报告。

4月1日 午前十时半抵银行俱乐部，就中日实业会社营业整顿问题，与乡、高木、春田窪田及其他诸氏进行商议。

1927年（3月13日～12月31日缺记）

1月20日 日华实业协会油谷恭一氏来访，对日华实业协会诸位干事最近在对支关系方面所做各种努力和经过做了说明，并提出有关文件。

1月28日 福岛甲子三氏来谈论语译成日语的事情。

2月26日 服部宇之吉博士来访，说明对日译论语进行调查的意见概要。

1928年（3月6日～12月31日缺记）

1月9日 午后一时，民国王正延氏所派崔士杰氏来访，白岩龙平、油谷、山井格太郎等氏陪同而来。崔氏转达了王氏请求日本政府出兵的内心想法，余答应向有关方面转达其意向。王氏送余相册一本。

1月10日 日华实业协会油谷氏来访，谈昨日来访的崔氏所托之事。

1 月 13 日　赴永田町官邸拜访总理大臣，就民国王正延氏的使者崔士杰所述要旨，向田中外相提了建议，大要得其理解。

2 月 12 日　福岛甲三子来访，就有关盐谷博士访问曲阜参拜孔庙的事情做了商议。委托盐谷博士写祭文原稿。

2 月 13 日　午后挥毫书写献给曲阜孔庙的祭文。

2 月 14 日　十一时，盐谷温氏来访，他明日启程去支那旅行，来做辞别。交与赠送给曲阜的文书，并对其讲述了对支那的民间交往过程，拜托今后加以注意。

2 月 20 日　油谷氏来访，请余出席协会召开的干事会，讨论支那问题，约定后天开会。

2 月 22 日　正午抵日华实业协会，召开干事会，会上就对支问题进行了广泛的讨论，最后决定由儿玉副会长对会上提出的意见书加以修正之后，再开会议讨论，决定如何处理。

1929 年（1 月 5 日～12 月 31 日欠记）

1930 年（1 月 9 日～12 月 31 日欠记）

参考文献

高橋重治、小貫修一郎『青淵回顧録』上下卷、青淵回顧録刊行会、昭和 2 年。

井上馨侯伝記編纂会編『世外井上公伝』、原書房、1968。

大島清、加藤俊彦、大内力『人物．日本資本主義 3』、東京大学出版会、1976。

楫西光速『政商から財閥へ』、筑磨書房、1964。

加藤俊彦、大内力『国立銀行の研究』、勁草書房、1963。

木村昌人『渋沢栄一——民間経済外交の創始者』、中央公論社、1991。

見城悌治『渋沢栄一』、日本経済評論社、2008。

国家資本輸出研究会編『日本の資本輸出——対中借款研究』、多賀出版、1986。

坂本雅子『財閥と帝国主義——三井物産と中国』、日本経済評論、2003。

坂本慎一『渋沢栄一の経世済民思想』、日本経済評論社、2002。

阪谷子爵記念事業会編纂『阪谷芳郎伝』、故阪谷子爵記念事業会、1951。

渋沢青淵記念財団竜門社編『渋沢栄一伝記資料』、渋沢栄一伝記資料刊行会、昭和 43 年。

山本勇夫編『渋沢栄一全集』、平凡社、昭和 5 年。

渋沢栄一『論語と算盤』、国書刊行会、昭和 61 年。

渋沢栄一『論語講義』、二松学舎大学出版部、昭和 50 年。

渋沢栄一『立会略則』。

渋沢研究会『公益の追求者――渋沢栄一』、山川出版社、1999。

島田昌和『渋沢栄一の企業者活動の研究』，日本経済評論社，2007。

白石喜太郎『渋沢栄一翁』、江刀書院、明治 8 年。

周啓乾『明治の経済発展と中国』、六興書店、1989。

ジョウ. G. ロバーツ『三井』、ダイヤモンド社、昭和 51 年。

第一銀行八十年史編纂室『第一銀行史』上下册、第一銀行発行、1957～1958 年。

田村俊夫『渋沢栄一と択善会』、近代セールス社、昭和 38 年。

土屋喬雄『渋沢栄一』、吉川弘文館、平成元年。

栂井義雄『三井物産会社の経営史的研究』、東洋経済、昭和 49 年。

東京商工会議所百年史編纂委員会『東京商工会議所百年史』、東京商工会議所、1979。

東洋紡績会社『東洋紡績七十年史』、東洋紡績発行、1953

陶徳民、姜克實、見城悌治、桐原健真『東アジアにおける公益思想の変容――近世から近代へ』，日本経済評論社、2009。

福地源一郎編訳『会社辯』。

彭泽周『中国の近代化と明治維新』、同朋舎出版部、1976。

松井宏『三井財閥の研究』、吉川宏文館、昭和 54 年。

『三井事業史』、財団法人三井文庫、1980。

宮本又郎『企業家たちの挑戦』、中央公論新社、1999。

三好信浩『渋沢栄一と日本商業教育発達史』、風間書房、2001。

森川英正『財閥の経営史的研究』、東洋経済新報社、1980。

安岡重明『日本の財閥』、日本経済新聞社、1976。

俞辛焞『孫文の革命運動と日本』、六興出版、1989。

安川寿之辅：《福泽渝吉的亚洲观》，香港社会科学出版社，2004。

大隈重信：《东西方文明之调和》，中国国际广播出版社，1992。

杜恂诚：《日本在旧中国投资》，上海社会科学院出版社，1991。

樊百川：《中国轮船航运业的兴起》，中国社会科学出版社，2007。

关捷：《影响近代中日关系的若干人物》，社会科学文献出版社，2006。

黄俊杰：《德川日本〈论语〉诠释史论》，上海古籍出版社，2008。

中国航海学会：《中国航海史（近代航海史）》，人民交通出版社，1989。

李廷江：《日本财界与辛亥革命》，中国社会科学出版社，1994。

李吉奎：《孙中山与日本》，广东人民出版社，1996。

李泽厚：《论语今读》，生活·读书·新知三联书店，2004。

刘岳兵：《明治儒家与近代日本》，上海古籍出版社，2005。

宓汝成：《帝国主义与中国铁路（1847～1949）》，经济管理出版，2007。

彭泽周：《近代中国之革命与日本》，台湾商务印书馆，1990。

史桂芳：《近代日本人的中国观与中日关系》，社会科学文献出版社，2009。

万峰：《日本资本主义研究》，湖南人民出版社，1984。

王晓秋：《近代中日关系史研究》，中国社会科学出版社，1997。

王屏：《近代日本的亚细亚主义》，商务印书馆，2004。

王泽应：《义利观与经济伦理》，湖南人民出版社，2005。

汪敬虞：《中国近代工业史资料》，科学出版社，1957。

汪敬虞：《外国资本在近代中国的金融活动》，人民出版社，1999。

王家骅：《儒家思想与日本现代化》，浙江人民出版社，1995。

小岛直记、邦光史郎著，葛东来译《三井财阀》，时报出版公司，1986。

徐静波等编《中日文化与政治经济论》，复旦大学出版社，2003。

野村浩一：《近代日本的中国认识》，中央编译出版社，1999。

俞辛焞：《孙中山与日本》，人民出版社，2001。

俞辛焞：《孙中山与日本关系研究》，人民出版社，1996。

俞辛焞：《辛亥革命时期中日外交史》，天津人民出版社，2000。

翟新:《近代以来日本民间涉外活动研究》，中国社会科学出版社，2006。

《中日近代企业家的人文关怀与社会贡献——涩泽荣一和张謇德比较研究》（国际研讨会论文集）。

周见:《中日近代企业家比较研究——张謇与涩泽荣一》，中国社会科学版社，2004。

朱荫贵:《国家干预经济与中日近代化》，东方出版社，1994。

朱荫贵:《中国近代轮船航运业研究》，中国社会科学出版社，2008。

后　记

　　《近代中日两国企业家比较研究——张謇与涩泽荣一》（中国社会科学出版社，2004）出版已整十年，本书作为它的系列之作却姗姗来迟，直到今天才与读者见面，这不免让我颇感自责。究其原因，除了收集资料及身体条件方面的问题之外，那就只能怪我在无意之中蹉跎了岁月。不过，在它问世之际，我仍然感到非常高兴。因为，它毕竟是我在涩泽荣一研究这块学术园地上耕耘劳作的又一次收获，也是对《近代中日两国企业家比较研究——张謇与涩泽荣一》一书的热心读者及中日经营史学界同仁们一次新的汇报。

　　我从事涩泽荣一这位日本近代历史著名人物的研究已近十五年，虽苦乐皆在其中，但兴趣依旧盎然不减。我深知，学术探求的长征之路是没有终点的，所以只要各方面的条件允许，我将奋力自勉继续走下去。故在此我要对本书写作给以大力支持和帮助的学界同仁和方方面面表示衷心的感谢，同时也期待他们今后继续给予热情的支持和帮助，如果没有他们所做的这些，本书的出版和有待今后完成的目标都将是不可能实现的。例如，就在我对本书引用的日文原始资料进行最后校对之时，研究生时代的恩师、日本北海商科大学教授西川博史先生不顾百事缠身，伸出援助之手，用了整整一个星期的时间，帮助我逐字逐句地检查核对了文言文的翻译是否准确，其永不推卸的责任感和一丝不苟的学术态度不仅让我再次感受师生情谊，也给了我新的启发教育和勉励。他殷切地

希望我能克服困难，再接再厉，尽快将本书译成日文，在日本出版发行
（《近代中日两国企业家比较研究——张謇与涩泽荣一》一书的日文版已
由日本经济评论社于 2010 年在日本出版发行，并在日本经营史学界受到
好评）。其实，这样令人深为感动的事情可以说是不胜枚举的，故在此请
诸多曾对本书写作给予各种支持和帮助的单位和学界同仁给予厚谅，允
许我一并鸣谢致敬，列名如下：中国社会科学院世界经济与政治研究所、
中国社会科学院离退休干部工作局、中国社会科学院日本研究所、北京
外国语大学日本文化研究中心、社会科学文献出版社、日本学术振兴会、
日本国际日本文化研究中心、日本涩泽荣一纪念财团、涩泽荣一史料馆、
日本北海商科大学、日本三井文库；中方学者张宇燕、王德迅、路爱国、
胡欣欣、李毅、倪月菊，日方人士和学者涩泽雅英、猪木武德、瀧井一
博、阿部武司、木村昌人、井上润、贺村道弘、长野暹、中村政俊、青
木岁幸、山本长次、伊香贺隆。

　　最后，还应该对为本书的修改和出版做了大量工作的祝得彬、高明
秀和侯洁等先生表示感谢；并向和我甘苦与共的妻子会意示谢，没有她
的悉心照护，我将无法从意外的伤痛中摆脱出来，顺利康复，完成本书
的写作。

作　者
2014 年 11 月初于永安寓所

图书在版编目（CIP）数据

涩泽荣一与近代中国/周见著．—北京：社会科学文献出版社，
2015.4
（中国社会科学院老年学者文库）
ISBN 978 - 7 - 5097 - 6888 - 4

Ⅰ.①涩…　Ⅱ.①周…　Ⅲ.①涩泽荣一（1840~1931）–人物
研究　Ⅳ.①K833.135.38

中国版本图书馆 CIP 数据核字（2014）第 289963 号

·中国社会科学院老年学者文库·

涩泽荣一与近代中国

著　　者／周　见

出 版 人／谢寿光
项目统筹／祝得彬　高明秀
责任编辑／侯　洁

出　　版／社会科学文献出版社·全球与地区问题出版中心（010）59367004
　　　　　　地址：北京市北三环中路甲 29 号院华龙大厦　邮编：100029
　　　　　　网址：www.ssap.com.cn
发　　行／市场营销中心（010）59367081　59367090
　　　　　　读者服务中心（010）59367028
印　　装／三河市尚艺印装有限公司

规　　格／开　本：787mm×1092mm　1/16
　　　　　　印　张：14　字　数：206 千字
版　　次／2015 年 4 月第 1 版　2015 年 4 月第 1 次印刷
书　　号／ISBN 978 - 7 - 5097 - 6888 - 4
定　　价／59.00 元